やわらがアカデミズム
〈わかる〉シリーズ

よくわかる
英語教育学

鳥飼玖美子/鈴木希明/綾部保志/榎本剛士
［編著］

ミネルヴァ書房

はじめに

「ことばを育てることは，心を育てること，人を育てること」。

これは，生涯をかけて国語教育に取り組んだ大村はまという教師のことばですが，英語教育にも同じことが言えます。

「英語という外国のことば」を教えることは，生徒たちに「母語」の外へ出る「異文化への窓」を提供することです。新たな言語と文化を知ることで，生徒たちの心をより豊かに育て，未知の世界にひるむことなく，自分らしく生きていくことができる人を育てることです。

そのような英語教員を目指す皆さんのために用意されたのが，『よくわかる英語教育学』です。

これまで皆さんは，「学習者」として英語を学んできましたが，いずれ教える立場になると，英語の知識があったり英語が好きだったりするだけでは不十分になります。英語を教える「教育者」として，知るべきことがあるからです。

この教科書では，その「知るべきこと」を可能な限り簡潔にまとめました。目次をざっと眺めただけでも，こんなにあるの？と驚かれるかもしれません。「学習指導要領」「教職課程」や「検定教科書」「指導方法」の解説にとどまらず，「母語獲得と第二言語習得，外国語学習の違い」「コミュニケーション能力とは何か」「外国語教育方法の変遷」「日本における英語教育の歴史」「思考と言語」など，指導スキルとは直接の関係がないような項目まで並んでいます。「コミュニケーション」の項目を読んでも，これまで何となく知っていたように思っていた内容に比べ，「言語，社会，文化」などとのつながりが説明されています。

そう，本書は，「英語指導スキル」の指南書ではなく，全ての英語教員が知っているべき「英語教育学」という一つの研究分野を取り上げています。「英語教育学」は，応用言語学の一部とされていますが，実は言語学だけでなく多くの学問領域と関連している学際的な分野です。例えば「コミュニケーション学」「教育学」「認知科学」「心理学」「哲学」などが英語教育に深く関係しているのです。明日の授業にすぐ役立つようなものではなさそうに感じられるかもしれませんが，日々の授業を充実した内容にするためには，教えるべき内容，適切な教え方，英語を勉強している児童生徒の心理や個人差，動機付けなどを熟知している必要があります。

そこで必要になるのが「理論」です。「理論」とは，「思考の枠組み」を得る

ためのものであり，何か問題があった際に答えを探す拠り所となるものです。

　例えば，「英語の授業は英語で行う」という方針でやってみたけれど生徒がうまくついてこない，という問題を考える際に，何も参考にするものがないと，どうしたら良いかわかりません。勘や経験だけでは対応できない事柄が教室内では発生します。その際に頼りになるのが，理論であり，その理論に依拠した教授法や指導法です。

　「欧州言語共通参照枠」(CEFR) については，CAN-DOリストや英語レベルの目安として聞いたことがあるでしょうが，それがどのような理念と思想のもとにつくられ，どのような内容なのか全体像を知らないと，見当違いの判断をしてしまいます。そのために本書では，基になっている複言語主義を含め詳細を説明しましたが，このCEFRも，言語教育や異文化コミュニケーション教育について長年の研究成果を基盤にしています。

　もちろん理論や学説は固定された静的なものではなく，常に革新され更新されていくものです。これまでの外国語教育を振り返っても，文法訳読法から直接法，オーディオリンガル・メソッドからコミュニカティブ・アプローチへと，根拠とする理論が変わり，指導方法が変わりました。

　そして重要なのは，このような理論の進化は，「実践」と深く結びついていることです。理論なき実践は行き当たりばったりになりがちですが，実践なき理論は教育現場に応用できません。理論と実践は常に往還するものです。たとえて言えば，医学という「理論」と実際に患者を治療する「臨床」との関係です。

　そのような視点から，本書では，英語教育学の「理論」と，学習者を教える「臨床」すなわち「実践」の両方を学べるような構成を考えました。

　その考えの根底には，皆さんに英語教育学についての専門知識だけでなく，英語教育の在り方を考える材料を提供したい，という思いがありました。「外国語としての英語を教える」ことの意味を理解していただき，これからの英語教員が何を，どう教えるのかを探求していただきたい，という切なる願いです。

　新型コロナウイルス感染症拡大は，これまでの世界を一変させ，教育も例外ではありません。ポスト・コロナという未知の世界での教育はどうなるのか予測がつきません。AI（人工知能）の発達で，英語教育が必要なのかという問いさえ出てきています。それでも一つ確かなのは，これからは教育者が自ら考え，自ら判断する主体性がかつてなく求められることです。

　皆さんが，英語教育学という専門知をそなえた「主体的な英語教育者」として，「主体的な若い世代」を育てていただくために，『よくわかる英語教育学』がお役に立つことを，心から願っています。

2020年12月

編者代表　鳥飼玖美子

英語教育学を学ぶにあたっておさえておきたい用語

　英語教育について学ぶ際におさえておくべき用語を紹介します。

　まずは，普段あまり意識することなく使っている「英語教育」と「コミュニケーション」について考えてみましょう。

① 英語教育

　英語教育は少なくとも「英語」と「教育」に分けて考えることができますが，それぞれの中に様々な意味が潜んでいます。まず，「英語」には，「母語」としての英語，「第二言語」としての英語，「外国語」としての英語があります。そして，母語教育，第二言語教育，外国語教育としての英語教育には，それぞれ異なる「英語」の位置（価値）づけ，言語使用者・学習者像があり，教育実践が行われる状況も大きく異なります。英語教育について考える際は，誰に対して，どのような英語を，どのような状況で教えるのか，という問いが不可欠です。

② コミュニケーション

　コミュニケーションは，主に言語を通じて行われる「情報伝達」「意思疎通」として一般に理解されていますが，本書では，コミュニケーションをより広く捉えます。ここで重要となるのが，言語を社会・文化と切り離さず，常に「権力関係」や「アイデンティティ」との関連で考える視点です。「コンテクストにおける行為」として言語（使用）を捉える視座，とも言えます。さらに，コミュニケーションには，「言語」以外の要素も大きく関わっています。「言語」中心の「情報伝達」というコミュニケーション観では，実際のコミュニケーションのごくわずかな側面にしか焦点を当てることができません。

　次に，本書で英語教育学を学ぶにあたって，あらかじめ理解しておきたい用語を紹介します。

③ 英語教育学

　英語教育学は，「英語」と「教育」を様々な視点から捉え，英語教育の方法，英語習得の過程，英語教授法，学習者の特性や心理的な側面，英語教育と社会，異文化コミュニケーションなど，英語教育に関わる幅広い分野を学際的に研究する学問です。

　大学の教職課程には「英語科教育法」という科目がありますが，英語科教育法は，英語教育の実践に重点を置いて，英語の授業を行う際に必要な方法論を主に扱います。

④ 学習指導要領

　学習指導要領は文部科学省が学校教育法に基づいて告示するもので，小学校，中学校，高等学校等ごとに，それぞれの教科の目標や大まかな教育内容（大綱的基準）が定められています。学習指導要領は，現在のような形となった1958（昭和33）年以来，ほぼ10年ごとに改訂されています。学習指導要領は「大まかな教育内容」を定めたものですから，それを補足する「解説」を文部科学省が出すのが通例となっています。

　なお，文部科学省は学習指導要領には法的拘束力があると「解釈」していますが，どこまで法的拘束力を認めるかに関しては議論があります。

⑤　第一言語と第二言語

　「第一言語」は，幼児のときに自然に獲得する言語で，「母語」とも言います。「母語」は「母国語」と言われることもありますが，国と言語が必ずしも対応しているわけではありませんから，「母語」と呼ぶのが適当です。

　「第二言語」は，学習によって習得する母語以外の言語のことです。母語以外の言語が使用されている国や地域に居住し，そこで使用するために学習する言語を「第二言語」と呼び，その言語が使用されていない国や地域で学習する母語以外の言語のことを「外国語」と呼んで区別することもあります。

⑥　メソッドとアプローチ

　メソッド（method）は，言語理論や学習理論に基づいて，実際の授業をどのように行えばよいかという具体的な指導法を示すもので，アプローチ（approach）は，言語理論や学習理論に基づいて教授法の理論的枠組みをつくるものです。

⑦　カリキュラムとシラバス

　カリキュラム（curriculum）は「教育課程」を示したもので，授業時数との関連において各学校が設定する教育計画のことです。シラバス（syllabus）は，教育課程に含まれる科目の内容や学習項目の配列など，授業計画を具体的に示したものです。

（鈴木希明・榎本剛士）

本書で使用する用語について

① 「教員」「教師」「教諭」

　「教員」は，「学校で児童・生徒・学生を教育する職務についている人」を指し，「教師」は，より広く様々な立場で学業や技芸を教える人を指す言葉です。本書は，学校教育に携わる教員志望者を念頭に作成されていますので，主として「教員」という用語を使いますが，学校以外の場で英語の指導に関わる方も対象に含むため，「教師」を使うこともあります。また「教諭」は，「教員免許を取得している，幼稚園・小学校・中学校・高等学校・特別支援学校等における正教員」のことを指します。

② 「子供」「子ども」

　一般に「子供」「子ども」の両方が使用されていますが，本書では「子供」に表記を統一しています。文部科学省の公文書では，常用漢字を使うのが原則になっていますが，「こども」については，以前は「子ども」が使用されていました。漢字の「子供」では，「供」という字が「お供え物」「お供する」などを連想させるという理由からです。しかし，「供」に差別的な意味合いはないこと，また，「交ぜ書き」廃止の流れもあり，2013年に公用文書の「こども」表記を漢字書きの「子供」に統一することが決まりました。『文部科学白書』でも，固有名詞以外は「子供」で統一されています。

も く じ

v

第5部　指導上の課題

Ⅰ　接続と連携

Ⅱ　授　業

Ⅲ　授業を振り返る

第6部　これからの英語教育

Ⅰ　AI 時代に必要な力

Ⅱ　理論研究から学ぶ

第 1 部

英語教育学とは？

イントロダクション

　第1部「英語教育学とは？」では，本書で英語教育学を学ぶための基本的な視座，及び，前提を共有します。

　「I 英語教育学を学ぶ前に」では，文字どおり，「『英語教育（学）』以前の問題」を扱います。もしあなたが今，英語を「学ぶ」立場で，これから英語を「教える」立場になりたいと考えているのなら，自ら勉強し，学ぶ者のために環境をつくり，他者の学びを導くことに責任と情熱をもつ「教える者」としての発想・思考に，少しだけ頭を切り替えてみてください。そして，ものごとを原理的に突き詰めて考えるだけでなく，そのような思考の成果を社会に還元する「専門家」としての自覚の種を，心に蒔いてみてください。

　「II 世界と英語」は，この時代に英語を学んだり教えたりすることを取り巻く状況に関する基本的な認識の枠組みに関わります。望むと望まざるとにかかわらず，社会や世界は常に変化していきます。それに伴って，「コミュニケーション」の在り方，そして，人と人とがコミュニケーションする際の「媒体」の在り方も変わっていきます。英語教育について考えることは，そのような変化の中の社会的な営みにほかなりません。

　皆さんの英語教育についての学び，実践，社会参加を「山」に喩えるならば，その山ができるだけ高く，大きくなるように，なるべく広い「裾野」をつくるイメージで，「英語教育学」の世界へ足を踏み入れる準備をしましょう。

　　　　　　　　　　　　　　　　　　　　　　　　　　　　　　　　　（榎本剛士）

I　英語教育学を学ぶ前に

 学ぶ立場から教える立場へ

① 自律的な学びを続ける教員を目指して

　教員になろうとする人は誰でも教員を志すきっかけと，教育に対するその人なりの考え（教育観）をもっているはずです。この本を手に取って読まれている読者の皆さんも，教育について自分なりの憧れや理想をもっていることと思います。その信念や情熱があってこそ，自らが描くよい教員像に向かって努力し，成長を遂げられると考えます。そしておそらく，皆さんは英語も好きで，学校の授業だけでなく学外でも，資格試験や海外留学，英会話スクール，SNSによる海外交流，語学番組，映画・音楽，読書など，多様な手段やメディアを使って英語力を高める努力をしてきたことでしょう。「好きこそ物の上手なれ」という諺があるように，進んで英語を学ぶ人は，その魅力に取りつかれ，学ぶことが苦になりません。あるいは，学びが苦だと感じても，教員になるため，英語を身に付けるためなど，様々な動機で英語と格闘している人もいるかもしれません。いずれにしても，自律的な学びは価値ある行動です。

　いざ教員として採用されて，学ぶ立場から教える立場に変わったとしても，自律的な学びを継続することは大きな価値があります。どの職業でも同じですが，職業に就いたらそれがゴールではありません。よりよい実践を行い，その道を究めようとすれば，今まで以上に学ぶ必要があります。教員の中には，安定した社会的地位に甘んじて，教育や英語についての学びを怠ったり，止めてしまったりする人もいます。昨今の教育改革の一環として「学び続ける教員像の確立」を謳い，継続的な研修参加で教員の学びを制度化，規律化しようとする動きがあります。しかし，他律的な学びをお膳立てしてもらうまでもなく，自律的な学びを続ける人こそが教える人であるべきだと思われます。

② 学びの質を考える

　教員養成や教員研修で教えられることは，実践的な内容が中心となっています。換言すれば，教育現場ですぐに使えて役立つ知識や技能がほとんどだということです。これらに意味がないわけではありませんが，すぐに役立つことはすぐに役立たなくなることが多く，一見役立たなそうにみえる学問の原理や思想や分析概念が，教育現場で働き始めると，意外にも役に立つということは起こりえます。一般的に言って，教員は目の前の事象（学級経営，生活・生徒指

▷1　中央教育審議会答申（2015）「これからの学校教育を担う教員の資質能力の向上について〜学び合い，高め合う教員育成コミュニティの構築に向けて〜」。https://www.mext.go.jp/b_menu/shingi/chukyo/chukyo0/toushin/1365665.htm

導，事務仕事，クラブ指導，学校行事など）に追われて近視眼的になりがちです。働き始めてから学問体系をきちんと学ぼうとしても，時間的余裕がないだけでなく，基礎的な前提知識がなければ専門分野を理解することさえ困難です。

　逆に，教員の経験がなくても，そこから距離を取っていることで教育の世界を俯瞰的に見ることができます。英語学習に加えて，ぜひ，今のうちに教育学や英語教育学についても本格的な学びに取り組んでください。あえて厳しい言い方をしますが，そうしたプロセスを疎かにしてしまうと，教員になってもハウツー本に頼ってばかりで，毎年同じやり方を再生産するだけになってしまいます。それでも勤続年数とともに経験は増えていきますが，実践の中身は錆びつき，狭い範囲でしかものごとを捉えられなくなってしまいます。本書で解説されている英語教育学についての幅広い見方と，それによって得られる深い洞察力は，近い将来，よりよい実践を生み出すための強固な地盤となるはずです。

③　教育を問い直す

　教育とは何か，という根本的な問いに対して，広田照幸は次のように定義しています。「教育とは，誰かが意図的に，他者の学習を組織化しようとすることである[42]」。とても冷静なまなざしで教育を捉えています。様々な要因が複雑に絡み合う，不安定な状況で行われるのが教育活動です。必ずしも「かくあるべし」と掲げられた理想や目標や計画が，そのまま現実のものとなるように，単純にコントロールできるものではありません。

　一般的に，教員は規範意識がかなり強く，標準化された教科の知識や技能を習得しているので，児童生徒にとっては模範的なロール・モデルとなるべき存在です。そして生活共同体の場として「学級」を統率し，「団結」「協力」「思いやり」「共に学ぶ」などの理想的な目標を掲げて集団を導きます。その中で，児童生徒一人ひとりの言葉遣いや服装だけでなく，心や態度，人格や人間性といった内面にまで深く関わりながら理解・支援・指導を行います。

　人と関わる職業の中でも，相手に及ぼす影響は計り知れないくらい大きなものです。教員は，教えた児童生徒たちのその後の人生に対して実質的な責任（生活の面倒や支払いなど）を負いません。しかし，児童生徒たちの能力や技能の習得，及び，その後の進路や人生を左右する可能性があることを考えると，「教えること」には大きな責任を伴うことが理解できます。そこで最も大切なことは，自らの規範意識や解釈を反省的に見つめ直そうとすることです。苅谷剛彦はそれを「複眼的思考法」と呼び，「複数の視点を自由に行き来することで，一つの視点にとらわれない相対化の思考法[43]」と言っています。様々な個性や特性をもつ児童生徒たちと深く関わり，複雑な要因で構成される現実の空間では，唯一の絶対的な「正解」があるわけではありません。自己正当化ではなく自己相対化をするために，学び続ける必要があります。　　　　（綾部保志）

▷ 2　広田照幸（2009）『教育学（ヒューマニティーズ）』岩波書店。

▷ 3　苅谷剛彦（2002）『知的複眼思考法——誰でももっている想像力のスイッチ』講談社。

おすすめ文献

広田照幸（2009）『教育学（ヒューマニティーズ）』岩波書店。
苅谷剛彦（2002）『知的複眼思考法——誰でももっている想像力のスイッチ』講談社。
苫野一徳（2011）『どのような教育が「よい」教育か』講談社。

Ⅰ　英語教育学を学ぶ前に

②「コミュニケーション能力」とは何か

① なぜ「コミュニケーション能力」について考える必要があるのか

今日の英語教育においては，「コミュニケーション」が重視されています。しかし，明治の頃に行われていた英語の学習も，確かに「読む」ことに大きな焦点が当てられてはいたものの，書物を通じた「西洋文明の吸収」が目指されていたのであれば，それは明らかに「西洋とのコミュニケーション」を目標としていた，と言えます。

このように，日本における英語学習の黎明期から今日に至るまで，今で言うところの「コミュニケーション」が何らかの形で常に目指されていた，と理解した上で，両者の違いはどこに求められるでしょうか。それは，今日の方が明らかに，「コミュニケーション」という言葉を通じて英語教育を構想したり，批判したり，語ったりする傾向が顕著に見られることです。

では，わたしたちは，「コミュニケーション」について，また，その中で大きな役割を果たすと思われる「コミュニケーション能力」について，どれほど明確な言葉で語ることができ（てい）るでしょうか。もしそれができていなければ，また，それを目指さなければ，「コミュニケーション」を志向した英語教育に関わるいかなる実践も，「なんとなく」もっているにすぎない知識を基盤とすることになってしまいます。そこで，ここでは，「コミュニケーション能力」に関する二つの有名なモデルを紹介します。

② カナルとスウェインによるモデル化

言語人類学者・社会言語学者のハイムズ（Hymes, D.）による「コミュニケーション能力」に関する問い[※2]などを統合的に踏まえ，応用言語学・言語教育における「コミュニケーション能力」のモデルをはじめて明示的に示し，この分野におけるその後の研究の一つの強力な枠組みを設定することになったのが，カナル（Canale, M.）とスウェイン（Swain, M.）によるモデル化[※3]です。

カナルとスウェインは，「コミュニケーション能力」は次の三つの要素によって構成されるとしました。コードとしての言語に関する知識である「文法的能力」，言語使用における社会・文化的なルールについての知識である「社会言語的能力」，「能力」の不足などによってコミュニケーションがうまくいかないときに適切に対処するための（言語的・非言語的）方略からなる「方略的能

▷1　本書の「幕末―明治―大正―昭和初期」（94-95頁）を参照。

▷2　本書の「ハイムズの『コミュニケーション能力』」（86-87頁）を参照。
▷3　Canale, M. & Swain, M. (1980). Theoretical bases of communicative approaches to second language teaching and testing. *Applied Linguistics*, 1(1)：1-47. この論文は大変包括的な論文です。長い論文ですが，ぜひ原典を読まれることをおすすめします。
▷4　Canale, M. (1983). From communicative competence to communicative language pedagogy. In J. C. Richards & R. W. Schmidt (Eds.). *Language and communication*. Longman. pp. 2-27.

力」です。その後，カナルが，実際のコミュニケーションをより考慮し，結束性（cohesion）と一貫性（coherence）のあるテクスト（文の連なり）を生み出すための「談話能力」を加えました。

③ バックマンによるモデル化

カナルとスウェインの枠組みは，テスティングという観点から，バックマン（Bachman, L. F.）によって「コミュニケーション的言語能力」（CLA）として再構成されました。CLA には，言語を媒介としたコミュニケーションで使用される特定の知識のセットである「言語能力」，言語能力をコンテクスト化された言語使用の中で発揮するための心の能力を指す「方略的能力」，物理的な現象としての言語を実際に遂行するための神経機能や心理的過程を指す「心理・生理的メカニズム」が含まれます。

上記の「言語能力」は，さらなる下位カテゴリーに細分化されます。まず，「組織的能力」と「語用論的能力」が区別されます。前者の「組織的能力」は，語彙，形態，統語，音韻を含む「文法的能力」と，結束性・レトリック構造を含む「テクスト的能力」の二つの能力から構成されます。

後者の「語用論的能力」は，ハリデー（Halliday, M. A. K.）に由来する観念的機能，操作的機能といった言語の機能や，語用論的な条件に関わる「発語内能力」と，方言や変種に対する感受性，レジスターに関する感受性，さらには言い回しの自然さや比喩表現に関わる「社会言語的能力」の二つの能力から成っています。

カナル，スウェイン，バックマンの他にも，ウィドウソン（Widdowson, H. G.）やサビニョン（Savignon, S. J.）など，多くの研究者が「コミュニケーション能力」を研究しています。また，それをいかに言語教育や言語テストに落とし込んでいけるか，という問題についても，膨大な研究の蓄積があります。すべてを網羅することは困難を極めますが，「コミュニケーション」を目指した英語教育実践を行う，あるいは，「コミュニケーション能力が育っていない」などといって英語教育の批判を行う場合，そこで想定されている「コミュニケーション」や「コミュニケーション能力」は何か，ということについて，少なくとも議論ができなければなりません。間違っても，「コミュニケーション」と「4技能」とを同一視するようなことがないよう，留意しましょう。

（榎本剛士）

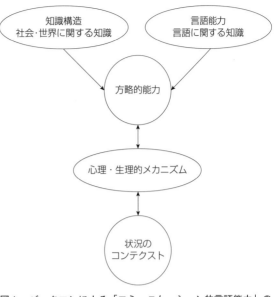

図1　バックマンによる「コミュニケーション的言語能力」の要素の概念化

出典：Bachman, L. F. (1990). *Fundamental considerations in language testing.* Oxford University Press. p. 85をもとに作成。

▷5　英語では "communicative language ability" と表記されています。

おすすめ文献

Bachman, L. F. (1990). *Fundamental considerations in language testing.* Oxford University Press.

Canale, M. (1983). From communicative competence to communicative language pedagogy. In J. C. Richards & R. W. Schmidt (Eds.). *Language and communication.* Longman. pp. 2-27.

Canale, M. & Swain, M. (1980). Theoretical bases of communicative approaches to second language teaching and testing. *Applied Linguistics*, 1 (1)：1-47.

I　英語教育学を学ぶ前に

3 理論と実践

① 教育科学と実践的教育学

　教育をする前段階として，理論と実践の基本的な理解を深めておくことは欠かせません。この二つの概念についてあまり考えずに教育をしてしまうと，教育政策や教育実践で進むべき方向が曖昧になり，迷走する危険があります。教育学では，この二つを「教育科学」と「実践的教育学」に分けています[1]。「教育科学」は教育全般に関わる事象を理論で説明・解明したり，実践の効果を客観的に調査したりして，その特徴や傾向を一般化することを目指します。直接「教えない」ので，実践とは距離を置いて考えられ，教育者の主観や価値判断が入りにくいことが特徴です。理論的考察や科学的調査が重視されますが，具体的な教育内容や指導法を決定することはしません。それに対して「実践的教育学」とは，現実の教育実践に関わる全般の研究で，教育目的，教育内容，指導法，評価法など，実際の教育場面で何をどのように実施すればよいのかという意志決定の行為に関わる研究をします。「教育科学」とはちがって，教育的な価値判断を介入させて，実践の枠組みを決定することを目指すのが特徴です[2]。

② 理論と実践を合わせた教育サイクル

　認識・分析に関わる「教育科学」と判断・行為に関わる「実践的教育学」の二つは，それぞれ対立するものではなく，相補的な関係として理解されるべきものです。教育者は「実践的教育学」に基づいて特定の方針を決めて実践を形づくり，教育活動を行います。その過程では常に，何らかの教育的価値判断が介入していることを自覚しておく必要があります。自らの教育的価値判断は「本当に正しいと言えるのか」「期待した効果はあったのか」などの問いに対して，反省的な参照軸として機能するのが「教育科学」です。実践行為を振り返り，新たな課題を見つけ，その解決策を考える，このときに「教育科学」の知見が役立ちます。他者の実践報告や，様々な分野の科学的な学識は，実践の針路を指し示してくれます。教育ではこれらの一連のサイクルが繰り返し行われるのです。「教育科学」によって導き出された理論や法則や原理を参照しない実践は，行き詰まったり，迷走したりします。「実践的教育学」を無視・軽視した「教育科学」は，実践に寄与することができないばかりか，現実に起こる複雑さを捉え損ねて解明できない，という点において限界があります。つまり，

▷1　ブレツィンカ，W.／小笠原道雄訳（1990）『教育学から教育科学へ──教育のメタ理論』玉川大学出版部。

▷2　広田照幸（2009）『教育学（ヒューマニティーズ）』岩波書店。

教育の実践と理論は互いに異なるものではありますが，その根底では深く関わり合っているものだと言えます。

③　英語教育における理論と実践

　理論と実践はお互いに異なる性質の目的なので，統合できるものではありませんし，安易に統合すべきものでもありません。別々に分かれているからこそ意味があるのです。英語教育者にとっては，この二つの次元を行ったり来たりすること，つまり「往還すること（臨床の知）」が大切になります。

　しばしば引き合いに出される実践の例として，「教科書を教える」「教科書で教える」という二つの授業像があります。前者は，教育科学や実践的教育学の知見をもたず，教科書（の指導書）に書かれてあることを経験と勘によってそのまま再現する（なぞる）だけの実践です。他方，後者は教育科学と実践的教育学の両方の知見を参照しつつ，教科書の先にある教育の本質的な目的に向かって授業を展開します。前者があらかじめ用意された知識・技能を身につけさせるという点で「誘導・注入型の授業」なのに対して，後者は内容に広がりや深まりを追究するため「解決・探求型の授業」になります。

　英語教育界では「CAN-DO リスト」「パフォーマンス評価」「使える英語」など，ますます実践的で顕在的な能力の育成が政策的に推し出されています。そうした枠組みが暗黙のルールとして教育関係者に強く意識されることによって，その方針に沿った教材や授業が疑うことなく称揚されます。実践するためには特定のアプローチを採用することが必要なので，価値判断と意志決定を伴います。しかし，政策で掲げられるスローガンやそれを後追いするハウツー本のようなものは，理論的な根拠や科学的な検証，それに関わる審議や議論が十分になされているとは限らないので，鵜呑みにすることは避けるべきです。

　理論と実践の両方を重視した政策は，蓄積された実践を検証して，実行可能で効果的な手法を提言し，教育現場の創意工夫を生む隙間を与えておきます。そうではない政策は，理論的な根拠を示さず，無理難題を押し付けて教育現場を規制しようとします。また，理論と実践がうまく機能している授業は，様々なアプローチからその場の状況に最適だと思われるやり方を適宜選択して，実践後は反省的なまなざしで改善を続けようとします。そうではない授業は，特定の見方や手法に偏り，学問分野で語られる声に耳を傾けようとはしません。

　「英語教育学」という学問分野を，本書では特定の狭隘な見方で提供しているわけではなく，幅広い領域から多様な見方ができるように提示しています。理論と実践の往還をするためには，自己を取り巻く教育活動をより広い視点から深く捉えようとする意識が必要です。

　　　　　　　　　　　　　　　　　　　　　（綾部保志・榎本剛士）

▷3　中村雄二郎（1992）『臨床の知とは何か』岩波書店。

▷4　大内裕和・紅野謙介（2020）「逃走の教育から闘争の教育へ——大学入学共通テストと新学習指導要領から問う言葉をめぐる教育」『現代思想』48(6)，青土社。

おすすめ文献

中村雄二郎（1992）『臨床の知とは何か』岩波書店。
ブレツィンカ，W.／小笠原道雄訳（1990）『教育学から教育科学へ——教育のメタ理論』玉川大学出版部。
Giroux, A. H. (1988). *Teachers as intellectuals: Toward a critical pedagogy of learning.* Bergin & Garvey Publishers.

Ⅱ　世界と英語

 グローバル化から新型コロナ禍へ：
揺れる英語教育

 グローバル化とは

　グローバル化 (globalization) とは，国境を越えて人やモノ，金が自由に往来することによる世界の普遍化です。日常的な例で言えば，マクドナルドは米国発のハンバーガー店ですが，今や世界のほとんどの国にマクドナルドがあります。そこでグローバリゼーションを「マクドナリゼーション」(McDonalization) と呼び，世界中が「アメリカ化」されることだと批判する向きもあります。

　グローバル化は情報の普遍化でもあります。世界はインターネットや SNS▷1 (social media) を通して情報を共有することで，密接に繋がり，どこかで起きた事件は瞬く間に世界が知ることになります。

　かつてはフランス語が外交での使用言語でしたが，第一次世界大戦後からアメリカ合衆国が大国としての存在感を増すにつれ英語が優位になりました▷2。インターネットでの共通言語が英語であることも加わり，「国際語としての英語」の重要性は増大し，日本を含め多くの国々が英語教育に力を注いでいます。

❷　グローバル化が生む多様化

　逆説的ですが，地球を普遍化したグローバリゼーションは，多様性を生むことにもなりました。人々が自由に移動した結果，それぞれの社会に移民を含めた滞在者が増え，異質な人たちが共に暮らすようになったのです。多様化した社会では，構成員がそれぞれ異なる文化的背景をもち，違った宗教を信仰し，異なる言語を話します。このような社会を「多文化・多言語社会」と呼びます。

　「多文化・多言語社会」では，多言語での通訳や翻訳が不可欠です。日常生活に必須の「コミュニティ通訳」▷3，病院で医療者と患者をつなぐ「医療通訳」，警察の取り調べでの「司法通訳」，裁判での「法廷通訳」は，どの国でも必要度が高まっており，日本も例外ではありません。

❸　グローバル化の光と影

　グローバル化によって，環境問題などで各国が協力する素地が整うなどの恩恵はありますが，一般の人々にとっては，自分の街にことばの通じない人たちが増えることへの警戒心，外国人労働者に仕事を奪われる恐怖感が強まりました。

　EU（欧州連合）からの脱退を支持した英国民が多かったのは，移動の自由

▷1　Twitter, Facebook, Instagram などを指して日本では SNS（Social Networking Service）と呼びますが，英語では social media と総称します。

▷2　第一次世界大戦後，1919年のパリ講和会議で初めてフランス語―英語間の通訳が行われ，それまでの外交語としてのフランス語の優位性が崩れ，国際会議での複数言語の使用と会議通訳導入への道がひらきました。武田珂代子（2013）「会議通訳の誕生」鳥飼玖美子編著『よくわかる翻訳通訳学』ミネルヴァ書房，34頁；鳥飼玖美子（2007）『通訳者と戦後日米外交』みすず書房を参照。

▷3　community interpreting, public service interpreting. 行政（役所での手続き，公共サービス）や学校での言語支援を含みます。

を保障する EU の方針で移民が増えることへの反発もあったとされます。米国でも，グローバリゼーションの恩恵を受けるのは大企業など富裕層だけで，貧困層は被害を被っていると考える人たちが，ドナルド・トランプ大統領の誕生を可能にしたとの見方があります。

グローバルとローカル，つまり世界的普遍性と国や地域の独自性の両方を大切にする「グローカル」（glocal）への模索も始まっています。

④ 新型コロナウイルス感染症対策で混迷する教育

グローバル化の負の面が顕在化しつつあった2019年，新型コロナウイルス感染症（COVID-19）が発生しました。世界中で感染が拡大し，封鎖（lockdown）により他国との往来を止めざるをえない状態が続き，暮らしや経済と同様，教育も打撃を受けました。

「グローバル人材育成」を目指し改革が進行中の英語教育も多大な影響を被りました。海外留学や研修は延期，海外からの留学生受け入れも困難な状況です。ALT（英語指導助手）確保も影響を受けました。2020年3月には全国的な休校が要請され学期末の学校現場は混乱。休校による「学習の遅れ」が問題となり，文部科学省は教科書会社と協力して学習内容を重点化し「教科書の2割を授業外で行う」ことを発表しました。新型コロナウイルス感染が終息しない中，大学はキャンパスを封鎖しオンライン授業を続ける事態となりました。

先が見えない状況の下，オンライン授業だけでは学びにならないとの不満が鬱積し，感染症対策と対面授業の兼ね合いは学校にとって難しい選択となりました。小・中学校・高等学校では分散登校などを工夫しながら授業を実施していますが，英語教育現場では，感染症対策でマスクやフェイスシールド着用のままでは発音指導ができない，ペアやグループでの言語活動ができないなどの悩みが増えました。

コロナ危機にあっては，折々の状況を睨みながら，現場の教員が児童生徒・学生にとって何が最善かを見極めつつ，主体的に判断することが肝要です。そのような試行錯誤から生まれる創意工夫は新たな教育方法を生み出し，コロナ後に生かすことが可能でしょう。

コロナ感染症が終息しても，その後の世界がどうなるかは不明です。コロナ対策で露呈したように各国が自国の利益を優先するのか，国際的な協調は可能なのか，個人の自由と健康維持は両立するのか，感染症対策と経済は両立するのか，不確実な時代になります。確実なのは，これまでの「グローバル化」とは違う新たな世界への変貌です。

異質な言語を教えることは，学習者を未知の世界に送り込むことであるのを考えると，ポスト・コロナの英語教育が担うべき役割が見えてきそうです。

（鳥飼玖美子）

▷4　2019年発生の Corona Virus Disease（コロナウイルス感染症）を指す略称。WHO（World Health Organization：世界保健機関）が命名。

▷5　本書の93頁の▷10を参照。

▷6　2020年6月5日，萩生田光一・文部科学大臣（当時）が記者会見において「学びの保障総合対策パッケージ」を発表。

おすすめ文献

佐藤優（2002）『人類の選択──「ポスト・コロナ」を世界史で解く』NHK 出版。
Harari, Yuval Noah (2020). *The world after coronavirus*. Financial Times, March 20. https://www.ft.com/content/19d90308-6858-11ea-a3c9-1fe6fedcca75
Maurais, Jacques & Morris, Michael A. (Eds.) (2003). *Languages in a globalizing world*. Cambridge University Press.

Ⅱ　世界と英語

 # 英語教育と異文化コミュニケーション

① 英語教育と異文化コミュニケーションの関係

　異文化コミュニケーション研究と外国語教育研究とは本来，密接なつながりを有しているはずです。特に英語は，国際コミュニケーションにおける共通語ですが，日本での英語教育は，個別言語としてスキルに特化して教えることが重視され，異文化コミュニケーションに関する研究成果が英語教育に反映される環境が整っていない状況にあります。

② 学習指導要領にみる「コミュニケーション」と「異文化理解」

　2020年度から順次，施行されている新学習指導要領においても，1989年改訂の学習指導要領と変わらず，英語教育は「外国語で多様な人々とコミュニケーションを図ることができる基礎的な力を育成する」ことを目指しています。中学校「外国語」の目標は次のようになっています。

　　外国語によるコミュニケーションにおける見方・考え方を働かせ，外国語による聞くこと，読むこと，話すこと，書くことの言語活動を通して，簡単な情報や考えなどを理解したり表現したり伝え合ったりするコミュニケーションを図る資質・能力を次のとおり育成することを目指す。

　文化についての記述は，中学校「外国語」では「外国語の背景にある文化に対する理解を深め，聞き手，読み手，話し手，書き手に配慮しながら，主体的に外国語を用いてコミュニケーションを図ろうとする態度を養う」，高等学校「英語」においては「外国語やその背景にある文化の多様性を尊重し，聞き手・読み手・話し手・書き手に配慮しながら，自律的・主体的に外国語を用いてコミュニケーションを図ろうとする態度を養う」となっています。小学校でも「外国語の背景にある文化に対する理解を深め，他者に配慮しながら，主体的に外国語を用いてコミュニケーションを図ろうとする態度を養う」（下線はすべて筆者による）と記述されているので，小学校第3・4学年の「外国語活動」から高等学校の「英語」まで，「文化」とは「外国語の背景にある」もので，外国語を使ってコミュニケーションを図るためには，「文化に対する理解」を深め，その多様性を尊重することが求められています。「文化に対する理解」とは，異文化理解を指しているようですが，そこまでの記述はなく，英語を勉強するには英語圏の文化は知っておかねばならないという意味であり，小学

校・中学校・高等学校を通して英語教育の重点は後段の「外国語を用いてコミュニケーションを図ろうとする態度」に置かれているようです。

❸ 「異文化コミュニケーション」とは何か

「文化」の定義は多いのですが，共通しているのは，規範や信条，価値観など「見たり触れたりできない，目に見えず意識もされない」（invisible, hidden, implicit, out-of awareness）文化的要素の重要性です。

「コミュニケーション」についても同様に様々な定義がなされています。まず，言語コミュニケーション（verbal communication）と非言語コミュニケーション（non-verbal communication）に大別され，言語コミュニケーションについてを「相互行為」（interaction）と捉えたり[▷1]，「表出的機能」「動能的機能」「交話的機能」「言及指示的機能」「メタ言語的機能」「詩的機能」の6機能に分類する理論モデルもあります[▷2]。

外国語教育に多大な影響を与えたのは，社会言語学者のハイムズ（Hymes, D.）が提唱した「コミュニケーション能力」（communicative competence）です[▷3]。コミュニケーションを成立させるには，言語学者チョムスキー（Chomsky, N.）の言う「言語能力」だけでは不十分であり，「話し方の社会的規則」（social rules of speaking）が必要であると主張したことに由来します。この学説は母語におけるコミュニケーションを指しており，外国語教育を念頭に置いていたわけではありませんが，コミュニケーションという視座からの外国語教授法への模索が始まり，コミュニケーションが生起する日常的な場面や，挨拶・招待・断りなどの機能に着目した「ノーショナル・ファンクショナル・シラバス」（Notional-Functional Syllabus）が盛んに研究されるようになりました。日本を含め多くの国々の外国語教育で「コミュニカティブ・アプローチ」[▷4]（Communicative Approach; Communicative Language Teaching）が主流となりました。

❹ 「外国語と異文化コミュニケーション」の新たな潮流

欧州評議会では，「コミュニケーション能力」に加え「異文化能力」の必要性を提唱しています。これは個別文化ではなく「異質性」に対応する能力であり，「他者との関係性」（otherness）の意識化を重視しています。

米国においても，「異文化コミュニケーション能力」（intercultural communicative competence）を，「異文化対応を可能にするコミュニケーション能力」[▷5]と定義し，その構成要素として「批判的な文化の気づき」（critical cultural awareness）を入れる学説も出てきました。

外国語を学ぶのは，異質性（difference, otherness）との格闘であり，橋を架ける前に差異を知ることです。外国語教育は異文化コミュニケーションを学ぶ場だとの考えは，今後，ますます重要になってくるでしょう。（鳥飼玖美子）

▷1 Gumpertz, J. J. (1982). *Discourse strategies*. Cambridge University Press.

▷2 Jakobson, R. (1960). *Linguistics and Poetics in Style in Language*. M. I. T. Press.

▷3 Hymes, D. (1974). *Foundations in Sociolinguistics : An Ethnographic Approach*. University of Pennsylvania Press. 本書の「ハイムズの『コミュニケーション能力』」（86-87頁）を参照。

▷4 本書の「コミュニカティブ・アプローチ」（46-47頁）を参照。

▷5 Garrett-Rucks, P. (2016). *Intercultural Competence in Instructed Language Learning*. Information Age; Diaz, A. R. (2013). *Developing critical languaculture pedagogies in higher education*. Multilingual Matters.

（おすすめ文献）
平野健一郎（2000）『国際文化論』東京大学出版会。
Hall, E. T. (1976). *Beyond culture*. Anchor Press/Doubleday.
Kramsch, C. (1993). *Context and culture in language teaching*. Oxford University Press.

Ⅱ　世界と英語

3 母語と第二言語，ESL（第二言語としての英語）とEFL（外国語としての英語）

▷1　外国語指導には，目標言語のみを使用するモノリンガル・アプローチ（monolingual approach）と，母語も使用するバイリンガル・アプローチ（bilingual approach）があります。

▷2　Cook, Guy (2010). *Translation in language teaching.* Oxford University Press.

▷3　Kramsch, Claire (1993). *Context and culture in language teaching.* Oxford University Press.

▷4　English as an International Language＝EIL）

▷5　Crystal, David (1997). *English as a global language.* Cambridge University Press.

▷6　Kachru, Braj B. (1982). *The other tongue: English across cultures,* 1st *edition.* University of Illinois Press.

▷7　インド，シンガポール，マレーシア，バングラデシュ，パキスタン，タンザニア等々。，約1億1000万人の話者がいるとされます。

▷8　英語を使う人々を，教育のある層だけにするのか，どの程度まで含むのかにより数値は異なります。

▷9　Kachru, Braj B. (1992). Teaching world

1 母語と第二言語

　言語を身につける形態には2種類あります。一つは「母語」（mother tongue）です。生まれて最初に覚える言葉なので「第一言語」（first language; L1）とも呼ばれます。意識して学習するのではなく，自然に「獲得」するのが母語です。

　もう一つが，自然環境での「第二言語」習得です。例えば，親の都合で他国に移り住んで育った子供が，母語とは違う言語が使われている環境で日常的に触れて身につける例，母語ではない公用語を習得する場合などが，広義の「第二言語」（second language; L2）となります。

2 第二言語としての英語（ESL）と外国語としての英語（EFL）

　外国語習得についても，2種類あります。一つは，その言語が使われている国で暮らしながら第二の言語として習得する場合です。英語の場合，この形態をESL（English as a Second Language）と呼びます。

　二番目は，日常的に使わない言語を「外国語」として学ぶ形態です。英語の場合，こちらをEFL（English as a Foreign Language）と呼びます。

　この違いは重要です。ふだん使う機会のない外国語を学習するには，日本では歴史的に「読む」ことから始め，日本語訳して意味をつかむ方法で学んできました。現在の日本では，「第二言語としての英語」習得のように授業で使用する言語を英語にしていますが，英語の授業を英語で行っても，外国語としての英語を学んでいることに変わりはありません。「外国語」として言語を学ぶ上で，学習者と母語を共有している教員の役割を再考する流れもあり，ネイティブ・スピーカーの教員が無意識に持ち込む文化が学習者に与える影響の是非を問う研究者もいます。

3 「世界の英語たち」（World Englishes）

　「国際共通語としての英語」という視点に基づく研究は多く，「地球語としての英語」などがあります。出発点となったのは，World Englishes（世界の諸英語，世界の英語たち）というカチュル（Kachru, B. B.）の思想です。世界中に多様な英語があるという意味でEnglishを複数形で用い，その状態を「同心円モデル」で説明しました。円の中央（Inner Circle）は，英語が「第一言語」

として使われている社会（英国，米国，カナダ，オーストラリア，ニュージーランドなど）です。それを取り囲む外円（Outer Circle）は，英語圏の植民地となった過去により「第二言語としての英語」（ESL）が制度化されている社会[7]です。さらに外側の拡大円（Expanding Circle）は，「外国語としての英語」（EFL）を使う社会（日本や中国，韓国，ヨーロッパなど）です。カチュルは，非母語話者の割合を少なく見積もっても8億人で全体の57％，現実には20億人としています[8]。英語母語話者の数億人をはるかに越えている現実を踏まえ，「母語話者」（native speaker）を目標や基準にすることの妥当性を問い，英語の国際化を教育に取り込むことを主張しました[9]。

④　共通語としての英語（ELF）

　母語話者のような英語である必要はない，としたカチュルの考えは共感を得ました。ただ，世界中であまりにも多彩な英語が使われたら，結果として互いに理解し合えなくなるとの懸念もあります。

　そこで登場したのが，「共通語としての英語」（ELF＝English as a Lingua Franca）という考えです[10]。共通語として機能させるには，英語の何を守ったら英語として通じるのかを知る必要があると考えた研究者たちが，実際に使われている英語を収集し，コミュニケーションを阻害する要因は何かという観点から分析を行っています。主として音韻面から「共通語としての核」（Lingua Franca Core）を探求したジェンキンズ（Jenkins, J.）の研究が知られています[11]。サイドルホファー（Seidlhofer, B.）は VOICE（Vienna-Oxford International Corpus of English）の構築を主導し，共通語として使用される英語の形態的・統語的特徴を調べました[12]。

　「共通語としての英語」で重要なのは「ネイティブ・スピーカー規範からの解放」であり，同時に，コミュニケーションを成立させるための「明瞭さ，わかりやすさ」（intelligibility）です。正確性や流暢さより「相手に通じるか」という視座で「共通語」を考える点に意義があります。

　ELF 研究が英語教育現場に応用できるまでには時間がかかりそうですが，日本独自に研究を進めることは可能でしょう。限られた授業時間で発音指導の効果を上げるため，「共通語としての核」を参考に精査し，コミュニケーションの障害となりそうな音を重点的に指導できれば理想的です。その際に母語話者を参照するにしても，どのような人が「英語ネイティブ」と呼べるのかは単純でないことを知るべきでしょう[13]。さらに大切なのは，世界に数千は存在するとされる多様な言語の中で，英語だけを共通語にすることへの問題意識をもち続けることです。母語を使うことは基本的人権であり，言語の価値は話者数では決まらないことを肝に銘じて，英語教育に取り組む必要があります。

（鳥飼玖美子）

Englishes. In Braj B. Kachru (Ed.). *The other tongue: English across cultures*. University of Illinois Press. pp. 355-366.

▷10　Jenkins, J. (2007). *English as a lingua franca: attitude and identity*. Oxford University Press; Seidlhofer, Barbara (2011). *Understanding English as a lingua franca*. Oxford University Press.

▷11　本書の「音声に関わる研究」（188-189頁）を参照。

▷12　国際英語や共通語としての英語のコーパスについては，以下に詳しい。藤原康弘（2020）「英語の多様性と共通性──コーパスからみる WE と ELF」柴田美紀・仲潔・藤原康弘『英語教育のための国際英語論──英語の多様性と国際共通語の視点から』大修館書店。

▷13　McKay, Sandra Lee (2002). *Teaching English as an international language: Rethinking goals and approaches*. Oxford University Press.

（おすすめ文献）

Jenkins, J. (2000). *The phonology of English as an international language*. Oxford University Press. Murata, Kumiko & Jenkins, Jennifer (Eds.) (2009). *Global Englishes in Asian contexts: Current and future debates*. Palgrave Macmillan.
柴田美紀・仲潔・藤原康弘（2020）『英語教育のための国際英語論──英語の多様性と国際共通語の視点から』大修館書店。

第 2 部

言語習得についての研究

━━ イントロダクション ━━

　第2部「言語習得についての研究」では，第一言語（母語）の獲得と第二言語の習得を扱います（本書では母語を身につけることを「獲得」，第二言語を身につけることを「習得」とします）。英語教育に携わるにあたっては，第二言語習得だけでなく，わたしたちが母語を獲得する過程や方法についても理解しておく必要があります。

　「Ⅰ　第一言語（母語）の獲得」では，母語獲得における生得性と学習の関係，幼児が言語を学ぶ過程と方法，そして，思考と言語の関係に関する研究を概観します。言語の獲得に関しては，外界から観察することができないこともあり，全容が解明されているわけではありません。それでも，これまでの様々な研究から幼児が言語を獲得していく様子をある程度知ることができます。

　「Ⅱ　第二言語の習得」では，まず，第二言語習得理論を母語との関係を踏まえながら概観します。次に，バイリンガリズムの実態と第二言語習得と年齢の関係を取り上げます。英語学習を始めるのは「早ければ早いほどよい」というわけではないことも，ここで理解しておきましょう。

　英語教育では，動機付け，学習方略と自律性，学習への不安，自己効力感（目標達成能力に対する信頼感）といった心理的な側面にも注目する必要があります。英語教育は，英語の知識を教えさえすればよいというものではありません。教育には学習者の心理的な側面が大きく影響します。英語教員は，学習に対する児童生徒のあらゆる側面に目を向ける必要があるのです。

（鈴木希明）

I　第一言語（母語）の獲得

言語の生得性と学習

▷1　重大な神経機能障害がある場合は除きます。

▷2　4歳の時点で，脳の重さは成人の8割程度（約1200グラム）になり，シナプス（神経細胞間の接合部）の数はピークに達します。

▷3　音韻，語彙，文構造など，言語の仕組みや働きに対する意識のことです。

▷4　言語を獲得する能力が生得的に備わっているという「言語の生得性」を否定することはできません。第一言語獲得が人間に固有であることが言語の生得性を裏付けていますし，言語に関与しているFOXP2のような遺伝子の存在も報告されています。

▷5　経験と普遍文法の相互作用は「文法獲得関数」で規定されていると考えられています。橋田浩一・大津由紀雄・田窪行則・杉下守弘（1995）『言語』（岩波講座　認知科学7）岩波書店，4頁を参照。

▷6　言語獲得の「プラトンの問題」とも呼ばれます。大津由紀雄・池内正幸・今西典子・水光雅則編（2002）『言語研究入門——生成文法を学ぶ人のために』研究社，12頁を参照。

1　第一言語（母語）の獲得

　「第一言語」（first language; L1）とは，人間が幼児期に自然に獲得する最初の言語，つまり母語（mother tongue）のことです。言語はヒトという種に固有のもので，基本的に誰でも自然に獲得することができます。[1] 一般的には1歳くらいで単語レベルの発話が始まり，4歳までにはその言語の基本的な構造を身につけます。[2] そして，就学前には語順の違いを指摘できるようなメタ言語意識[3] も現れ始めます。

　では，ほとんどの人が就学前に第一言語の基本的な知識を身につけることができるのはどうしてなのでしょう。第一言語獲得の過程は，赤ちゃんがつかまり立ちを始め，やがて歩くことができるようになる過程によくたとえられます。歩く能力がある一定の期間を経て発現するように，言語知識を身につける能力も人間には生得的に備わっていて，[4] それが一定の期間を経ることで発現すると考えられます。また，「歩く」のとは違って，養育者や周囲の人から与えられる言語経験によって日本語や英語のような個別言語を話すようになることから，言語の獲得には経験（外界から取り込む情報）が必要なことも明らかです。ここで問題となるのは，言語を獲得する生得的な能力とはどういうものなのか，そして，その能力が学習とどのように相互作用して第一言語の獲得につながるのか，ということです。

2　普遍文法の存在

　アメリカの言語学者チョムスキー（Chomsky, N.）は，人間には全ての言語に共通する言語機能（faculty of language）が生得的に備わっていると仮定しました。この言語知識を「普遍文法」（Universal Grammar＝UG）と呼び，言語獲得の「初期状態」であるとしました。この時点では何語を獲得するのかは決められていません。幼児期に実際の言語を聞くという経験が普遍文法に作用することで，[5] 日本語や英語といった個別言語の文法の獲得につながるのです。

　この仮定は，言語獲得の「論理的問題」が出発点になっています。幼児が周囲から受ける言語経験には限りがありますし，中には言い間違いも含まれます。「刺激の貧困」（poverty of stimulus）と呼ばれるこのような状況にあっても幼児が基本的な言語知識を獲得できるのはなぜなのか，[6] という問題です。チョムス

キーが批判した行動心理学は，学習者は常に白紙状態（タブラ・ラサ）から学習を始め，環境からの刺激に繰り返し反応することで習慣としての知識が形成されるとしていました。[7]模倣によって言語知識が形成されるという行動心理学の立場では，この「論理的問題」を解決することはできないのです。

③ パターンを発見する能力

　人間は比較したり抽象化したりするような一般的な認知能力を生得的にもっていて，それが実際の言語使用につながることで言語は獲得される，という考えもあります。これは，アメリカの認知心理学者トマセロ（Tomasello, M.）ら[8]による「用法基盤モデル」（usage-based model）に基づく言語獲得理論です。[9]幼児は周囲の大人の語りかけを用例として蓄積し，そこから共通のパターンを見つけて抽象化するという考えです。この過程で必要となるのが，「意図を読む（intention-reading）能力」と「パターンを発見する（pattern-finding）能力」です。乳児は1歳くらいで他者の意図的な行動を理解できるようになり，周囲の大人がどのような意図で語りかけているのかがわかるようになります。これによって，用例を場面や意図とともに学習し，自分でも同じような発話ができるようになるというわけです。また，形式や意味のパターンを発見する能力によって，語りかけられた様々な用例から共通性や規則性を見出し，それらを規則として身につけていくとしています。

　用法基盤モデルでは，言語獲得における「学習」が果たす役割を重視しています。この「学習」は行動心理学に基づく受動的な学習ではなく，幼児がもつ能動的な学習能力によるものです。

④ 第一言語獲得と英語学習

　ここでは言語の生得性と経験に関する二つの考えを紹介しましたが，どちらも言語獲得における生得的能力や経験による学習の必要性を否定しているわけではありません。赤ちゃんは養育者や周囲の人から与えられる言語経験を取り込み蓄積しながら個別言語の文法を獲得しています。

　幼児期の第一言語獲得には目覚ましいものがありますから，「外国語学習も幼児が母語を身につけるようにすべきだ」[10]とか，「外国語学習を始めるのは早ければ早いほどよい」などと無責任に言う人がいます。しかし，幼児は2万時間以上もかけて第一言語を獲得するのですから，[11]この考えが間違っていることは明白です。

　第一言語を日本語とする英語学習者には，適切なインプットを数多く与えること，一般化されている規則を明示的に示すことが大切です。これにより日本語と英語の構造の違いに気づき，英語の文法を習得することにつながるのです。

（鈴木希明）

▷7　本書の「オーディオリンガル・メソッド」（42-43頁）を参照。

▷8　トマセロは普遍文法の存在を否定しています。
▷9　認知言語学の考え方です。本書の「認知に関わる研究」（174-175頁）も参照。

▷10　この考えに基づく外国語習得理論に「ナチュラル・アプローチ」があります。本書の「ナチュラル・アプローチ」（44-45頁）を参照。
▷11　胎内にいるときから母体を通して母語に触れていることが実験から明らかになっています（ピンカー，S.／椋田直子訳（1995）『言語を生み出す本能（下）』日本放送出版協会，56頁）。その時間も合わせると，母語の獲得にかける時間は3万時間近くになります。

（おすすめ文献）
小林春美・佐々木正人編（2008）『新・子どもたちの言語獲得』大修館書店。
鈴木孝明・白畑知彦（2012）『ことばの習得——母語獲得と第二言語習得』くろしお出版。
ライトバウン，P. M.・スパダ，N.／白井恭弘・岡田雅子訳（2014）『言語はどのように学ばれるか——外国語学習・教育に生かす第二言語習得論』岩波書店。

I　第一言語（母語）の獲得

幼児はどうやって言語を学ぶのか

1　幼児が言語を学ぶ過程

　ほとんどの子供は 1 歳くらいから話し始めますが，もちろんそれまでずっと黙っているわけではありません。最初は泣き声だけですが，生後 2，3 か月経つと，落ち着いていて機嫌がよいときには「くー」とか「うー」といった音を出す「クーイング」（cooing）が始まります。6 か月くらいになると「喃語」と呼ばれる意味のない音を出し始め，1 歳くらいで最初の語を産出します。

　言語音の聞き分けは生後すぐにできるようになり，英語話者であれば，生後 1 か月から 4 か月くらいで語頭の /b//p/ や /f//v/ の違いを聞き分けることができます。一方，母語にはない「音の対立」は，生後10か月くらいで区別できなくなります。日本語話者の場合，生後10か月くらいまでは /r/ と /l/ の音の区別ができるのですが，それを過ぎるとできなくなるのです。

　最初の音を産出してからしばらくは，「まま」「ぱぱ」「まんま」「おっぱい」「わんわん」のような語を口にします。語彙数はまだ10語程度で，この時期は「1 語文期」（one-word stage）と呼ばれます。18か月くらいになると 1 日に 1 語か 2 語の新しい語を覚えるようになり，語彙数は50語くらいになります（「2 語文期」（two-word stage）に入ります）。2 歳くらいからは「語彙爆発」と呼ばれる時期に入り，1 日に10語程度のペースで新語を覚えていきます（語彙が急増することで「多語文期」（multi-word stage）となります）。そして，6 歳くらいで語彙数は約 1 万 4 千語になります。

2　幼児が語彙を学ぶ方法

　では，幼児はどうやって語彙を身につけるのでしょうか。周囲の大人からの語りかけが重要であることは確かですが，大人の語りかけが 1 語とは限りません。幼児は語りかけられた音の連続の中から語を切り出していかなければならないのです。この「語の切り出し」は「分節化」と呼ばれ，リズムやイントネーションを手がかりに行われると考えられています。英語話者の場合は強勢リズム，日本語話者の場合はモーラリズムが手がかりとなります。幼児は切り出した語をすでに知っている語と知らない語に分けながら，語彙を増やしていくと考えられます。

　幼児が語の意味を学習するにあたっては，いくつかの方略が用いられます。

▷ 1　「あう」や「ばぶ」のような音で，「バブリング」（babbling）とも呼ばれます。

▷ 2　ピンカー，S./椋田直子訳（1995）『言語を生み出す本能（下）』日本放送出版協会，54-56頁を参照。胎内にいる頃から母体を通して母語となる言語音を聞いているため，母語とそれ以外の言語を区別することができるのです。

▷ 3　「まんまちょうだい」「わんわんいる」，英語の場合は Drink soup や Mommy milk のように 2 語で意図を伝える時期です。

▷ 4　「ボキャブラリー・スパート」（vocabulary spurt）とも呼ばれます。

▷ 5　語彙が急増するのに伴い，3 語を続けるようになるとすぐに多語文になっていきます。

▷ 6　Clark, E. V. (1993). *The lexicon in acquisition.* Cambridge University Press.

▷ 7　「セグメンテーション」（segmentation）とも呼ばれます。

▷ 8　仮名 1 文字が 1 モーラで，日本語はモーラを同じ長さで規則的に発声する「モーラリズム」言語です。なお，フランス語やスペイン語は音節リズム（シラブルリズム）言語です。

語彙爆発期に獲得する語彙の多くは事物の名称ですが，その身につけ方は，わたしたちが英語学習で「カメは turtle」のように覚えたのとは違います。母親が「あっ，カメだ」と言ったときに目にしたものの中から，幼児はどうやって「カメ」を認識するのでしょうか。これには，人間が生得的にもっている三つの「制約」（constraints）が関係しているという考えがあります。一つ目は「事物全体制約」です。これは，「カメ」が指すのはカメの部分（頭とか甲羅の模様とか）ではなく，カメ全体であると認識するという制約です。二つ目は「カテゴリー制約」です。これによって，「カメ」が，自分が目にしているカメの名前ではなく，そのカテゴリーに与えられた名称だと認識します。三つ目は「相互排他性」で，これによって同じ対象物に複数の語が割り当てられることはない，ということがわかるのです。

　このような制約ではなく，社会的な相互作用を重視する考えもあります。幼児は大人の視線や表情など様々な手がかりを使って大人の発話意図を読み取ろうとし，それによって大人が何を示しているかを認識し，語彙を増やしていくという考えです。

　どちらの立場も実験を通してさらに様々な説明がされていますが，語彙獲得の方法はまだ解明されていません。幼児は実に様々な方法で事物を認識し，推論し，実際に使いながら語彙を獲得しているようです。

③　幼児が文法を学ぶ方法

　幼児は語彙を身につけながら，文法の知識も獲得していきます。大人の文法知識に至るためには，まず学習した語を品詞に分類する必要があります。動詞については，さらに，自動詞，他動詞，二重目的語動詞などに分類していきます。このような分類に関与する内的な仕組みが生得的に与えられたものであるのか，それとも学習によって構築されるものなのかについては，見解が分かれています。

　幼児は2，3歳くらいで，不完全ではあるにしても，大人の文法とほぼ同じものを身につけます。幼児の言語獲得に模倣は必要ですが，単にまねするだけではないことは明らかです。文をそのまま覚えていくだけでは多様な文の産出にはつながりませんし，幼児が go の過去形を goed と言ってしまうような模倣とは考えられない間違いをすることがあるからです。親や周囲の大人が間違いを指摘したり言い換えたりすることで幼児が正しい文を作るようになることもありますが，それほど頻繁に訂正や言い換えを行っているわけではありません。幼児は受動的な模倣をするのではなく，創造力に富んだ能動的な言語獲得を行っていると考えられます。

（鈴木希明）

▷9　Markman, E. M. (1989). *Categorization and naming in children: Problems of induction.* The MIT Press.

▷10　例えば「カメ」は甲羅だけを指しているわけではないということです。

▷11　同じ性質のものが属する部類のことで，日本語では「範疇」と言います。「カメ」というカテゴリーには，ウミガメ，リクガメなどが属しています。

▷12　認知心理学者トマセロ（Tomasello, M.）の考えで，特定の事物への注意を他者と共有することを「共同注意」（joint attention）と呼んでいます。トマセロ，M.／大堀壽夫・中澤恒子・西村義樹・本多啓訳（2006）『心とことばの起源を探る——文化と認知』勁草書房を参照。

▷13　前者は生成文法的な考えで，後者は認知言語学的な考えです。

おすすめ文献

今井むつみ（2013）『ことばの発達の謎を解く』筑摩書房。
オグレイディ，W.／内田聖二監訳（2008）『子どもとことばの出会い——言語獲得入門』研究社。
小林春美・佐々木正人編（2008）『新・子どもたちの言語獲得』大修館書店。
岩立志津夫・小椋たみ子編（2017）『よくわかる言語発達［改訂新版］』ミネルヴァ書房。

Ⅰ　第一言語（母語）の獲得

3 言語と思考

▷ 1　ドイツ語の名詞は大文字で始めます。
▷ 2　ジャッケンドフ, R./大堀壽夫・貝森有祐・山泉実訳 (2019)『思考と意味の取扱いガイド』岩波書店, 101-102頁を参照。
▷ 3　20世紀前半にサピアに指導を受けたウォーフが「言語は思考に影響を与える」と主張したことから,「サピア＝ウォーフの仮説」(Sapir-Whorf hypothesis) と呼ばれています。
▷ 4　サピアはウォーフのような強い「言語決定論」を一貫して主張していたわけではありません。
▷ 5　ウォーフ, B. L./池上嘉彦訳 (1993)『言語・思考・現実』講談社。
▷ 6　「エスキモー」は「生肉を食べる人」を表す蔑称であるとして, カナダ政府は「イヌイット」と呼ぶことにしました。しかし, アラスカの先住民は自らを「エスキモー」と呼び,「イヌイット」と呼ばれることを嫌っているようです。また,「エスキモー」は元来「かんじきを編む人」の意味だとする説もあります。
▷ 7　総称的に「雪」を表す snow のような語はなく,「降ってくる雪」「積もった雪」「氷のように固まった雪」などを表す語がそれぞれあるということです。

1 「太陽」は男性？　女性？

　ドイツ語やフランス語のようなヨーロッパの言語の学習を始めると, まず名詞に「性」があることに驚きます。ドイツ語の場合は, der Mann（男）, die Frau（女）, das Kind（子供）のように定冠詞と一緒に名詞の「性」を覚えていきます（男性名詞は der, 女性名詞は die, 中性名詞は das を使います）。この「性」は文法的な取り決めで, ドイツ語の「太陽」は女性名詞（die Sonne）,「月」は男性名詞（der Mond）ですが, フランス語の「太陽」は男性名詞（le soleil）,「月」は女性名詞（la lune）です。このため, ドイツ語話者は「太陽」には女性的なイメージを,「月」には男性的なイメージをもつ割合が高く, フランス語話者はその逆になると言われています[2]。

　このような事例から, 言語の違いはわたしたちの認識や思考に影響を与えているのではないかと考えられ, 様々な研究が行われてきました。しかしながら, 外部から観察することができないこともあり, はっきりとはわからない, というのが現状のようです。

2 言語は思考を決定するという考え

　言語と思考には関係があるとする相対主義的な考えに「サピア＝ウォーフの仮説」があります。言語人類学者のサピア（Sapir, E.）とウォーフ（Whorf, B. L.）の考えに基づくもので, 言語が思考に影響を与えるとする「弱い」立場と, 言語が思考を決定するという「強い」立場があります（「言語決定論」と呼ばれています）。

　ウォーフはサピアの「言語形式というものがわれわれの外界の見方に対して専制的な支配権をもっている」という考え[4]を継承し, 人間は「生まれつき身につけた言語の規定する線にそって自然を分割する」[5]と主張しました。エスキモー（イヌイット）語[6]には「雪」を表す語が英語よりもたくさんある[7]ことや, アメリカ先住民のホピ族の言語には英語のような時制がないことなどを引き合いに出し, 人間の思考は話す言語に支配されていると主張したのです。

3 言語は思考を支配しないという考え

　「サピア＝ウォーフの仮説」に対し, ピンカー（Pinker, S.）は「思考が言語

に依存するとしたら，新語が誕生するはずはない。子供は言葉を覚えられないはずだし，ある言語からべつの言語への翻訳も不可能なはず」とし，科学的根拠がないこの仮説は「間違っている」と断じました[8]。言語機能はほかの認知機能から独立していると考えているため，言語の思考への影響には否定的なのです。

　また，ジャッケンドフ（Jackendoff, R.）は「同じ思考は異なる言語でも等しく表現される」とし，エスキモーが「雪」を表す語についても，雪との接点が多いことによる関心と必要性によるものにすぎず，「エスキモーの言語が話者の考え方を決定しているという証拠にはならない」としています[9]。

❹ 言語は思考に何らかの影響を与える

　認知心理学や認知言語学の研究が進むにつれて，言語は思考に何らかの影響を与えているという報告が出るようになりました。

　ドイツ語の名詞には文法的性があるという話をしましたが，ネコやイヌのような生物的性をもつ動物も，「ネコ」は die Katze で女性名詞，「イヌ」は der Hund で男性名詞のようになっています。今井むつみによると，ドイツ人の子供は男性名詞の動物はオス，女性名詞の動物はメス，と無意識に思ってしまう傾向があるようです[10]。このように文法的性が思考に影響を与えるのは対照が動物の場合ですが，「太陽」や「月」のように擬人化することがある場合には，同様の傾向が表れるものと思われます。

　名詞に関しては，英語には可算・不可算の区別があります（ドイツ語にもありますが）。数えられる形やまとまりのあるモノなのかどうかで区別するため，可算・不可算の区別をしない日本語話者と比べると，英語話者のほうが「形」により強く注目するという実験結果が出ています[11]。

　言語が思考を決定するとまでは言えないものの，言語が思考に影響を与えているとは言えそうです。

❺ 子供の言語獲得と思考

　母語を獲得することで思考に変化があるという報告もあります。

　例えば，韓国語には何かがぴたっとはまることを表す「キッタ」という動詞があって，「ぴたっと」なのか「ゆるく」なのかを区別します（英語にはこの区別はありません）。英語話者は赤ちゃんのときには「ぴたっと」なのか「ゆるく」なのかという違いに関心を示すのですが，英語を獲得することでこの違いへの関心を示さなくなります[12]。母語を獲得することで，母語が区別しないことには注目しなくなるのです。

　子供は母語を獲得していく過程で，母語による世界の切り分け方を学習していくと考えられます。
（鈴木希明）

▷8　ピンカー，S.／椋田直子訳（1995）『言語を生み出す本能（上）』日本放送出版協会，76頁。ピンカーは，「言語はたしかに思考に影響を与える——控えめにいっても，ある人の言葉が別の人の思考に影響を与えなかったとしたら，言語の存在意義はそもそもなくなってしまう。問題は言語が思考を決定するかどうか」にある，とも言っています（ピンカー，S.／幾島幸子・桜内篤子訳（2009）『思考する言語（上）』日本放送出版協会）。

▷9　ジャッケンドフは「語彙が思考に影響を与えることを否定するつもりはない。何かを表す語があることは，私たちが何に注意を向けるか，および物体や出来事をどう切り分けてカテゴリーにするかに影響を与える」とも言っています（ジャッケンドフ，R.／大堀壽夫・貝森有祐・山泉実訳（2019）『思考と意味の取扱いガイド』岩波書店）。

▷10　今井むつみ（2010）『ことばと思考』岩波書店を参照。

▷11　▷10に同じ。

▷12　白井恭弘（2013）『ことばの力学——応用言語学への招待』岩波書店，105-106頁と今井（2010：156-158頁）を参照。

【おすすめ文献】

今井むつみ（2010）『ことばと思考』岩波書店。
ピンカー，S.／幾島幸子・桜内篤子訳（2009）『思考する言語（上）』日本放送出版協会。

Ⅱ　第二言語の習得

 第二言語習得に関する研究

▷1　Littlewood, William (1987). *Foreign and second language learning: language acquisition in research and its implications for the classroom.* Cambridge University Press; Dulay, Heidi, Burt, Marina & Krashen, Stephen (1982). *Language Two.* Oxford University Press.

▷2　クラッシェンだけでなく、例えば以下も同様です。Beebe, Leslie M. (Ed.) (1988). *Issues in second language acquisition.* Newbury House.

▷3　Krashen, Stephen D. (1987). *Principles and practice in second language acquisition.* Prentice-Hall. 本書の「ナチュラル・アプローチ」(44-45 頁) も参照。

▷4　学習の対象となる言語。

▷5　本書の第 2 部Ⅱ-③〜⑦ (26-35頁) を参照。

▷6　教室内第二言語習得研究 (Instructed Second Language Acquisition research＝ISLA)

▷7　「*i*」(アイ) は現在のレベル、「1」(ワン) は、それより少し高いレベルを指します。input hypothesis は「インプット仮説」「入力仮説」と訳されます。

▷8　Krashen, Stephen D. (1987); Krashen, Ste-

❶　第二言語習得の定義

　人間にとって第一の言語は、母語です。「第二言語」(second language ; L2) とは、特定の地域の共通語として使われている言語が母語ではなく第二の言語であることを指します。例えば英語圏で暮らすには英語が日常的に必要なので学ぶ場合です。

　「外国語」とは、居住地では使われていないけれど何らかの理由で学ぶ言語で、例えば日本での英語学習です。しかし、このように分けず、両方をまとめて「第二言語」として扱う場合もあります。

　ちなみに日本語では「獲得」と「習得」を分けて使用しますが、英語では acquisition を「獲得」「習得」両方の意味で使うので、「第二言語習得」は通常 second language acquisition (SLA) と呼びます。「習得」を厳密に分ける場合は learning を使います。例えばクラッシェン (Krashen, S. D.) は、acquisition を「意識せずに (subconscious)、非明示的に日常の中で自然に身につける (implicit, informal, natural) プロセス」、learning を「第二言語の文法規則などの言語知識をきちんと意識している「明示的な学習」(explicit learning)」と定義しています。本書では、原則として母語は「獲得」、第二言語や外国語は「習得」と使い分けます。

❷　第二言語習得の研究動向

　外国語を含む広義の第二言語習得に関する研究は1950年代から盛んに行われ、学習者を取り囲む環境、心理や動機付けなど内的な要因から母語の影響に至るまで広範な領域を対象に、効果的な第二言語指導が模索されてきました。

　初期の研究では、幼児が母語を話し出す前に黙って聞いている時期 (silent period) があるのと同様に、第二言語においても最初の数か月は黙って聞いている期間があると指摘されました。その他にも、母語以外の言語の学習を阻害する要因として目標言語 (target language) に関する情動 (affect) や動機 (motive) などの心理的フィルター (affective filter) の存在が明らかになりました。

　教室内での第二言語習得では、理解可能なインプット (comprehensible input) で学習者の現時点での能力より少し高いレベルの素材 ($i+1$) を与えることが肝要だとする、クラッシェンの「インプット仮説」(input hypothesis)

が大きな影響を与えました。この学説では，第二言語の（学習ではなく）習得にあたっては「聞く」「読む」から入り，適切なインプットを与えれば「書く」「話す」力はついてくる，としています。

③ 母語との関係

母語の影響としては，干渉（interference）と転移（transfer）が顕著な例として指摘されましたが，心理的要素に起因するのか，社会言語的な要因なのかの判断が難しく，母語よりは目標言語の影響が考えられるなどの意見もあります。

母語獲得との比較研究もあり，例えば文法については第二言語習得の方が早いという実証結果がありますが，共通点や差異の具体例については未解明です。

④ 外国語教授法との関係

外国語教授法の研究と第二言語習得の研究は，相互に影響しあいながら発達してきました。

アメリカ構造言語学と行動主義心理学を理論的背景にもつ1950年代のオーディオリンガル・メソッドに対照分析研究が導入されたのが好例です。行動主義心理学による「古い習慣（母語）が新しい習慣（第二言語・外国語）を学ぶ際に『干渉』（interference）するので『誤用』が起きる」との考えと，対照分析研究が相まって，「誤用は母語と目標言語の違いから生まれる」「誤用は排除すべき」との主張からパターン・プラクティスが生まれました。

しかし，対照分析研究での学習困難性についての予測は外れることが多いことから，理論的な信頼性を失い，研究の流れは学習者の誤用を収集して分析する誤用分析（error analysis）研究へと移りました。

ところが，何を誤用とするかの判断は難しく，学習者に自信がなく言語を使わないですませる「回避」を考慮せず「誤用」だけを分析すると，表面に出てこない学習者の問題点が見えない，などの限界が明らかになりました。

次に登場したのは，セリンカー（Selinker, L.）による「中間言語」（interlanguage＝IL）研究でした。第二言語学習者は，目標言語でも母語でもない中間的位置にある言語体系を有しており，それは習得の状況により変化すると考える学説です。誤用は言語の規則を検証している過程であると肯定的に捉え，覚えた規則を別の場合にも適用する「過剰一般化」（overgeneralization），誤用のまま残ってしまう「化石化」（fossilization）など，習得過程の解明に寄与しました。

第二言語習得の研究は学際的ですので，最近は社会言語学や語用論，認知科学などの知見を取り入れた研究が増えています。今後は，異文化コミュニケーション論や情報科学，人工知能（AI）研究，脳科学など新たな分野と協働することで，言語教育への一層の貢献が期待されます。 （鳥飼玖美子）

phen D. & Terrell, Tracy D. (1988). *The natural approach: language acquisition in the classroom.* Prentice Hall.

▷9 迫田久美子（2020）『改定版 日本語教育に生かす第二言語習得研究』アルク。

▷10 Selinker, Larry (1972). Interlanguage. *International Review of Applied Linguistics.* 10. pp. 209-231.

▷11 関連領域については本書の第6部「Ⅱ 理論研究から学ぶ」（170-191頁）を参照。

（おすすめ文献）
Larsen-Freeman, Diane & Long, Michael H. (1991). *An introduction to second language acquisition research.* Pearson Education.
鈴木渉（2018）『実践例で学ぶ第二言語習得研究に基づく英語指導』大修館書店。
迫田久美子（2020）『改定版 日本語教育に生かす第二言語習得研究』アルク。

Ⅱ　第二言語の習得

バイリンガリズム研究

▷1　グロジャン，フランソワ／西山教行監訳／石丸久美子・大山万容・杉山香織訳（2018）『バイリンガルの世界へようこそ——複数の言語を話すということ』勁草書房（Grosjean, François (2015). *Parler plusiers langues, Le monde des bilingues*. Edition Albin Michel-Paris）。

▷2　「均衡型」は，二言語で同等な能力をもつとされますが，現実にそのようなバイリンガルは存在しません。「能動型」は二言語が能動的に使われ，「受動型」では，一つの言語が発話されることはなく理解するだけの場合を指します。しかし受動的とされるリスニングも音の認識や意味分析など能動的な活動を含むので，用語の選択が問題視されています。「付加型」の場合，複数言語をバランスよく発達させ，「減産型」では，一つの言語を犠牲にします。「等位型」では各々の言語で単語が別の意味をもち，「複合型」では一つの意味になり，「従属型」ではより知識のある言語を通して意味を認識するとされますが，心理的な要素を考慮しておらず現在では使われない区分です。

▷3　Cummins, Jim & Merrill, Swain (1986). *Bi-*

1　バイリンガルとは何か

　バイリンガル（bilingual）とは，一般的には二つ（bi-）の言語を使う人を指しますが，その定義には諸説あります。二言語を母語のように操るのが「バイリンガル」だとする主張は1930年代からありました。しかし，二つの言語で完璧な能力を保持している人は少なく，また，幼児期ではなく成人してから複数の言語を身につける人も多いことから，最近ではこのような狭い見方は否定されています。グロージャン（Grosjean, François）は，二言語だけでなくそれ以上の複言語話者（plurilingual）も含め，「バイリンガリズム」とは「二言語またはそれ以上の言語や方言を日常生活の中で定期的に使用すること」という定義を採用しています。これまで提案されてきた様々なバイリンガリズムの分類——「均衡型」，「能動型」「受動型」，「付加型」「減産型」，「等位型」「複合型」「従属型」などはバイリンガルという複雑な現象を反映しておらず，科学的な根拠も薄弱であるとグロージャンは警告しています。

　重要なのは，バイリンガルになるのは幼少時だけでなく大人になっても可能であること，子供の場合でも，年齢が上の子供の方が幼児より認知レベルの面で第二言語のより優秀な学習者であるという研究結果がでていることです。

2　「相互依存説」

　子供の第二言語習得を認知の面から実証研究したのが，英語とフランス語を公用語としているカナダのバイリンガル研究者カミンズ（Cummins, J.）です。

　バイリンガル教育政策では，公用語や社会の主要言語を学校で使うことが主流ですが，カミンズは，母語による指導が結果的に社会で使われている言語の育成を促進すると，「相互依存説」（interdependence principle）を提示しました。この学説における「共通基底モデル」（common underlying proficiency model＝CUP）では，L1（母語）とL2（第二言語）が相互に依存しつつ発達します。表面に現れる言語能力は認知的に軽いものであり，認知的に負荷がかかるコミュニケーション活動においては二言語が共有している基盤を活用するとされます。

3　「学習言語」と「日常会話」

　「相互依存説」によれば，母語における認知能力が発達している年齢の高い

児童の方が，第二言語の習得が早いことになります。それを証明するためにカミンズらが実施した調査（1984年）[4]には，トロント在住の日本人児童の英語習得例があります。現地の小学校2・3年生と5・6年生で，土曜日は日本語学校に通っている子供たちです。日本語と英語について，面談を含め各種の実験を行った結果，母語である日本語と第二言語である英語における認知・学習能力値に有意の相関が見られ，英語での認知・学習能力については年上の子供の方が良い成績でした。構文（syntax）や対話（interactional style）では年齢による差は見られませんでした。

このような研究結果から，カミンズは「言語力」（language proficiency）を，「基本的対人コミュニケーション能力」（basic interpersonal communicative competence＝BICS）と「認知・学習言語能力」（cognitive/academic language proficiency＝CALP）の2種類に大別し，日常的な場での対面コミュニケーションと学習の場で必要とされる言語能力を区別して考える必要を説きました。

カミンズは2000年にBICSとCALPの概念をより明確にしました。[5]言語活動を「認知力の必要度」（cognitively undemanding/demanding）と「場面依存度」（context reduced, embedded）に分け，BICSをconversational language proficiency（会話的言語力），CALPをacademic language proficiency（学習言語力[6]）と呼び，両者が置かれる位置を示しました。[7]例えば，日常会話は，身振りなどからヒントを得られ，子供はすぐに習得できますが，教科学習に必要な言語の場合は，状況から察することができず高度な認知力が必要になるため，習得に時間がかかると説明しています。学習言語には読み書きだけでなく話すことも入り，コンテクストと無縁ではないことも指摘しています。

北米で二言語を使っている児童の調査でも，第二言語での日常会話は2年ほどで適切なレベルに達するのに比し，学習言語については母語話者の児童生徒と同レベルになるのに平均して5～7年かかることが判明しています。[8]

このようにバイリンガル研究では，子供が英語圏で過ごしたからといって英語が全ての面で堪能になるとは限らないことが明らかです。さらに，母語と異なり第二言語の場合は，必ずしも話し言葉から習得するとは限らないことも示唆されています。会話も学習言語も社会的な相互関係の中で伸びていくことに変わりはない，母語獲得が6歳頃でピークに達するのと違い，語彙などのリテラシー能力は生涯にわたり伸び続ける，などの研究結果は外国語学習にも参考になります。

（鳥飼玖美子）

lingualism in education: Aspects of theory, research and practice. Longman.

▷4 Cummins, J. et al. (1984). Linguistic interdependence among Japanese and Vietnamese immigrant students. In Rivera, C. (Ed.). Communicative competence approaches to language proficiency assessment: research and application: 60-81. Multilingual Matters.

▷5 Cummins, Jim (2000). Language, power and pedagogy: Bilingual children in the crossfire. Multilingual Matters. 呼称を変えたのは略語だと十分に理解されないからで，内容は同じだと説明しています。

▷6 academic language proficiency は，「アカデミック言語力」とも訳されます。

▷7 Cummins (2000: 68).

▷8 ▷5に同じ。

おすすめ文献

グロジャン，フランソワ／西山教行監訳／石丸久美子・大山万容・杉山香織訳（2018）『バイリンガルの世界へようこそ――複数の言語を話すということ』勁草書房。

バトラー後藤裕子（2011）『学習言語とは何か――教科学習に必要な言語能力』三省堂。

Cummins, Jim (2000). Language, power and pedagogy: Bilingual children in the crossfire. Clevedon, Multilingual Matters.

Ⅱ　第二言語の習得

 # 第二言語習得の年齢

1　早い方が良いのか

　「英語は早く始める方が良い」というのが日本での通説で，そのために小学校から英語教育を開始することになりましたし，保育園や幼稚園でも英語を教えるようになっています。これは，「自分は中・高・大学と10年も英語を勉強したのに話せない，早くからやっていれば……」という多くの大人たちの思いや，海外で暮らす子供は現地の言葉をあっという間に使えるようになるという経験則からもきています。しかし，大人になってから外国語を学んで上達した例も多く存在します。

　外国語はいつから始めると良いのでしょうか。第二言語習得と年齢との関係を検討してみます。

2　「臨界期」はあるのか

　思春期前に学ばないと言語は身につかない，という主張の根拠とされるのは，「臨界期仮説」（critical period hypothesis）です。脳に損傷を受けた失語症患者のうち，幼児初期は後遺症がほとんど残らないけれど，思春期以降は後遺症が残存し回復しなかった症例研究から，レネバーグ（Lenneberg, E. H.）が「言語獲得の臨界期仮説」を提唱しました。

　心理学で使われる「臨界期」という用語は，「成熟の限られた期間に学習がピークになり，この時期を過ぎると同じ環境にあっても学習能力が衰退する現象」を指しており，「敏感期」と呼ぶこともあります。ただし，人間を実験に使うわけにはいかないので，調査対象は社会的に隔離されて育った子供の言語獲得など限定的な研究にならざるをえず，母語について臨界期の存在を実証することは困難です。

　では，第二言語の場合はどうでしょうか。これまでの研究では，例えば中国や韓国から米国に移住した人々のリスニングテストの結果をもとに，渡米年齢が11・12歳頃を過ぎると聞き取りの成績が悪くなり，英語を母語並みに聞き取れたのは 3 〜 7 歳までに移住した人たちであったとの結果があります。ただ世界的にみると，言語獲得の年齢についての研究は大半が，発音など音韻規則の習得で，年齢が高くなると「外国語訛り」が顕著であるとの結果です。

　臨界期前の子供たちの第二言語習得過程を言語産出の面から分析したのがカ

▷ 1　海外での第二言語獲得については，前項の「バイリンガリズム研究」を参照。

▷ 2　Lenneberg, E. H. (1967). *Biological foundations of language.* John Wiley（佐藤方哉・神尾昭雄訳（1974）『言語の生物学的基礎』大修館書店）.

▷ 3　内田伸子（1999/2015）『発達心理学──ことばの獲得と教育』岩波書店。

▷ 4　Johnson, J. S. & Newport, E. L. (1989). Critical period effects in second language learning: The influence of maturational state on the acquisition of English as a second language. *Cognitive Psychology*, 21 : 60-99.

▷ 5　北村甫（1952）「子どもの言葉は移住によってどう変わるか」『言語生活』8, 15-20頁。

ミンズで，二つの言語が影響し合いながら発達する「相互依存説[6]」は多くの研究で支持されています。

カミンズと中島は，トロント在住の小学生の英語・日本語能力を測定し，日本語と英語は音声構造，文法構造，表記法など表層面での違いは大きいものの，深層構造では関連しており，特に学力と関係が深い言語能力では母語の力が第二言語に大きく寄与していることを見出しました。そして，2・3年生は発音や会話力では優れているけれど，学習言語の習得では5・6年生のほうが優れているとの結果を得ました[7]。

中島は，英語圏に移った子供たちが母語話者の学年平均に近づく度合への年齢要因を研究しました[8]。その結果は，「7〜9歳」の間に移住した子供の伸び率がもっともよく，「3歳以前」「3〜6歳」の伸びはそれほど大きくはない，英語で日常の学校生活をするのに必要な会話力習得には平均2年，授業に必要な読み書き能力の習得には5年かかる，というものでした。

内田伸子は，自身が行った産出能力に関する研究[9]を踏まえ，言語の音韻規則の習得は早い方が有利であるものの，産出に必要な統語規則については，英語が使用されている環境に浸すだけでは無理であり，自発的な読み書き能力育成が必要であるとまとめています。

ライトバウン（Lightbown, P. M.）とスパダ（Spada, N.）は，「臨界期」についての議論に決着がつかないのは，年齢以外の要因が関わっているからだと指摘しています[10]。ネイティブ・スピーカー並みの発音にならないのは，自らの母語アイデンティティを守ろうという心理的要因が働いている可能性があり，動機付けなども関わっています。そもそも，これまでの研究は母語話者を目標として第二言語能力を測定していたけれど，第二言語学習はネイティブ・スピーカーを目指す必要はない，というのが結論と言えそうす。

③ 生涯学習としての第二言語学習

思春期を過ぎてから第二言語を習得した人たちの例をみると，母語話者と同じような発音でない場合もありますが，コミュニケーションに使うにあたっては何ら支障がありません。例えば，宇宙飛行士の若田光一さんは，社会人になってから宇宙飛行士になりたい一心で英語を猛勉強し，NASAでは英語を駆使して仲間と議論をするまでになりました。ドナルド・キーンさんも成人してから日本語を学び，日本文学の研究と翻訳で大きな業績を残しました。

母語獲得が6歳頃でピークに達するのと違い，語彙などのリテラシー能力は生涯にわたり伸び続けることも判明しています。欧州評議会は，言語習得は学校だけで終わるわけではなく，社会に出てからも継続して学び続ける必要と価値がある生涯学習だとしています。いつから始めるかが重要なのではなく，一生にわたり学び続けるのが言語だと言えます。 （鳥飼玖美子）

▷6 ▷1に同じ。

▷7 カミンズ，J.・中島和子（1985）「トロント補習小学生の二言語能力の構造」東京学芸大学海外子女教育センター編『バイリンガル・バイカルチュラル教育の現状と課題——在外・帰国子女教育を中心として』東京学芸大学海外子女教育センター，14-179頁。

▷8 中島和子（2019）『完全改訂版 バイリンガル教育の方法——12歳までに親と教師ができること』アルク。

▷9 内田伸子（1997）「第二言語学習に及ぼす成熟的制約の影響——第二言語としての英語習得の過程」『日本語学』10, 33-43頁。

▷10 Lightbown, Patsy M. & Spada, Nina（1999）. *How languages are learned*, 2nd edition. Oxford University Press.

（おすすめ文献）

Lightbown, Patsy M. & Spada, Nina（1999）. *How languages are learned*, 2nd edition. Oxford University Press.
内田伸子（1999/2015）『発達心理学——ことばの獲得と教育』岩波書店。
バトラー後藤裕子（2015）『英語学習は早いほど良いのか』岩波書店。

Ⅱ　第二言語の習得

 # 動機付け（モチベーション）

なぜ言語習得で動機付けが重要なのか

　一般的に「言語獲得」（language acquisition）とは，第一言語（母語）を生得的，本能的に身につけることを意味し，「言語習得」（language learning）とは母語ではない第二言語（目標言語）を学ぶことを指します。「言語獲得」（＝母語発達）は，ほぼ間違いなく成功するのに対して，幼児期を終えた段階での「言語習得」は，学習者が属する集団や地域などの「社会的な要因」に加えて，学習者を言語学習へと駆り立てる「心理的な要因」，すなわち「動機付け」（motivation）により，成否が大きく左右されます。目標言語やその文化への興味や関心が高ければ，言語習得の達成の度合いも高まると考えられています。

② 統合的志向と道具的志向

　初期の「第二言語習得」（SLA）の研究では，個人的な特性（知能，適性，性格など）が言語習得の結果を大きく左右すると考えられていましたが，1970年代頃に，社会的要因に研究の焦点が移り，社会心理学による調査が広く行われました。ガードナー（Gardner, R. C.）とランバート（Lambert, W. E.）によると，社会の中で言語間に優劣関係がある場合，社会的に優位な言語集団に対して，下位集団は社会上昇的に同化的欲求を示し，上位集団の言語を意識的に学習することが報告されています。

　目標言語の集団に参加したい，社会の一員になりたいという同化的欲求を「統合的志向」（integrative orientation）と呼び，上位言語を習得することで得られる経済的／実利的な利益（就職や収入・社会的地位の確保など）を目的とすることを「道具的志向」（instrumental orientation）と呼びます。「統合的志向」の方が「道具的志向」よりも学習意欲／習得を高めるとされていますが，両者は厳密に区別できるわけではありません。

③ 内発的動機付けと外発的動機付け

　1980年代以降には，教育的視点からみた学習者の心の動き（期待／価値など）と対象（手段／目標など）の捉え方，すなわち「認知」が教育心理学や認知心理学によって調査されました。試験や就職などの報酬目的を「外発的動機付け」（extrinsic motivation），学習自体に楽しみを見出す目的を「内発的動機付

▷1　Gardner, R. C. & Lambert, W. E. (1972). *Attitudes and motivation in second-language learning.* Newbury House.

▷2　言語学習に向かう学習者の心理的な作用を表す概念として，「志向」（orientation）という語がありますが，より一般的には「動機付け」（motivation）という語が使われます。前者では学習者の意識が静的に捉えられているのに対して，後者ではその程度や持続期間，授業や教員との関係などの環境要因までも含めて考えようとする意味が内包されています。

▷3　Deci, E. L. & Ryan, R. M. (1985). The general causality orientations scale: Self-determination in personality. *Journal of Research in Personality, 19*：109-134.

け」（intrinsic motivation）と呼びます。学習者の主体性（自己決定，自己効力感，自己調整力）の度合いが，学習効果に作用することが実証されています。これ以降，学習者の「自律性」（autonomy）を高めようとする動きが広がってきました。

❹ 社会環境と学習者のアイデンティティとの相互作用

　1990年代以降は，個人が置かれている社会環境を含む学習活動の状況全体（社会文化的コンテクスト）を捉える方向に調査の対象が向かっています。ロシアの心理学者ヴィゴツキー（Vygotsky, L. S.）に影響を受けた「社会文化的アプローチ」（socio-cultural approach）がその代表です。[4] この学説では，人間の心理（感情や情意）は，個人の頭や心の中にのみ存在するわけではなく，社会的な相互関係のプロセスによって構築されると認識されています。したがって，心の働きが，いかに社会文化的な局面や人間同士の相互行為と結びつき，どのようなやりとりがなされるのか，そのプロセス自体が探求されます。

　事例研究として，学習者のアイデンティティと社会環境との権力作用に着目し，学習者が目標言語の集団利益にどの程度接触できているのか，どのように承認されどう扱われているのか，それによって集団文化に受けれられたり，疎外や排除をされたりしているのかなど，「参加」（participation）という概念によって現実の社会や教室の状況をみようとする研究があります。[5] こうした研究から，学習者は帰属する集団や場の状況に応じて，多様な社会的アイデンティティを示すことがわかっています。[6] アイデンティティとは，自分で自分のことを認識する自己意識であると同時に，他者の解釈によって社会的に位置付けられる意識でもあります。「動機付け」が社会と心理の両面に関わることは冒頭で述べたとおりですが，そのような意識がどのように形成されるのか，学習者を取り巻く社会環境を含みこんで探究する方向へと向かっています。

❺ 動機付けを高めるためには

　動機付けを考えるときに大切なことは，学習者の心理や認知，欲求や態度にできる限り注意を払おうとすることに加えて，学習者を取り巻く社会環境がどのようなものなのか，そして，学習者はどのような社会集団に属し，どのような社会的役割を担っているのか（中心化や周辺化，参加や疎外），その実態を捉えようとすることです。教室や家庭や地域社会での他者との相互作用で，学習者のアイデンティティがどのように位置付けられ，お互いの関係性がどのように変容していくのか（同化や異化），これら相互行為に関わる局面に目を向けようとすることが必要です。まちがっても，教員が学習者のマインドをコントロールできるなどと思わないようにしたいものです。　　　（綾部保志）

▷ 4　Lantolf, J. P. (2000). *Sociocultural theory and second language learning*. Oxford University Press.

▷ 5　Lave, J. & Wenger, E. (1991). *Situated learning: Legitimate peripheral participation*. Cambridge University Press.

▷ 6　Norton, B. (2000). *Identity and language learning: Gender, ethnicity, and educational change*. Pearson Education.

おすすめ文献

八島智子（2019）『外国語学習とコミュニケーションの心理——研究と教育の視点』関西大学出版部。

Dörnyei, Z. (2001). *Motivational strategies in the language classroom*. Cambridge University Press（米山朝二・関昭典訳（2005）『動機づけを高める英語指導ストラテジー35』大修館書店）。

Lave, J. & Wenger, E. (1991). *Situated learning: Legitimate peripheral participation*. Cambridge University Press（佐伯胖訳（1993）『状況に埋め込まれた学習——正統的周辺参加』産業図書）。

Ⅱ　第二言語の習得

 学習方略と自律性

学習方略とコミュニケーション方略

　外国語学習における「学習方略」（language learning strategies）とは，目標言語の効果的・効率的な習得を，学習者自身が意識して使う技術的な判断力のことです。例えば，語彙を習得しようとするとき，それに関連する品詞ごとの語彙をすべて付随させて覚えてしまう，語幹や接頭辞や接尾辞に着目して意味をイメージ化する，声に出しながらノートに綴りを書き写す，文章を読みながらそこに出てくる語彙を身につける，などの方略が挙げられます。言語を習得することに成功する人は，多くの時間を割いて言語学習をしていく過程で，文法や発音，リスニングやリーディングなどについて，自分に合った効果の高い学習方略を見つけて実践しています。主に1970年代頃からルービン（Rubin, J.）らによって学習成功者に関する本格的な研究が始まりました[1]。「学習方略」には，(1)学習の計画・実行・評価に関わる「メタ認知方略」，(2)教材選択や利用法や問題解決などより限定的な学習に関わる「認知方略」，(3)教員や友人との関係やそれによって受ける心理的な影響などに関わる「社会情意方略」の三つがあります[2]。どの方略についても絶対的なものは存在せず，学習者それぞれに最適な方略を適宜使用することが大切です[3]。

　言語教育における方略について「コミュニケーション方略」（communication strategies）も知っておきましょう。「学習方略」が「学習」についての方略なのに対して，「コミュニケーション方略」は相手との実際のコミュニケーション（やりとり）をどのようにすれば円滑に行えるかについての判断力です。例えば，会話を始める・終える，沈黙を回避する，話題を継続する・転換する，知らない表現の意味を尋ねる，聞き取れなかった表現を言い直してもらう，相槌を打つ，ジェスチャーや表情を交える，使用する語彙や表現を限定する，などがあります。これらの方略を使用できるようにしておくと，ある状況下での対人関係を維持・修復したりしながら，よりよいコミュニケーションへと導ける可能性が高まります。学習方略とコミュニケーション方略の両方を組み合わせることが，外国語習得成功の鍵になると考えられます。

② 自律性とは

　「自律性」（autonomy）とは，学習者が言語学習の過程で自らの特性やスタイ

▷1　Rubin, J. & Thompson, I. (1982). *How to be a more successful language learner.* Heinle & Heinle.

▷2　Brown, H. D. (2000). *Principles of language learning and teaching* (4th edition). Longman.

▷3　Oxford, R. L. (1990). *Language learning strategies: What every teacher should know.* Newbury House.

ルを生かしつつ，必要に応じて選択，調整，評価したりしながら，管理・遂行する責任をもつという概念です。伝統的な授業は教員主導型が中心でしたが，近年の外国語教育では自律性を涵養することがより一層重視され，学習者中心型の授業が行われることが増えています。その理由は，(1)教員による教え込みや詰込みでは学習者の自律性が育たないことが多く，必ずしも外国語習得は成功しない，(2)教室で教えられることには限界があるため，学外でも意識的に自ら学習する意欲や習慣形成が必要となる，(3)情意，認知，性格など，学習者の個人差に適合する学習スタイルを確立できるようにすると学習効果が高まる，(4)関心のあるトピックや興味のあるタスクを，学習者自らが選択する機会を増やし，それを達成させることで満足感と自信をもたせることができる，(5)そうした成功体験を積み重ねることによって，言語を継続的に学び続けようとする意欲を育てて生涯学習へと発展させる，などがあります。自律性の高い学習者は，上述した様々な方略を用いながら，コミュニケーションの場で多くの実体験を通して，言語習得に成功していることから，自律性と方略は相互に深く関連していると言えます。[4]

3 文化差と個人差を意識する

　学習方略と自律性の関連性を述べましたが，それらの限界性についても認識しておく必要があります。これらの概念は，主に欧米で提起され，蓄積されてきた研究成果によるものです。学習方略の包括的な研究と日本人の学習法に関する調査を行った竹内理によれば，「達人」と呼ばれる日本人の英語学習成功者たちは，基本構文の徹底的な暗記や反復練習を執拗に行っていることが明らかにされています。[5]日本は欧米と異なる社会文化環境ですので，外国語学習法も欧米とは異なる側面もあると考えられます。したがって，日本の学校のように英語以外の他教科であまり自律的学習が行われない文化背景だとすると，その教室に自律的学習を無理やり当てはめてもうまく機能しない場合もあるでしょう。学習者の集団の特徴や文化的な実態をよく見極めることが大切です。

　また，学習方略を教えようとすることで，逆に学習者の自律性を高める機会を妨げてしまう場合もあるでしょう。学習者自身が試行錯誤しながら自分に合った学習方略を探す過程の中で，自律性が高まることもあるからです。習熟度の高い学習者に豊富な学習方略を提示して，自律度の高い選択的な学習を行うことは効果的だと思われますが，そうでない初学者に対して，あまりにも自律度の高いタスクを与えたり，いろいろな学習方略を試すことは混乱を招いたり，基礎的な能力が高まらない可能性もあります。要するに，学習者個人と集団の特性や発達段階や習熟度を第一に考えた上で，それぞれの場面や状況にふさわしい学習形態や学習方略を用いることが肝要です。　　　　　（綾部保志）

▷ 4　Wenden, A. (1991). *Learner strategies for learner autonomy: Planning and implementing learner training for language learners.* Prentice Hall.

▷ 5　竹内理（2003）『より良い外国語学習法を求めて──外国語学習成功者の研究』松柏社。

おすすめ文献

竹内理（2003）『より良い外国語学習法を求めて──外国語学習成功者の研究』松柏社。
岩井千秋（2015）『第二言語使用におけるコミュニケーション方略』渓水社。
大学英語教育学会学習ストラテジー研究会（2006）『英語教師のための「学習ストラテジー」ハンドブック』大修館書店。

Ⅱ　第二言語の習得

情動（不安）

1　外国語学習に伴う不安

　外国語学習とその使用には常に不安がつきものです。だからといって，英語教員が学習者たちに向かって「間違えてもいいんだ」「大きな声で堂々と話そう」「日本人英語でいいから自信をもとう」と呼びかけたとしたら，学習者たちはどのように反応するでしょうか。全員が感化されて，たちまち英語を積極的に話し出すでしょうか。おそらく，ことはそんなに単純には進まないでしょう。言われたとおりに行動しようと思っても，そうしない・できない人もいるかもしれません。その理由は様々でしょうが，葛藤や畏怖や反抗など何らかの情意的な要因によって行動に影響が出ることが考えられます。この情動（不安）は主観的なもので個人差が大きく，英語に対して苦手意識を抱いている生徒は，少なからず英語を話すことに不安を感じていることが多いと考えられます。ここに情動を研究する意義があります。

2　不安に関する研究

　外国語学習における「言語不安」(language anxiety) の研究は，「第二言語習得」(SLA) の分野を中心に行われてきました。不安の種類を大別すると，(1)言語能力の未熟さが原因の「コミュニケーション不安」(communication apprehension)，(2)「テスト不安」(test anxiety)，(3)他者からの「否定的評価への不安」(fear of negative evaluation) の三つがあります。[1] 不安を調査する方法は，学習者が不安を感じやすいと思われる複数の質問項目（「授業で英語を話すときは緊張する」「周囲から自分の英語を変だと思われる」など）を尺度で測定する方法が一般的です。先行研究から導き出せることを簡潔に述べれば，学習者の不安が大きければ大きいほど，言語習得の過程と話すなどのパフォーマンスに負の影響を及ぼすということが明らかになっています。[2]

3　不安の原因と対処法

　それでは上記の不安はどのようなことが原因なのでしょうか。その対処法はいかなるものでしょうか。八島智子によれば，[3] コミュニケーション不安の原因は，(1)教室でスピーチをしたときに間違えて恥をかく経験などの「学習（条件付け）」，(2)対人関係づくりの能力が不足している「ソーシャル・スキルの欠

▷1　Horwitz, E. K., Horwitz, M. B. & Cope, J. (1986). Foreign language classroom anxiety. *Modern Language Journal*, 70：125-132.

▷2　Brown, H. D. (2000). *Principles of language learning and teaching* (4th edition). Longman.

▷3　八島智子 (2019)『外国語学習とコミュニケーションの心理——研究と教育の視点』関西大学出版部。

如」,（3)自分に過度のプレッシャーをかけるなどの「認知過程における誤り」の三つが挙げられます。それらに対する緩和法として,（a)音楽や体操などによって,できるだけ学習者がリラックスした状況をつくりだす「系統的脱感作法」と呼ばれる方法[4],（b)社会生活に適応するために対人関係づくりの技術を向上させる「ソーシャル・スキル・トレーニング」,（c)不安意識をロール・プレイなどで改善する「認知変容法」があります。教員が授業でどのような雰囲気をつくりだそうとするか,そして,どのように学習者と関わるかによって,学習者の心理的な緊張の度合いは大きく変わります。

④ 英語の授業に対する不安

学習者が授業中に不安を感じやすいのは,目標言語である英語を「話すとき」だと思われます。特に,クラス全員の前で英語のスピーチをして,そのパフォーマンスを教員とクラスメート全員から評価されるときは,②で述べた「コミュニケーション不安」「テスト不安」「否定的評価への不安」の三つが,話者に情意的な負の影響を与えるかもしれません。教室では学習者の能力や技能に合ったタスクを与えて,それを達成することで成功体験を積み重ねて,学習者の自尊心や自己肯定感を継続的に高めてゆくことが最良の道だと言えます[5]。授業の進め方を考えるときには,英語ができる生徒ばかりではないでしょうから,個々の学習者がどのような状況で不安を感じるのかを想定し,それに対して十分に配慮した指導を心がけたいものです。

⑤ 学習者の示す態度と不安

現代のコミュニカティブな授業では,タスク活動やスピーチなどで学習者に自己開示と自己表現が多く要求されます[6]。英語の運用能力に不安を感じる場合もありますが,ほかにも,過去の苦い経験,何らかの劣等感,内気な性格などによって,苦手意識をもつ学習者にとっては,このように積極性が求められる授業では,いつも脅威にさらされることになり,委縮してしまうかもしれません。それに対して授業参加者たち（教員や学習者同士）が,どのような解釈をして,どのように関わるのかが問題となります。英語を話す活動をする場合,暗記や慣れではなく,即興で流暢に話せることが理想ですが,初めから完璧を求めて話すことを強要することなく,学習者の心理的な不安を和らげる手段の一つとして,学習者に話すことを十分にイメージさせて時間的な準備を与える（preparation）,一度声に出したことを繰り返させて最初の発言を修正させる（repetition）,できるだけ小集団にして話しやすい環境（small groups）にする工夫があります[7]。そのほかにも,教科書の学習とは離れて,外国語学習の「不安」や「態度」について,アンケート調査を行う,話し合いを行うなどして,学習者たちと共に考え,話すための土台・環境づくりをするのがよいでしょう。 （綾部保志）

▷4 代表的な教授法に「サジェストペディア」（suggestopedia）があります。バロック音楽をかけながら心地よいと感じられるような環境での学習を行い,学習者の緊張や不安を軽減して,学習効果を高めるアプローチです。

▷5 本書の「自己効力感」（34-35頁）を参照。

▷6 本書の「『4技能』の総合的な指導」（58-59頁）を参照。

▷7 Harmer, J. (2007). *The practice of English language teaching* (4th edition). Pearson.

おすすめ文献

上淵寿・大芦治編著（2019）『新・動機づけ研究の最前線』北大路書房。
北条礼子（1992）「外国語（英語）学習に対する学生の不安に関する研究(1)」『上越教育大学研究紀要』12(1), 54-64頁。
門田修平・泉恵美子（2016）『英語スピーキング指導ハンドブック』大修館書店。

Ⅱ　第二言語の習得

 # 7 自己効力感

① 自己肯定感とは何か

　日本では最近，「自己肯定感」の重要性が指摘されています。「自分の存在を肯定的に受け止められる感覚」が日本人は低い傾向にあり，他人の視線を気にし，少しの失敗でも落ち込むなどが問題視されています。内閣府の調査（2014年）によれば，世界の国々と比較したところ，日本人の自己肯定感は最下位でした。「自分自身に満足しているか」との質問に対して，「そう思う」「どちらかといえばそう思う」と答えた割合が，他国は70％であったのに，日本は45.8％でした。自分を肯定する感情が高ければ，困難に直面しても積極的に乗り越えられるので，自分を肯定する方法が紹介されたりしています。

② 自己効力感とは何か

　自己肯定感が，「自分の価値を全面的に肯定する感覚」であるのに対し，「自己効力感」（self-efficacy）は，「目標達成能力に対する信頼感」を指します。

▷1　Bandura, Albert (Ed.) (1995). *Self-efficacy in changing societies.* Cambridge University Press.

　バンドゥーラ（Bandura, A.）によれば，自己効力についての信条を発達させる要因には4点あります。

（1）　成功体験（mastery experiences）

　簡単に成功するような体験だけだと，失敗するとすぐにめげてしまうので，努力を傾注して困難や障害を乗り越えて目的に到達する体験が自己効力感につながる。

（2）　代理体験（vicarious experiences）

　他人の成功体験を見て，自分もできるように感じる。

　その人と自分との共通点が多いほど，やる気がでる。

（3）　社会的説得（social persuasion）

　誰かから，きっとできる，と言葉をかけられることで頑張れる。

　励ましの言葉だけでは有効ではないが，君には無理だろうと言われてしまうと，チャレンジを避け，すぐに諦めてしまうことになる。

（4）　身体的・感情的状態（physiological and emotional states）

　ストレスや緊張感，疲れや痛みなどは人を弱気にさせる。前向きな気持ちだとやる気が出るし，意気消沈していると自己効力感は減じてしまう。

③ 英語授業における「自己効力感」

　それでは，自己効力感とその形成要因について，英語の授業実践を中心に捉え直してみましょう。成功体験に関しては久保野雅史の徹底した音読の口頭練習が挙げられます。本文の内容理解にとどまらず出会った表現を使えるように，本文のサマリーを暗唱の素材としています。Read and look up で音読できるようになったら，キーワードだけを見て読んだり，書いたりできるように十分な基礎練習を積んでから，発展的な「話す」活動に取り組みます。地味でも「力がついた」「できるようになった」と実感できる授業が理想とされています[2]。教科は異なりますが，国語教師の大村はまも，晩年に書いた詩「優劣のかなたに」で表現したように，生徒が自分の能力に一喜一憂せず，学習者一人ひとりが没頭して課題に取り組み，自身の力を伸ばすことに専念すれば，力がついたのを実感できるとして，教員はそのような授業を展開するべきだと示唆しています[3]。

　代理体験に関しては，中嶋洋一のペアワーク学習が参考になります。英語が苦手な生徒と得意な生徒がペアとなり，苦手な生徒は自信をつけて独り立ちできるよう，得意な生徒は相手の立場にたち視野を広げられるよう，助け合い認め合うことを大切にしています。ペア学習の留意点は多いのですが，他者を観察し学ぶことで，好影響が得られることは間違いありません[4]。別の視点から，英語同時通訳者のパイオニアである村松増美は，敗戦後間もなく校庭からバスケットボールのポールを抜こうとした米兵を，教員が英語で説得して立ち去らせたエピソードを紹介しています。尊敬の念を抱くとともに，英語ができるようになりたいと思ったと語っていますが，その後の人生を決めるほどの強い代理体験であったと言えるのかもしれません[5]。

　社会的説得に関しては田尻悟郎の家庭学習のさせ方と言葉かけが該当します。生徒たちは「自学ノート」を作成しますが，家庭学習のやり方を授業で教え，生徒の自主性を養いながら，取り組みを細かくチェックした上で誉め言葉や励ましの言葉などを書くことが大切だと述べています[6]。

　身体的・感情的状態においては，教育における効力感を強く感じている教員が，生徒の習得体験や学習しやすい環境をつくり出し，授業の雰囲気を明るくすることができるとされています[7]。

　自己効力感は自律性を高め，自己調整学習の促進につながるとも言われています。自己肯定感と違い，ある目標に到達する能力についての信念ですので，学習者に応じた働きかけをすることで，自己効力感を高めることが可能であり，英語教育に生かすことが期待されます。　　　　　　　（鳥飼玖美子・細井　健）

▷2　樋口忠彦・緑川日出子・髙橋一幸編（2007）『すぐれた英語授業実践——より良い授業づくりのために』大修館書店。

▷3　苅谷夏子（2012）『大村はま　優劣のかなたに——遺された60のことば』筑摩書房。

▷4　三浦孝・弘山貞夫・中嶋洋一編（2002）『だから英語は教育なんだ——心を育てる英語授業のアプローチ』研究社。

▷5　鳥飼玖美子（2019）『通訳者と戦後日米外交』（新装版）みすず書房。

▷6　横溝紳一郎編著・大津由紀雄・柳瀬陽介（2010）『英語教師田尻悟郎の挑戦——生徒の心に火をつける』教育出版。

▷7　Gibson, S. & Dembo, M. H.（1984）. "Teacher efficacy: A construct validation." *Journal of Education Psychology*, 76：569-582.

おすすめ文献
鹿毛雅治編（2012）『モティベーションをまなぶ12の理論——ゼロからわかる「やる気の心理学」入門！』金剛出版。

祐宗省三・原野広太郎・柏木惠子・春木豊編（2019）『新装版 社会学習理論の新展開』金子書房。

田尻悟郎（2009）『（英語）授業改革論』教育出版。

第 3 部

外国語を教えるということ

━━イントロダクション━━

　第3部「外国語を教えるということ」では，外国語教授法の変遷とそれぞれの教授法の特徴，日本の英語教育における「4技能」という捉え方とその指導と評価，そして，大学入学共通テストへの英語民間試験の導入をめぐって一般の人々も知ることとなった「CEFR（欧州言語共通参照枠）」を扱います。

　「Ⅰ　外国語教授法の変遷」では，伝統的な文法訳読法をはじめとして，直接法（ダイレクト・メソッド），オーディオリンガル・メソッド，ナチュラル・アプローチを取り上げ，それぞれの教授法がどのような意図や背景で生まれ，どのように行われていた（行われている）のかを概観します。ある教授法が英語教育に取り入れられた理由や，取り入れられなくなった理由を理解しておくことは，英語教育を実践する上で必要なことです。

　「Ⅱ　近年の外国語教授法」では，まず，コミュニカティブ・アプローチを取り上げます。最近の動向としては，内容を重視するアプローチや，内容と言語を統合しようとする試みもあります。また，生徒の能動的な学習を促進する協同学習を取り入れる動きも見られますし，翻訳を外国語教育に活かすという注目すべき提唱もあります。

　英語教育では生徒の学習効果を第一と捉え，生徒のためになる教授法を試みること，そのために様々な理論や方法論を把握しておくことが大切です。

　「Ⅲ　『4技能』から『7技能』へ」では，「4技能」とは何かを再認識し，「4技能」の指導と評価について，「統合的」「総合的」をキーワードに見ていきます。また，現在の外国語教育では避けては通れない CEFR について，その理念と内容の正しい理解を目指します。「CAN-DO リスト」をつくりさえすればよい，というわけではないのです。

（鈴木希明）

I　外国語教授法の変遷

 # 文法訳読法

▷1　translation は「翻訳」と訳されますが,「訳読」が「原文の語句や文構造を正確に理解させながら外国語を教えることが目的」である一方,「翻訳」は「原文の語句や文構造を的確に理解したうえで,目標言語でわかりやすく読者に伝えることを目的」とされています（鳥飼玖美子編著（2013）『よくわかる翻訳通訳学』ミネルヴァ書房,102頁）。

▷2　次項の「直接法」を参照。

▷3　欧米の Grammar-Translation Method が文法を習得するために目標言語から母語,母語から目標言語という翻訳練習をするのに対し,日本の文法訳読法は習得した文法知識をもとに目標言語を母語で訳読するという点で異なるという指摘があります（平賀優子（2007）「日本の英語教授法史——文法・訳読式教授法存続の意義」東京大学大学院総合文化研究科博士論文）。

▷4　白畑知彦・冨田祐一・村野井仁・若林茂則（2019）『英語教育用語辞典第3版』大修館書店,120頁。

▷5　2020年現在使用されている高等学校「英語表現」の文部科学省検定済教科書は,文法シラバスで構

1　文法訳読法の成立

　文法訳読法（Grammar-Translation Method）は,中世ヨーロッパでラテン語やギリシア語教育のために用いられはじめた教授法で,文法規則を明示的・演繹的に教え,その知識をもとに目標言語で書かれた文を母語に訳しながら読ませる（訳読[1]）ことで,その言語の習得を目指すものです。話されることのないラテン語や古代ギリシア語の教授法としてはじまったこともあり,文法の説明を中心とする授業はもっぱら母語によって行われ,学術的な素養を身につけるための精神的な修養とも見なされていました。ヨーロッパでは,ドイツにおけるフランス語の授業などでこの教授法が使われるようになりましたが,19世紀には直接法[2]（Direct Method）の台頭とともに影をひそめていくことになりました。

　日本の英語教育においては明治時代に取り入れられ,「使える英語」の習得にはつながらないという批判を受けながらも,今日に至るまで英語教育の現場で実践されてきています[3]。

2　日本の英語教育における文法訳読法の現状

　文法訳読法の特徴は,「①文法教育を重視する,②話すことよりも読むことを重視する,③訳読を重視する,④母語で文法用語を使用し,説明する,⑤分析的に言語を理解させようとする[4]」ことにあります。30人を超える教室で行われることが多い日本の学校英語教育において,この教授法は有効で好んで用いられてきました。現在でも,特に高等学校での英語教育では,文法を明示的に教え,その理解を練習問題で確認し,英語を日本語に訳させるという授業が行われています[5]。多くの英語教員が,文法を体系的に教えたい,母語に訳出させることで生徒が英文の内容を理解できているかどうかを把握したい,と考えているからです。

　文法訳読法が使われ続ける理由の一つに,大学入試の存在があります。大学入試の英語では「長文読解」と呼ばれる問題形式がほぼ全ての大学で出題され,英文の内容を問う設問や英文和訳などの設問を通して受験者の英語読解力をはかるために用いられています[6]。それに対応するために,大学への進学希望者を抱える高等学校では,文法訳読法による授業で生徒の読解力を養成しようとするのです。これは,予備校の英語授業においては顕著で,「英文読解」や「英

「文解釈」と呼ばれる講座が展開され，多くの受講生が文法訳読法による授業を受けています。

③ 文法訳読法への批判

　文法訳読法に対する批判は，「使える英語」につながらない，英語を話せるようにならない，というものがほとんどです。この教授法の特徴の一つが「話すことよりも読むことを重視する」ことであり，母語を使用して行われる授業では目標言語である英語を使用することが少ないことから，このような批判がなされます。英語の単語を日本語に置き換え，それをつなぎあわせる「作業」によって，日本語として意味が成り立たない訳文をつくってしまう生徒がいることにも批判が向けられています。

　また，過度な文法指導によって「英語嫌い」「文法嫌い」の生徒が多く存在することも指摘されています。ベネッセ教育総合研究所の「中高生の英語学習に関する実態調査2014[7]」では，中学生の68.5%，高校生の79.2%が「文法が難しい」と回答しており，「英語そのものが嫌い」（中学生33.2%，高校生37.3%）と感じる生徒を生み出す要因の一つになっているようです。

④ 文法訳読法の効果

　このような批判があるにもかかわらず，文法訳読法がいまだに行われているのには英語習得上の効果が認められるからです[8]。英文内容を正確に理解するためには文法の理解が不可欠であることや，「コミュニケーション能力」に文法的能力が欠かせないことは明らかです[9]。また，文法訳読法による授業では知的な内容の英文を扱うことができるため，英語力とともに生徒の思考力を養成することができます。英語の文章を日本語に訳出することで，内容を把握できているかどうかを確認することも可能になります。日本語として意味が成り立つ文に訳出するためには日本語の運用能力も必要ですし，日本語と英語の違いへの気づき，ひいては異文化への気づきにもつながります[10]。

　文法訳読法が役に立たないものでないことは確かですが，同時に万能でないことも確かです。英語学習においては決定版と言えるような教授法はありません。文法訳読法における「訳読」の意義が再認識され，英語教育の一つの柱になることで，学習者の英語の運用能力を高めることができるようになるでしょう。

　「文法訳読法」という用語からは，英文を逐語的に解釈するというイメージを抱く人がいますが，現在の日本の英語教育では，多読や速読などをしながら「直読直解[11]」を目指す授業も行われています。逐語訳だけではない文法訳読法で英語の基本を身につけさせる授業を行うことは，日本の英語教育には必要なことと言えます。

（鈴木希明）

成されているものがほとんどです。「英語表現」は2022年度より「論理・表現」となり，主に文法を教える教科書にならないように教科書発行者は文部科学省から指導されています。

▷6　大学入試改革については本書の「大学入試改革（英語民間試験導入）」（128-129頁）を参照。

▷7　2014年3月に全国の中高生6294人に郵送法により行われた調査で，高校生の英語の予習復習で「教科書本文を和訳する」と回答した生徒は44.1%いました。

▷8　クック，G.／斎藤兆史・北和丈訳（2012）『英語教育と「訳」の効用』研究社では，語学学習における訳読の有効性が指摘されています。

▷9　本書の「『コミュニケーション能力』とは何か」（4-5頁）を参照。

▷10　鳥飼編著（2013：103頁）を参照。

▷11　「直読直解」は，「順送りの訳」とも呼ばれ，英語の文を英語の順番で理解していく方法です。そのためには文法知識が不可欠であることは言うまでもありません。

おすすめ文献

クック，G.／斎藤兆史・北和丈訳（2012）『英語教育と「訳」の効用』研究社。

Ⅰ　外国語教授法の変遷

 直接法

1　直接法の成立と進展

　直接法[1]（Direct Method）は，伝統的な外国語教授法である文法訳読法[2]（Grammar-Translation Method）に対するアンチテーゼとして，1860年代に登場した教授法です。文法訳読法がもっぱら母語を使って文法を演繹的に教えるのに対し，直接法では母語は使用せず，文法規則は帰納的に理解させようとします。目標言語のみで直接的に指導することから「直接法」と呼ばれています。母語による明示的な文法指導では目標言語を話せるようにならないと文法訳読法を批判し，外国語の習得過程は幼児が母語を獲得する過程と同じであるという仮説に基づいて，大人も音声重視の教授法によって幼児や子供と同じように目標言語を習得することを目指しています。

　直接法と呼ばれる教授法の代表はベルリッツ・メソッド（Berlitz Method）です。ベルリッツ・メソッドは1878年にアメリカでベルリッツ（Berlitz, M. D.）によって創業された Berlitz School of Languages で始められた教授法で，「文法ではなく実生活でのコミュニケーション力に焦点を当ててその言語だけで学ぶ，目的達成指向の言語学習法[3]」と謳われています。ベルリッツ・メソッドでは，絵カードやレアリア[4]を使用し，音声と概念を結びつけながら，目標言語で言い表されたことをそのまま理解することを目指しています。母語を介在させないため，ジェスチャーや目標言語による例文が多く使用され，教師は学習者に指示を出したり質問をしたりしながら，語彙や文法を非明示的に示していく必要があります[5]。

2　直接法への批判

　直接法による授業では，目標言語に触れる機会が文法訳読法による授業と比べると圧倒的に多くなります。目標言語を聞いたり話したりすることが増えるわけですから，リスニング力とスピーキング力がそれなりに養成されることは期待されます。

　しかしながら，この教授法の根底にある，第一言語獲得と第二言語習得の過程が同じであるとする仮説には科学的な根拠は全くなく，それどころか，両者に本質的な違いがあることは明らかになっていますから[6]，母語獲得と同じような効果を外国語学習にも期待することは到底できません。

▷1　「直接教授法」「ダイレクト・メソッド」「ディレクト・メソッド」とも呼ばれます。

▷2　前項の「文法訳読法」を参照。

▷3　ベルリッツ公式ウェブサイトより。https://www.berlitz.co.jp/bj/index.html
ベルリッツは世界70以上の国と地域で展開されている語学学校です。日本ではベネッセグループの一員であるベルリッツ・ジャパン株式会社が学校を運営しています。

▷4　「レアリア」とは「実物」のことで，教材としてつくられた物ではなく，日常生活で使用している実際の物を指します。

▷5　直接法の授業では，学生が母語で考えないように次々と指示や質問を出していきます。直接法を用いる際には，この教授法の訓練を受けたネイティブ・スピーカーの教師が必要です。

▷6　本書の「第二言語習得に関する研究」（22-23頁）を参照。

また，語彙や文法を非明示的に示すことから，学習者がどこまで理解できているかを確認することができず，知識が定着しないまま学習が進んでいくおそれがあります。聞く・話すという活動が中心となるため，知的な内容の文章を読むこともできません。また，訓練を受けたネイティブ・スピーカーによる少人数での授業が求められることから，生徒数が多い日本の英語教育環境には不向きと言えます。[7]

③ オーラル・メソッドの誕生

　直接法による指導が主流になっていた1922年，英国の言語学者パーマー[8] (Palmer, H. D.) が文部省外国語教授顧問として来日しました。翌年の1923年には英語教授研究所が設立され（のちに語学教育研究所と改称），彼は初代所長に就任しています。パーマーは日本の学校教育に合うような英語教授法を開発し，その教授法はオーラル・メソッド（Oral Method）と呼ばれています。[9]

　パーマーも直接法の基盤となっている仮説を踏襲し，幼児が母語を獲得する際の五つの習性に着目しました。それらは，音声観察（auditory observation），口頭模倣（oral imitation），口頭反復（catenizing），意味化（semanticizing），類推による文生成（composition by analogy）で，「運用」（speech）としての言語を習得させるために，この習性が身につくような口頭練習（oral work）を英語学習，特に入門期に取り入れるべきだと主張しました。練習方法として，耳の訓練の練習（ear-training exercise），発音の練習（articulation exercise），反復練習（repetition exercise），再生練習（reproduction exercise），置換練習（substitution exercise），[10]命令練習（imperative exercise），定型会話（conversational exercise）の七つを提唱しています。[11]

　パーマーはまた，授業の導入として行うオーラル・イントロダクション（oral introduction）という手法も提唱しました。授業で扱う内容を，既習の語彙や文法を使って教員が英語で説明するというものです。オーラル・イントロダクションに関しては，時折質問をはさむなど教員の一方的な説明にならないような工夫や，生徒が飽きないような長さにする必要があります。また，生徒が英語では理解できないような内容であれば，日本語を使うことも必要です。英語だけで行う授業にこだわり過ぎると，学習効果が薄れることもあります。[12]

　パーマーのオーラル・メソッドに関しては，日本では現在でも様々な研究がなされ，改良を重ねながら実践されています。口頭練習の方法やオーラル・イントロダクションのやり方など，授業をする上で参考になることはたくさんあります。オーラル・メソッドで生徒の学習効果が見込めるところは積極的に取り入れ，ほかの教授法で効果的なところがあれば，それも取り入れていくという柔軟な姿勢が大切です。

（鈴木希明）

▷7　直接法は，個人や少人数のグループレッスンをする英会話学校では現在も積極的に取り入れられています。ベルリッツ・メソッドのほか，そこから派生したカラン・メソッド（Callan method）や DME メソッド（Direct Method for English）があります。

▷8　パーマーは文部省（当時）に対し，入学試験に聴解テストと口頭テストを導入することや，クラスサイズは30人程度にすることなどを求めています。

▷9　パーマーのオーラル・メソッドでは母語の使用も必要であれば認められていますし，読む・書くという活動も行われています。パーマーは日本全国を行脚しオーラル・メソッドを広めようと尽力しましたが，文法訳読法を支持する教員の壁が厚かったことや，戦争に向かっていく社会状況によって，圧倒的な支持を得ることはできませんでした。

▷10　この「置換練習」はパターン・プラクティスの先駆けとなっています。

▷11　有田佳代子（2009）「パーマーのオーラル・メソッド受容についての一考察──「実用」の語学教育をめぐって」『一橋大学留学生センター紀要』12, 27 -39頁。

▷12　本書の「教室内での使用言語」（142-143頁）を参照。

おすすめ文献

田崎清忠編（1995）『現代英語教授法総覧』大修館書店。

I　外国語教授法の変遷

オーディオリンガル・メソッド

▷1　ミシガン大学教授の
フリーズ（Fries, C. C.）
が提唱した「オーラル・ア
プローチ」（Oral Ap-
proach）がもとになって
います。そのため，ミシガ
ン・メソッドとかフリー
ズ・メソッドと呼ばれるこ
ともあります。ミシガン大
学では第二次世界大戦中に
外国語を使える人材を短期
間で養成するためのプログ
ラム（the Army Special-
ized Training Program）
が開発されました。徹底し
た反復練習を特徴とするこ
のプログラムはアーミー・
メソッド（Army Meth-
od）とも呼ばれ，オーラ
ル・アプローチの出発点と
なっています。
▷2　行動心理学（Behav-
iorism）は，客観的に観察
可能な行動を研究の対象と
する心理学で，スキナー
（Skinner, B. F.）が有名で
す。行動主義とか行動主義
心理学とも呼ばれます。
▷3　構造言語学（Struc-
tural Linguistics）は言語
の構造を重視する言語学で，
構造主義言語学とも呼ばれ
ます。オーディオリンガ
ル・メソッドの理論的基盤
となったのは，ブルームフ
ィールド（Bloomfield, L.）
に始まるアメリカ構造言語
学です。構造言語学に関し
ては本書の「言語に関わる
研究(1)」（170-171頁）を参
照。

1　オーディオリンガル・メソッドの成立

　オーディオリンガル・メソッド[1]（Audiolingual Method＝AM）は，行動心理学[2]とアメリカ構造言語学[3]を理論基盤として1940年代に始まり，1960年代まで世界中の外国語教育に大きな影響を与えた教授法です。オーディオリンガル・メソッドでは，「刺激」（stimulus），「反応」（response），「強化」（reinforcement）[4]によって「習慣」（habit）が形成されるという行動心理学の習慣形成理論をもとに，言語は「模倣」（imitation）と「練習」（practice）によって習得されるとしています。学習者は反復練習と間違い訂正を通じて言語を習得するという考えです。また，アメリカ構造言語学の影響から，目標言語と母語との構造上の相違に注目し，異なる点を繰り返し練習することで目標言語は習得されるとしています。アメリカ構造言語学が書き言葉よりも話し言葉を重視したこともあり，練習はもっぱら口頭によって行われます。

　こうして，音声や構造の基本形を口頭での反復練習によって習慣化させることをねらいとした教授法が生まれたのです。日本には戦後 ELEC[5]（English Language Education Council）などを通して紹介され，主に中学校での英語指導法として数多くの学校で取り入れられました。英語教育だけでなく，日本語教育にも多大な影響を与えています。

2　オーディオリンガル・メソッドの指導方法

　オーディオリンガル・メソッドでは次のような指導が行われています。

（1）ミムメム（mim-mem）

　ミムメムは mimicry-memorization を短縮した呼称で，モデルとなる文を聞いて模倣し暗記するという練習方法です。模倣して暗記するためには何度も声に出す必要がありますから，この練習によって「習慣」が形成されることをねらいとしています。パターン・プラクティスの前に行われるのが基本です。

（2）パターン・プラクティス（pattern practice）

　ミムメムで暗記したモデル文を使って，「置換」（substitution），「転換」（conversion）などを繰り返す練習方法です。置換練習では，モデル文の一部を教師の指示によって置き換えます。例えば，I like cats. と言ったあとに教師が"dogs" という指示を出せば，生徒は I like dogs. と即座に答えることを求めら

れます。転換練習では，文の種類や時制，態を換えます。He likes cats. と言ったあとに "Question" という指示が出たら，Does he like cats？と即座に答えるというわけです。

このほか，文を長くしていく拡張練習（expansion）など，様々な練習方法があります。

(3) ミニマル・ペア（minimal pair）

right と light のような一つの音素の違いによって意味が変わる二つの語を取り上げ，音の違いに集中させる練習方法です。音の違いに集中させるだけということもあり，日本の英語教育ではあまり採用されなかったようです。

③ オーディオリンガル・メソッドの隆盛と衰退

この教授法が世界中で受け入れられたのにはいくつかの要因があります。まず，伝統的な文法訳読法にはなかった口頭練習に重きを置いたことです。次に，生徒数の多い授業でも取り入れることができ，教員が授業を計画どおりに進めやすいということもあります。また，生徒側からすると，機械的な反復練習なので取り組みやすいとも言えます。

しかし，実践が進むにつれて様々な批判が起こるようになりました。最大の批判は，パターン・プラクティスという機械的な反復練習では実際の言語使用に結びつかない，というものです。意味を考えずに反応を繰り返すことで覚えた文では自然な発話に結びつきません。しかも，モデル文自体が実際のコミュニケーションで使うことを想定されていないのです。また，反復練習が人間的でなく生徒の学習への興味が失われるという批判もありました。

このような批判に追い打ちをかけたのが，チョムスキー（Chomsky, N.）による行動主義への理論的な批判でした。これを機に，オーディオリンガル・メソッドは衰退していくことになります。

④ スキナーの「プログラム学習」

スキナーの理論はオーディオリンガル・メソッドの理論的基盤となりましたが，彼は「プログラム学習」という学習法を1960年代に開発しています。そこでは，次の五つの原理が提唱されています。

(1) 積極的反応の原理

(2) 即時反応の原理

(3) スモールステップの原理

(4) 自己ペースの原理

(5) 学習者検証の原理

これらの原理は授業展開や教材作成に大きな影響を与えましたが，現在でも示唆に富むものと言えます。　　　　　　　　　　　　　　　　　　（鈴木希明）

▷4 「刺激」と「反応」の結びつきを強める手段や働きのことを「強化」と言います。

▷5 1956年に国際理解とコミュニケーションのための英語教育を促進するために設立された非営利団体です。

▷6 日本の英語教員が発音の微妙な違いを練習させたり聞き分けたりすることができなかったことも一つの要因と考えられます。

▷7 人間の言語習得は条件反射によるものではないと行動主義を批判しました。Chomsky, N. (1959). A Review of B. F. Skinner's *Verbal Behavior. Language*, 35 (1)：26-58.

▷8 その後，TPR (Total Physical Response)，サイレント・ウェイ (silent way)，CLL (Community Language Learning) など，様々な教授法が開発されていきます。

【おすすめ文献】

リチャーズ，J. C.・ロジャーズ，T. S.／アルジェイミー，A.・高見澤孟監訳 (2007)『アプローチ＆メソッド　世界の言語 教授・指導法』東京書籍。

I　外国語教授法の変遷

4 ナチュラル・アプローチ

1　ナチュラル・アプローチの成立

　ナチュラル・アプローチ（Natural Approach＝NA）は，1970年代後半から1980年代前半にかけてテレル（Terrell, T. D.）とクラッシェン（Krashen, S. D.）が開発した外国語教授法です。この教授法の理論を支えているのはクラッシェンのモニター・モデル（Monitor Model）で，行動主義に基づく外国語教授法で行われる「学習」ではなく，自然な方法での「習得」を目指しています。リスニングやリーディングを通してのインプットを重視し，無理な発話は求めず，間違いを訂正することを避けるという特徴があります。

2　クラッシェンのモニター・モデル

　クラッシェンが提唱するモニター・モデルは，次の五つの仮説で構成されています。

(1)　習得・学習仮説（acquisition-learning hypothesis）

　幼児が母語を獲得するのと同じように自然に行われる言語「習得」と，意識的に行われる言語「学習」とを区別し，学習によって得られる言語知識は習得によって得られる言語知識にはならないとする仮説です。クラッシェンは「習得」に重きを置いています。

(2)　モニター仮説（monitor hypothesis）

　自然な状況で第二言語を使用するときに頼るのは「習得」によって得られた知識であり，「学習」によって得られた言語知識は，自分の発話の文法的な正確さを監視するモニターの役割をするにすぎないとする仮説です。モニタリングによって修正や言い換えができるようになりますが，この機能がはたらくには，十分な時間があること，正確さに関心があること，言語規則をすでに知っていることが必要とされます。

(3)　自然な順序仮説（natural order hypothesis）

　文法形態素（grammatical morpheme）の習得順序の研究をもとに，言語習得は予測可能な自然な順序で行われるとする仮説です。学習しやすい言語規則が自然な順序に従わずに習得されるとは限らないとされています。

(4)　理解可能なインプット仮説（comprehensible input hypothesis）

　習得は理解可能なインプットに触れることによって生じるとする仮説です。

▷ 1　1983年に共著でナチュラル・アプローチに関する本を出版していますが（Krashen, S. D. & Terrell, T. D. (1983). *The Natural Approach: Language Acquisition in the Classroom*. Pergamon Press），テレルは1977年に "A natural approach to the acquisition and learning of a language" という論文を *Modern Language Journal* に発表しています。

▷ 2　オーディオリンガル・メソッドのことです（前項を参照）。

▷ 3　クラッシェンはチョムスキー（Chomsky, N.）の第一言語獲得理論の影響を受けていて，人が生まれながらもっている言語獲得装置（Language Acquisition Device＝LAD）の存在を自らの仮説の基盤としています。

▷ 4　規則動詞の過去形や三人称単数現在の s，所有格について説明したり学習したりするのはそれほど難しいものではないと思われますが，これらが習得されるのは進行形や複数形，冠詞，不規則動詞の過去形に続くものとされています。

このインプットは「$i+1$」であることが必要で，「i」は学習者の現在のレベルを，「＋1」はそれよりも少し高いレベルであることを表しています。このインプットによって習得が行われるため，アウトプットは習得には影響を与えないというのがクラッシェンの考えです。

(5)　情意フィルター仮説（affective filter hypothesis）

　$i+1$のインプットに触れても，緊張感や不安感，ストレス，やる気のなさなどの「情意」（affect）面がそのインプットを「フィルターにかける」ことがあり，習得につながらなくなるとする仮説です。アウトプットを無理に促したり間違いを訂正したりすることは情意フィルターを上げることになり，習得が阻害されると考えられています。

3　ナチュラル・アプローチの指導方法

　クラッシェンのモニター・モデルを背景に，ナチュラル・アプローチでは学習者にとって適切なインプットを与えることを中心に授業が行われるようになりました。$i+1$のインプットは，学習者のレベルや興味関心，習得順序を考慮して行われ，学習者の「情意フィルター」を上げないように，ストレスのない学習環境を用意し，間違いを訂正することは避けるようにします。自然に産出されるアウトプットは期待されますが，無理に発話を促すようなことはしません。また，文法の説明をすることは否定しませんが，最小限にとどめるようにします。

4　ナチュラル・アプローチへの批判と展開

　オーディオリンガル・メソッドへの反動もあって幅広い支持を集めた教授法でしたが，1980年代半ばから批判が起こるようになりました。「学習」と「習得」を区別したことや，インプット中心の指導で習得が生じることなどへの検証がなされなかったことが大きな要因です。

　それでも，それまでの教授法と違って，コミュニケーション重視，内容重視であることや，シラバスが場面（situations），機能（functions），話題（topics）に基づいていることは，現代の外国語教育につながる注目に値する考えと言えます。

　日本の英語教育の場では，このような理念を継承しつつ，アウトプットを引き出す工夫や，学習者に負荷をかけないように間違いを指摘する工夫，文法を効率よく教える工夫などをしていくことが求められます。また，ナチュラル・アプローチは「個人的コミュニケーションのための基本技能」を目標としていることから，初学者向きの教授法と言えます。知的な文章を読んだり書いたりするような指導に結びつけて，英語力を高めていくデザインも求められます。

（鈴木希明）

▷5　スウェイン（Swain, M.）は第二言語習得にはインプットだけではなくアウトプットが必要だと主張し（アウトプット仮説），ロング（Long, M.）はインタラクション（やりとり）が必要だと主張しました（インタラクション仮説）。

▷6　「$i+1$」がどういうものなのか，具体性に欠けるという批判があります。

（おすすめ文献）

クラッシェン，S. D.・テレル，T. D.／藤森和子訳（1986）『ナチュラル・アプローチのすすめ』大修館書店。
ライトバウン，P. M.・スパダ，N.／白井恭弘・岡田雅子訳（2014）『言語はどのように学ばれるか──外国語学習・教育に生かす第二言語習得論』岩波書店。

Ⅱ　近年の外国語教授法

 # コミュニカティブ・アプローチ

1 コミュニカティブ・アプローチの背景

　まず，コミュニカティブ・アプローチ（Communicative Language Teaching＝CLT）の理論的，社会的背景をおさえておきましょう。これらをおさえておくことは，CLT を自らの実践に取り入れる際にも，CLT を批判的に再考する際にも役立ちます。

　CLT の理論的な背景は，まず，ヨーロッパ（特に英国）における言語研究に求められます。英国にはもともと，ファース（Firth, J. R.）からハリデー（Halliday, M. A. K.）につながる「機能言語学」の流れ，バーンスティン（Bernstein, B.）などによる「社会言語学」の流れ，そして，オースティン（Austin, J. L.）らによる「語用論（哲学）」の流れ[▷1]がありました。このような流れに，ハイムズによる「コミュニケーション能力」の概念[▷2]も（北米から）加わって，CLT の理論的基盤が確立されていき，それがカナルとスウェインに結実していきます[▷3]。

　また，CLT には社会的な背景があり，それも主にヨーロッパに関わります。特に1970年代になって，ヨーロッパ諸国の相互依存度が高まりました。このような状況の中，欧州評議会は[▷4]，ヨーロッパの共同市場で求められる最低必要限度の意思疎通能力をヨーロッパの成人たちに保障するためのプロジェクトを発足させました[▷5]。このことが，「言語の構造」よりも「コミュニケーション」に重きを置く言語教育の模索につながります[▷6]。

2 CLT を貫くアイデア

　CLT の定義は様々で，一つの決まった定義付けを行うことは困難ですが，コミュニケーションが「学習の目標」であり，かつ，それを達成するための「プロセス」にもなっている，ということは共通しています[▷7]。さらに，CLT において共有されている特徴は，以下の四つにまとめることができます[▷8]。

- 「コミュニケーション能力」の全ての要素に焦点を当てる。
- 言語的なテクニックは，学習者が意味のある目的のために，語用論的で，オーセンティックで，機能的な言語使用を行えるようにデザインされる。
- 流暢さ（fluency）と正確さ（accuracy）は相補的であるが，学習者にとって意味のある言語使用を促すために，前者が重視されることもある[▷9]。

▷1　本書の「言語に関わる研究(1)(2)」（170-173頁）を参照。

▷2　本書の「ハイムズの『コミュニケーション能力』」（86-87頁）を参照。

▷3　本書の「『コミュニケーション能力』とは何か」（4-5頁）を参照。

▷4　本書の「CEFR(1)」（62-63頁）を参照。

▷5　このレベルは，"threshold level" と呼ばれました。

▷6　田崎清忠編（1995）『現代英語教授法総覧』大修館書店。

▷7　Savignon, S. J. (2002). Communicative language teaching: Linguistic theory and classroom practice. In S. J. Savignon (Ed.). *Interpreting communicative language teaching: Contexts and concerns in teacher education.* Yale University Press. pp. 1-27.

▷8　Brown, H. D. (2014). *Principles of language learning and teaching: A course in second language acquisition* (6th ed.). Pearson Education.

▷9　実際は「正確さ」が犠牲にされてしまうこともある点に留意が必要です。

・CLTの教室では，学習者は最終的に，言語の産出と受容をリハーサルなしのコンテクストで行わなければならない。

CLTは，特定の定まった方法や教えるための手続きではなく，上記のような言語教育観のもとで教育を実践する理論的スタンスに近いものです。このことから，CLTは「メソッド」ではなく，「アプローチ」と呼ばれます。

③ 教師と学習者の位置付け

では，このような「アプローチ」において，教師と学習者の位置付けや役割はどのように特徴付けられるでしょうか。[10]

まず，教師には，「ニーズ・アナリスト」の役割が求められます。つまり，学習者が言語を使って何をしたいのか，常に注意を払う必要があります。また，教師はときに，「カウンセラー」にもなります。コミュニケーションでは，話し手の意図や聞き手の解釈が錯綜しますが，そのようなときには，確認したり，言い直したりするなどして，意思疎通がうまくいくように方向付ける必要があります。さらに，CLTにおいては，教師が一方的に知識を伝達することは少ないのですが，その分，「グループのプロセス管理者」としての役割が求められます。これは，換言すれば，コミュニケーションを促すような教室の環境をつくったり，グループ活動での話し合いに効果的に介入して議論を方向付けたりする役割です。このような役割に貢献する限り，CLTでは母語の使用も認められます。

他方，学習者には，「交渉者」(negotiator)としての役割が求められます。このことは，コミュニケーションの中で相手の意図や言いたいことを確認するような意味，教室内でのアクティビティの進め方についての理解を共有するような意味の両方に当てはまります。

④ ポスト・コミュニカティブ・アプローチ

最後に，「ポスト・コミュニカティブ・アプローチ」という最近の動向も紹介しておきます。上記のとおり，CLTでは，ヨーロッパ諸国が相互依存度を強める中での成人間の「意思疎通」に焦点が当てられていました。しかし，「意思疎通」は，コミュニケーションのごく一側面にすぎず，そこには「アイデンティティ」や「権力関係」も深く関わっています。[12]

このことから，「どうすれば，コミュニケーションが上手くいくのか」という意識ではなく，コミュニケーションにおける「アイデンティティ」の多様性や「権力関係」により自覚的となり，そのような自覚の中で（自覚とともに），「コミュニケーション能力」を育成していこうとする流れが生まれてきています。これからの「コミュニカティブ・アプローチ」は，このような視点とともに展開していくでしょう。

(榎本剛士)

▷10 Richards, J. C. & Rodgers, T. S. (2014). *Approaches and methods in language teaching* (3rd ed.). Cambridge University Press.

▷11 佐藤慎司編 (2019)『コミュニケーションとは何か──ポスト・コミュニカティブ・アプローチ』くろしお出版。

▷12 本書の第4部Ⅰ・Ⅱ (76-93頁) を参照。

おすすめ文献

Brown, H. D. & Lee, H. (2015). *Teaching by principles: An interactive approach to language pedagogy* (4th ed.). Pearson Longman.

Richards, J. C. & Rodgers, T. S. (2014). *Approaches and methods in language teaching* (3rd ed.). Cambridge University Press.

佐藤慎司編 (2019)『コミュニケーションとは何か──ポスト・コミュニカティブ・アプローチ』くろしお出版。

Ⅱ　近年の外国語教授法

 # 内容重視アプローチ

1　なぜ「内容」を「重視」するのか

　内容重視アプローチ（Content-based Instruction＝CBI）とは，その名のとおり，学習の対象となっている言語ではなく，トピックや内容に焦点を当てたアプローチです。このアプローチにおいては，言語と内容の同時的な学習が目指されますが，文法などの言語的な側面ではなく，「内容」によって，言語が学習者に提示される際の形式や順序が規定されます。[1]

　このようなアプローチの根底には，特定の言語観と言語学習観があります。まず，言語が使われる単位は「（単発の）文」ではなく，結束性や一貫性をもった「テクスト」である，という見方です。そして，そのようなテクストを扱うためには，様々なスキルや技能を「統合」する必要があり，統合された技能やスキルの使用には常に，何らかの「コミュニケーション上の目的」があるとされます。ここから，「言語の学習が成功するのは，その言語を通じて得られる情報が，学習者にとって興味深く，役に立つもので，学習者が望むゴールにつながる場合である」という言語学習観が導かれます。[3]だから，「内容重視」なのです。

2　CBI の社会的背景

　CBI にも社会的な背景，及び，そのような背景を基盤とした，異なるカリキュラムにおける「内容」の様々な位置付けがあります。[4]

　まず，1970年代の英国で母語教育のために提案された，「カリキュラム横断の言語」（Language across Curriculum）という運動では，カリキュラムのすべての科目において「読むこと」と「書くこと」に焦点を当てることが主張されました。言語の教育は「言語の教員」だけによって担われるべきではない，という考え方のもと，言語とその他の科目の教員間の協力が進みます。このような動きは，「すべての教員が，英語の教員」（Every teacher, an English teacher）というスローガンとともに，言語教育と科目内容の教育とを結びつける CBI に大きな影響を及ぼしました。

　次に挙げられるのは，「イマージョン・プログラム」です。イマージョン・プログラムとは，通常の学校のカリキュラムが，学習者の母語と異なる言語を介して教えられるようなプログラムのことです。言語が学習の「対象」ではな

▷1　Brinton, D., Snow, M. A. & Wesche, M. (1989). *Content-based second language instruction.* Newbury House.

▷2　本書の「『コミュニケーション能力』とは何か」（4-5頁）を参照。

▷3　Richards, J. C. & Rodgers, T. S. (2014). *Approaches and methods in language teaching* (3rd ed.). Cambridge University Press.

▷4　▷3に同じ。

く「手段・媒体」となっているイマージョン・プログラムでは，高い言語能力，学んでいる言語の話者や文化に対する肯定的な態度，学習者の年齢や能力に対する期待に見合った言語能力，そして，カリキュラムの内容や科目における所定の知識・スキルの獲得と育成が目指されます。初期の「イマージョン・プログラム」は，英語を母語とする子供にフランス語を学ぶ機会を提供することを目的に，1970年代のカナダで発展し，その後，北米の各地で行われるドイツ語，スペイン語，日本語，中国語などの教育にも広がっていきます。

　このように，「言語と内容の同時的学習」を目指す CBI は，そのような必要がある社会的・教育的コンテクストと密接に関連した形で発展してきた経緯があります。

③ CBI の利点と問題

　CBI には，様々な利点と問題があります。利点としてまず挙げられるのが，学習者にとって，学習そのものが楽しくなり，学習への動機付けが高まる可能性を拓くことができる点です。言語だけに集中し，機械的な練習を行うのではなく，内容に集中することで，付随的に言語の力が伸びることが期待されます。

　言語の学習を通じて，世界に関する知識を得られることも，大きな利点です。例えば，海外のニュースや新聞に直に触れることで，同じ出来事でも，海外と日本では報道のされ方が異なっていたり，論点や着眼点が異なっていたりすることを理解できます。このように海外の視点を学ぶことは，「異文化コミュニケーション」というより大きな目的にもつながります。また，こうした活動に個人だけでなく協同で取り組むことで[▷5]，多様な意見を学習者間で共有することも可能となります。

　他方，CBI には問題もあります。最大の問題は，言語的な意味で「体系的」な順序で学習内容を提示できないことが多くなってしまう点です。言い換えると，内容に引きずられてしまうことで，「言語カリキュラム」としての体系性を保持することが難しくなってしまいます。

　また，言語の学習に明示的な焦点が当てられない CBI では，学習者が「言語を学んでいる」のか，「内容を学んでいる」のかわからなくなる，という問題が生じえます。CBI では，「内容の理解」という名目が（特に学習者の間で）母語の使用を正当化する場合があります。このような状況もあり，言語の能力が実際に伸びているのかどうか，学習者自身が実感しにくいことがあります。

　さらに，特に正規の専門科目と一緒に行われる「付随的」（adjunct）な CBI[▷6]では，言語教員が専門教員の下位に置かれ，専門の授業の準備をする「お手伝い」として扱われてしまうことがあります。このような事態を避けるためには，言語の教員が専門的な内容を選んで主導するようなプログラムを構築することが求められます。

（榎本剛士）

▷5　本書の「協同学習」（52-53頁）を参照。

▷6　あるテーマやトピックに沿ったもの（theme-based）や，特定の学習者グループだけを分離して行うもの（sheltered）もあります。また，CBI は，第二言語や外国語で専門分野を学ぶ力をつける目的で，高等教育で多く用いられます。Brinton, Snow & Wesche（1989）を参照。

（おすすめ文献）

Brinton, D., Snow, M. A. & Wesche, M.（1989）. *Content-based second language instruction*. Newbury House.
Lyster, R.（2017）. *Content-based language teaching*. Routledge.
Richards, J. C. & Rodgers, T. S.（2014）. *Approaches and methods in language teaching*（3rd ed.）. Cambridge University Press.

Ⅱ　近年の外国語教授法

3　内容と言語統合学習（CLIL）

1　CLIL とは？

　CLIL（Content and Language Integrated Learning）には，「内容と言語両方の学びと教育のために付加言語が使用されるような，二重に焦点化された教育的アプローチ」という定義があります。手触りを得るために英語でも示すと，"a dual-focused educational approach in which an additional language is used for the learning and teaching of both content *and* language" となります[1]。

　"Additional" という言葉に注目してください。「外国語」でもなく，「第二言語」でもありません。ここに，CLIL の言語観が表れていると言えます。つまり，「外国語」とした場合，それは「国民国家」の枠組みを前提としていることになります。また，「第二言語」とすれば，必然的に，「第一，第二，第三，……」といった形で，順番がついてしまいます。このような言語観を避け，かつ，言語と内容の「融合」を目指すところに，CLIL の大きな特徴があります。

2　CLIL と CEFR との関係，「内容重視アプローチ」との違い

　上記のような，「国民国家」の枠組みを超え，言語に序列や順番をつけることをしない言語観は，CEFR の言語観と軌を一にします[2]。それもそのはず，CLIL はヨーロッパ発祥です。

　また，CLIL には「草の根」的な側面もあります。1995年に欧州評議会が定めた「母語＋二言語」を原則とする「ヨーロッパ市民」の育成を目指して，スペイン，イタリア，ドイツ，オランダ，オーストリアなどのヨーロッパ諸国に急速に広まっていったのが CLIL です（教員は必ずしも，「付加言語」の母語話者で（ある必要）はありません）。また，CEFR と密接に関わっている CLIL の基盤には当然，「複言語・複文化主義」があります。そのため，CLIL は極めて柔軟であるとともに，CEFR に見られるような，（社会）理念から実践，評価までの体系性を備えています。

　この点で，CLIL は「内容重視アプローチ」とは大きく異なります[3]。北米で生まれた「内容重視アプローチ」は，「第二言語習得（SLA）」の分野の研究成果をベースとし，学習者が「内容を学びながら言語を習得する」ことを想定しています。他方，CLIL では，内容の学習に資する言語能力の育成ではなく，「内容」と「言語」が不可分に結びついた「言語学習」が目指されます。した

▷1　Coyle, D., Hood, P. & Marsh, D.（2010）. *CLIL: Content and language integrated learning.* Cambridge University Press.

▷2　本書の第 3 部Ⅲ-④～⑦（62-69頁）を参照。

▷3　前項の「内容重視アプローチ」を参照。

がって，後者は前者に従属せず，両者の割合は「1：1」となります。

3　四つのC

CLILは，言語教育として，また，内容の教育として「全く新しい」というわけではありません。では，何が新しいのかというと，

図1　CLILにおける「3種類の言語」
出典：Coyle, D., Hood, P. & Marsh, D. (2010). *CLIL: Content and language integrated learning*. Cambridge University Press. p. 36 をもとに作成。

図2　三つのCをとり巻く「文化」のC
出典：Coyle, Hood, & Marsh（2010: 41）をもとに作成。

言語と内容を融合させる際のやり方です。そこで鍵となるのが，「内容」（Content），「コミュニケーション」（Communication），「思考」（Cognition），「文化」（Culture）の「四つのC」です。

「内容」は，文字どおり，新しく得られる知識やスキルのことです。

「コミュニケーション」では，図1のとおり，「学習の（of）言語」「学習のための（for）言語」「学習を通じた（through）言語」という3種類の言語が設定されています。「学習の言語」は，「内容」に直接結びつく言語，「学習のための言語」は，資料の読みこなし方，ノートのとり方，ディスカッションのやり方など，学習に必要な言語のことを指します。そして，「学習を通じた言語」は，「学習の言語」と「学習のための言語」を往還することで生まれてくる（発展的な）言語として位置付けられます[4]。

「思考」については，ブルーム（Bloom, B.）による思考の分類が援用され，「HOTS[5]」と「LOTS[6]」という形で表されます。高次思考力である「HOTS」には，創造，評価，分析が，低次思考力である「LOTS」には，応用，理解，記憶が含まれます。創造から記憶まで，これらの思考力は上記の順でピラミッド型の階層をなしています[7]。

そして「文化」ですが，図2のとおり，この「C」がその他の「C」をとり巻いていることに注意してください。このことは，内容，コミュニケーション，思考は常に，社会・文化的なコンテクストの中で相互作用することを意味しています。「文化」の側面では，「異文化への気づき」（intercultural awareness）を深めることが目指され，そのような気づきは，教室内・外における多様な他者とのコミュニケーションを通じた，学びや思考を通じて育まれます。

さらに，CLILは，目的，頻度，1回の授業における割合，使用する言語といった側面について，「グラデーション」を許容します。その意味で，CLILは「少しずつ取り入れる」こともしやすいアプローチでしょう。　（榎本剛士）

▷4　渡部良典・池田真・和泉伸一（2011）『CLIL（内容言語統合型学習）——上智大学外国語教育の新たなる挑戦 第1巻 原理と方法』上智大学出版。

▷5　Higher-order Thinking Skills の略。

▷6　Lower-order Thinking Skills の略。

▷7　このような構造は，活動の適切な段階をデザインする際に役立ちます。

（おすすめ文献）

Coyle, D., Hood, P. & Marsh, D. (2010). *CLIL: Content and language integrated learning*. Cambridge University Press.
笹島茂編著（2011）『新しい発想の授業——理科や歴史を外国語で教える？』三修社。
渡部良典・池田真・和泉伸一（2011）『CLIL（内容言語統合型学習）——上智大学外国語教育の新たなる挑戦 第1巻 原理と方法』上智大学出版。

Ⅱ　近年の外国語教授法

 4　協同学習

1　「グループ学習」と「協同学習」は似て非なるもの

　はじめに明確にしておきます。「グループ学習が協同学習」ではありません。「協同学習」（cooperative learning）において大切なのは，学習の根底にいつも「協同」の原理を据える，という「考え方」です。

　つまり，主体的で自律的な学びの構え，確かで幅広い知的習得，仲間とともに課題解決に向かうことのできる対人技能，さらには，他者を尊重する民主的な態度といった，子供が「学力」を効果的に身につけていくための「基本的な考え方」を練り，それを実現するための様々な工夫を原理から考えていく「実践的な学習指導理論」こそが「協同学習」です。[1]

2　様々な「転換」

　「協同学習」は，17世紀以来の「産業社会」から「知識基盤社会」への移行，という時代の流れの中に位置付けられます。対面型の「一斉授業」は，画一的な大量生産を特徴とする「産業社会」を支える人材を育てる教育によく合致していました。他方，「知識基盤社会」が求める，高度な知識，多様な背景をもつ人々とのコミュニケーション能力，創造的な思考力，問題を発見する力を育てる教育は，従来型の「一斉授業」では達成することが困難です。このような社会的状況の下で，全く異なる学びのスタイルとしての「協同学習」が注目されるようになりました。[2]

　こうした時代の流れと，それが要請する教育・学びのスタイルの転換に呼応して，様々な「観」の転換が起きています。例えば，「教員主導」から「子供主導」への「指導観」の転換，「能力や知識が欠如している子供」から，「自らの成長を願い，それを目指して動き出すエネルギーをもった子供」への「子供観」の転換，「人間関係志向的集団」から「課題解決志向的集団」への「集団観」の転換，そして，「教える」から「学びを支援する」への「教員の仕事観」の転換です。[3]

　このような転換への対応について感じる心理的，技術的負担は，教員としての自己形成を始めた時期によって異なるでしょう。しかし，特に今の現役教員やこれから教員を目指す者にとって，これらの転換は「要請」というよりもむしろ，「前提」となっていくと思われます。

▷1　日本協同教育学会編（2019）『日本の協同学習』ナカニシヤ出版を参照。また，協同学習の基盤ともなっているヴィゴツキーの学習理論については，津田ひろみ（2013）『学習者の自律を目指す協同学習——中学校英語授業における実践と分析』ひつじ書房などを参照。

▷2　江利川春雄（2012）『協同学習を取り入れた英語授業のすすめ』大修館書店を参照。この本には，授業での実践例も豊富に盛り込まれています。

▷3　▷1に同じ。

③ 教員と協同学習

協同学習において，「協同」するのは子供たちだけでよいのでしょうか。協同学習を行うためには，教員自身が常に学び，力量を上げ続ける必要がありますが，そのような学びを孤独な状態で行うことは大変難しく，厳しいものです。

協同学習では，子供だけでなく，「教員の協同」も重要とされています。教員の協同学習は，課題意識と高め合いの意欲を共有し，団結して実践にあたるための環境を教員自身が，教員自身のために準備することでもあり，そのこと自体が，子供の有意義な学びにつながります[4]。また，子供たち，そして，教員が学び育ち合う場所としての開かれた学校は，学校の教育活動への参加を通じて保護者や市民が学び育ち合う，「公共的」な場ともなります[5]。

④ 実践に向けての留意点

ここで，「アクティブ・ラーニング」との関係を踏まえながら，実践に向けたいくつかの留意点を簡潔に示しておきます。

文部科学省によれば，アクティブ・ラーニングとは「教員による一方向的な講義形式の教育とは異なり，学修者の能動的な学修への参加を取り入れた教授・学習法の総称」で，具体的な方法としては，「発見学習，問題解決学習，体験学習，調査学習等が含まれるが，教室内でのグループ・ディスカッション，ディベート，グループ・ワーク等も有効」とされています[6]。

「能動性」を重んじる点は，「アクティブ・ラーニング」と「協同学習」に共通しています。しかし，後者で特に重視されている点で，前者ではあまり前面に出ていないことがあります。それは，「多様性」です。協同学習においては，特定の科目が得意な子供も，苦手な子供も，ともに助け合うことで生まれる学びに価値が置かれるため，個々がもち寄る多様な視点が極めて重要となります。

このことから，協同学習には1グループあたりの適切な構成と人数があり，「学力レベルや認知特性の異なる男女混合の4人」が理想とされています。5人以上では，リーダー的な子供と依存的な子供が出やすくなり，逆に3人以下の場合，議論が低調となり，多様性が失われやすくなりがちです。また，「ジグソー」などの方法を通じて，一人ひとりの責任を明確化することで，集団への依存的な態度（「ただ乗り」）ではなく，「自分が仲間のために役に立っている」という自覚も芽生えます[7]。

協同学習を取り入れる際は，教員自身が，「やらされている」感覚で「ハウツー」ばかりに気をとられないようにすることが大切です。そのためには，上述のとおり，そもそも「学び」とは能動的で，協同的なものである，という根本的な「学び観」を教員自身がもち，「理論」と「実践」の往還を繰り返すことが求められます[8]。

（榎本剛士）

▷4 杉江修治編著(2016)『協同学習がつくるアクティブ・ラーニング』明治図書出版。

▷5 佐藤学 (2012)『学校改革の哲学』東京大学出版会。

▷6 文部科学省 (2012)「新たな未来を築くための大学教育の質的転換に向けて〜生涯学び続け，主体的に考える力を育成する大学へ〜（答申）用語集」。https://www.mext.go.jp/component/b_menu/shingi/toushin/__icsFiles/afieldfile/2012/10/04/1325048_3.pdf

▷7 さらに，グループがなるべく固定化することのないよう，配慮が必要です。江利川春雄 (2012) を参照。本書の「学習者の個人差」の❸ (157頁) も参照。

▷8 本書の「理論と実践」(6-7頁) を参照。

（おすすめ文献）
江利川春雄 (2012)『協同学習を取り入れた英語授業のすすめ』大修館書店。
根岸恒雄 (2019)『英語授業・全校での協同学習のすすめ──「主体的・対話的で深い学び」をめざして』高文研。
日本協同教育学会編(2019)『日本の協同学習』ナカニシヤ出版。

Ⅱ　近年の外国語教授法

言語教育における通訳翻訳の役割

▷1　本書の「直接法」（40-41頁）を参照。

▷2　本書の「文法訳読法」（38-39頁）を参照。

▷3　ベルリッツは，1878年に米国でBerliz Language Schoolsを開校しました。

▷4　本書の「学校英語教育改革への動き」（98-99頁）を参照。

▷5　本書の「コミュニカティブ・アプローチ」（46-47頁）を参照。

▷6　本書の「『形成』への焦点化(2)」（146-147頁）を参照。

▷7　山田優（2015）「外国語教育における『翻訳』の再考──メタ言語能力としての翻訳規範」『関西大学外国語学部紀要』(13)，108-128頁。本書の「AIと英語教育」（162-163頁）を参照。

▷8　Malmkjaer, Kirsten (Ed.) (1998). *Translation and language teaching: Language teaching and translation*. St. Jerome.

▷9　Cook, Guy. (2010). *Translation in language teaching: An argument for reassessment*. Oxford University Press.

1　文法訳読法の排斥

　最近の英語教育は，目標言語だけで教える直接法（Direct Method）に回帰している感があります。文法訳読法（Grammar-Translation Method）による外国語教育は，ヨーロッパでも19世紀には主流となっていましたが，文法規則を覚えて訳して学ぶのでは話せるようにならないと批判が高まり，「話しことば」を優位に置くReform Movement（外国語教育改革）が19世紀末のヨーロッパで始まりました。言語学者のベルリッツ（Berliz, M.）は，目標言語のみを使用して日常会話を中心に指導する直接法を外国語専門学校で採用し，世界的に普及させました。

　日本も例外ではなく，1980年代後半から「読んで訳す」指導法では英語を使えるようにならない，話せるようにならない，との臨時教育審議会提言以来，「会話重視」の英語教育政策が続きました。英語の「授業は英語で行うことを基本とする」ことが高等学校学習指導要領に明記され，2020年度からの新学習指導要領では，中学校の英語授業も英語で行われることが基本となりました。

　しかし，文法知識を体系的に教えず，訳すことをさせない英語教育の結果，学習者がまとまった英文を読めない状況が顕著となっています。コミュニカティブ・アプローチでは母語使用を禁じているわけではないものの，文法的正確性よりは，下手でも話すことを奨励する指導法の欠点が顕在化しており，文法や音韻の知識にどう焦点を合わせるか（Focus on Form）は各国で課題とされています。

2　TILT（Translation in Language Teaching）

　そこで，改めて注目されているのが，翻訳を外国語教育に取り込む指導法です。ただし，翻訳と言語教育についてまとめた研究書は，「翻訳」をどう外国語教育に生かすかという視点でしたし，2010年のクック（Cook, G.）も同様でした。TILTという用語を使ったのはクックですが，Translation in Language Teachingの略語であると説明し，teaching（指導）にはlearning（学習）も含まれるとしています。

　クックは特にtranslationの定義付けをしていませんが，英語のtranslationには狭義の「翻訳」（書記言語を訳すこと）を指す場合もありますし，通訳（interpreting）も含む広義の意味もあります。

　最近では，通訳を含むことを明示的にするため，呼称は TILT のまま，Translation and Interpreting in Language Teaching を意味するとの考えも増えてきています。本書では，通訳と翻訳の両方を外国語教育に取り込むという意味で TILT を使います。

③ 通訳や翻訳はなぜ外国語（英語）教育に役立つのか

　コミュニケーションに使える英語を指導しようとする際に，日本語に訳させることに罪の意識を抱く英語教員は少なくありません。学習指導要領で「授業は英語で行うことを基本とする」とされている方針に反してしまうという理由もあるでしょうし，生徒が日本語ばかり使うようになってしまうという懸念もありそうです。

　その意味では，「翻訳」とは，英語から日本語に訳すこと，との思い込みを変え，日本語を英語に訳させてみる活動がありえます。最初から英語で書いてみる英作文もよいのですが，ときには日本語で書いてみて，それを英訳するという作業も言語活動の幅を広げます。難しい作文を訳させる必要はなく，例えば Twitter への投稿をまずは日本語で書いてみて，それを英訳してみるなどは，字数も少ないですし，SNS（social media）世代は喜んで取り組むはずです。しかもツイート（tweet）というのは一昔前の手紙と違い，まさに「やりとり」（相互行為：interaction）そのもので，「書くことによる対話」ですので，会話調です。英語で投稿を書いたら，今度はそれを英語で言ってみる練習も可能です。

　短いとはいえ，英語で書いたり話したりのやりとりとなれば，主語を何にするか，どういう動詞を使うか，時制は現在か過去か，日本語でこれを言うには英語でどういう単語を選んだらよいのか。和英辞書を調べてみることにもなります。

　それはまさに，母語（日本語）と外国語（英語）との間を往復しながら，両言語の差異や溝に気づくことになります。自分が日本語で主張したいことを適切に表現してくれる英語が見つからない，見つかった訳語は日本語と完全に同じ意味ではない，「等価」（equivalent）ではない，となったときに，異言語との格闘が始まります。やがてより深い内容のパラグラフを英語から日本語，日本語から英語へ通訳したり翻訳したりまで進むと，言語についての意識はさらに磨かれるでしょう。

　英語という外国語を学ぶのは，会話の定型文を暗記してペアで練習するだけでは力がつきません。何を主張したいのかの「内容」を英語でどう表現するのか，理解するのか。状況や文化のコンテクストを参照しながら，予測（anticipation），推測（inference）などのコミュニケーション方略[10]を駆使して相互の意図を読みとるためには，通訳や翻訳という言語活動を試してみることが極めて有効です。

(鳥飼玖美子)

▷10　本書の「学習方略と自律性」（30-31頁）を参照。

【おすすめ文献】

Cook, Guy. (2010). *Translation in language teaching: An argument for reassessment*. Oxford University Press.

斎藤兆史監修／北和丈訳 (2012)『英語教育と「訳」の効用』研究社。

阿部公彦・沼野充義・納富信留・大西克也・安藤宏／東京大学文学部広報委員会編 (2020)『ことばの危機——大学入試改革・教育政策を問う』集英社。

Ⅲ　「4技能」から「7技能」へ

「4技能」とは何か

 4技能の分類

　英語教育で「4技能」といえば，大学入試改革で民間試験導入の際に大きな注目を浴びた語です。「聞く」「話す」「読む」「書く」の四つの技能の総称語ですが，「話すこと」一つとってみても，どのように評価すべきか難しい側面があり，「4技能」を単純に統合／評価できるという「思い込み」が一般に流布しているようなので，しっかりと捉え直しておく必要があります。▷1

　もともとは1950年代から1960年代に隆盛を極めたオーディオリンガル・メソッドと呼ばれる教授法によって区分けされた概念です。▷2 オーディオリンガル・メソッドは言語学習の対象を音の最小単位である音素（phoneme）の聴解（リスニング）から始めて，発音・発声（スピーキング）へ，読解（リーディング）へ，書記（ライティング）へという段階的な学習によって進められるのが特徴です。学習指導要領を見れば明らかですが，四つの技能が並べられるときは，必ず「聞く→話す→読む→書く」の順番になっています。ちなみに「国語教育」では言語学習を「聞く・話す」「読む」「書く」の3技能で捉えます。「聞く・話す」を統合する理由は，赤ちゃんが母語を獲得するときの順序と関連しており，「国語教育」を行う場合，母語である日本語の「聞く・話す」は小学校入学前に，ある程度，自然にできるものという前提があるからです。外国語の「4技能」の順序付けは，母語と同じように学習したほうが効果的とする暗黙の前提があります。その意味において「4技能」の前提的な概念は，現代においてもなお，ある程度の影響力をもっていると考えられます。

② 「4技能」の限界

　「4技能」のカテゴリー化と順序付けは，外国語学習の過程を単純化させたわかりやすい見方ですが，1970年代以降，オーディリンガル・メソッドの限界が露わになります。オーディリンガル・メソッドの代表として，「パターン・プラクティス」という教え方があります。人間の耳，口，目，手を個々別々の媒体と見なし，文中の語句を置き換えたり，平叙文を疑問文に転換したりする機械的な反復ドリル練習が特徴です。この方法では，現実世界の状況を遮断した教室空間ではうまくいっても，教室外で実際に起こる予測不能のコミュニケーション（相互行為）では，様々な予期せぬ状況にうまく適応できない

▷1　大学入試改革の検討の際には，「4技能」という言葉について詳細な議論や検討が行われず，いわばこの用語が一人歩きすることで「錦の御旗」として機能し，改革論者によって「正しいこと」という前提意識の下で連呼されました。しかし，入試を受ける高校生側からそのような空理空論を信じ込む危険性が指摘され異議が唱えられました。詳細は，鳥飼玖美子（2020）『10代と語る英語教育──民間試験導入延期までの道のり』筑摩書房を参照。

▷2　本書の「オーディオリンガル・メソッド」（42-43頁）を参照。

▷3　オーディリンガル・メソッド（AM）とコミュニカティブ・アプローチに関する細かな比較表は，Brown, H. D. (2000). *Principles of language learning and teaching* (4th edition). Longman. p. 45 を参照。

▷4　望月昭彦・印南洋・小泉利恵・深澤真（2015）『英語4技能評価の理論と実践──CAN-DO・観点

という批判にさらされました。各技能を切り離した学習だけでは，音と文の構造だけに焦点化したり，学習者を機械のように扱ったり，単調なトレーニングによる訓練が強調されがちで，言語学習は成功しないことがわかったのです。

1980年代以降，このメソッドはコミュニケーションを重視する教授法に取って代わられました。学習者の主体性や特性と，相手とのやり取りを重視して，現実に近い状況を教室の中で再現する「コミュニカティブ・アプローチ」です[43]。これ以降，英語教育における「4技能」という概念も，言語が使用される実際の場面や使用者を想定しつつ，コミュニケーションを通して指導するという思潮に転換しました。現代では，学習者が読んだ内容について考えを書くとか，聞いた内容について相手と話し合うなど，それぞれの技能を有機的に統合しようとする流れが主流になっています[44]。ただし，各技能をつなげるという意味でのコミュニケーション指導であって，社会文化や権力関係など実際に起こる複雑なコミュニケーションに迫る理解と指導ができているわけではありません[45]。

③ これからの4技能の在り方を考える

これからの「4技能」の在り方を考えた場合，これまでの研究や実践で蓄積されてきた各技能についての成果を生かすことが，まずは必要でしょう。例えば「4技能」の中で最後に位置する，もっとも習得が難しいとされる「書く（ライティング）」を例に挙げてみます。コミュニケーションと銘打ったライティングの中学校・高等学校の教材を見てみると，中には「オーディオリンガル・メソッド」のような旧来の枠組みで，文法シラバス中心の指導の問題集が散見されるのも事実です（Controlled-to-Free Approach）[46]。もちろん，書くときに文構造を理解していなければ意味や意図が正しく読み手に伝わらないので，それ自体は間違った指導とは言えないかもしれません。

しかし，これまでのライティングの研究・実践の蓄積を理解しておくことで，より適切な指導が可能となります。ライティングの分野では，1960年代から1970年代半ばまでは正確な文章をつくろうとする形式主義が中心で，1980年代後半までは内容やプロセスを重視する表現主義，現代まではジャンルを重視する読み手主義へと変化してきています[47]。特に，新聞，報告書，広告，論文，辞書，手紙，詩，批評，小説などの書き言葉は，「ジャンル」によって文体が大きく左右されます。ライティング一つにも様々な教え方や内容があります。限られた授業時間で「4技能」の活動を詰め込むと，表面的なことしか扱えません。単文をいくつか書いて終わりだと，思考力や表現力も身につきません。逆に，学期末に多くの授業時数をライティングに配分して，重点的な指導をするのも一つです。例として，ジャンルと文体の分析，トピックと発想の選定，下書き，友人との読みあい，推敲と清書などが考えられます[48]。他者と学びを深めながら，それぞれの技能を高めることが重要です。　　　　　（綾部保志）

別評価から技能統合的活動の評価まで』大修館書店。
▷5　文法や語用を含む社会文化コミュニケーションの理論については，綾部保志・小山亘（2009）「社会文化コミュニケーション，文法，英語教育——現代言語人類学と記号論の射程」綾部保志編著『言語人類学から見た英語教育』ひつじ書房，9-85頁。
▷6　Controlled-to-Free Approach とは，オーディオリンガル・メソッドによる書くことの教え方で，単文による文法の習得から始めて，徐々に複文，まとまりのある段落，という具合に厳格に管理しながら文法の正確さと文構造を体系的に身につけさせる特徴をもちます。
▷7　詳細は，大井恭子（2003）「ライティング」『応用言語学辞典』研究社，70頁を参照。
▷8　綾部保志（2017）「中学3年生による英詩ライティングの授業実践——言語芸術，詩的機能，創作作品」『研究報告 No. 91自律した学習者を育てる英語教育の探求——小中高大を接続することばの教育として』68-90頁。

おすすめ文献

大井恭子編／田畑光義・松井孝志（2008）『パラグラフ・ライティング指導入門——中高での効果的なライティング指導のために』大修館書店。
堀正広（2019）『はじめての英語文体論——英語の流儀を学ぶ』大修館書店。
橋内武（1999）『ディスコース——談話の織りなす世界』くろしお出版。

Ⅲ　「4技能」から「7技能」へ

 「4技能」の総合的な指導

▷1　前項の「『4技能』とは何か」を参照。
▷2　『大辞林（第三版）』（三省堂）による。
▷3　「五つの領域」とは，CEFRを参考に設定された「聞くこと」「読むこと」「話すこと［やり取り］」「話すこと［発表］」「書くこと」のことです。「4技能」という用語は学習指導要領からは消えていますが，本項では一般に定着している「4技能」という用語を使うことにします。なお，学習指導要領ではCEFRを「国際基準」としていますが，CEFR増補版には「国際基準ではない」と明記されています。
▷4　文部科学省（2018）『高等学校学習指導要領（平成30年告示）解説　外国語編・英語編』を参照。『中学校学習指導要領（平成29年告示）解説　外国語編』には「複数の領域を効果的に関連付ける統合的な言語活動を十分視野に入れたもの」とあります。
▷5　文部科学省「平成30年改訂の高等学校学習指導要領に関するQ&A」による（https://www.mext.go.jp/content/1422433_001.pdf）。
▷6　久保田竜子（2019）「言語教育政策における『コミュニケーション』を考える」佐藤慎司編『コミ

1 総合的な指導の必要性

　「聞く」「話す」「読む」「書く」という「4技能」の指導では，「総合的に行う」という視点が大切です。「総合」とは「ばらばらのものを一つにまとめあげること」ですから，「4技能」の指導を満遍なく行うだけでなく，それらを分断することなく有機的に結びつけて指導することが求められます。

　文部科学省は高等学校の学習指導要領に「五つの領域を統合的な言語活動を通して総合的に指導する」（下線は筆者による）と明記していますが，大学入学共通テストで「4技能」を別々に測定しようとするなど，「総合的な指導」を目指すことにはなっていないのが現状です。「授業では依然として『話すこと』，『書くこと』などの言語活動が適切に行われていないこと，『やり取り』や『即興性』を意識した言語活動が十分ではないこと，読んだことについて意見を述べ合うなど複数の領域を結びつけた言語活動が適切に行われていない」ことを文部科学省は課題と捉えていますが，実際には「統合的な言語活動」や「総合的な指導」よりも，「話すこと」「書くこと」の比重を高めることが求められているようです。

　また，学習指導要領では，英語の目標を「言語活動を通してコミュニケーションを図る資質・能力を育成する」こととしていますが，「コミュニケーションを図る資質・能力の育成」は「4技能の育成」だけではないことも認識しなければなりません。「コミュニケーション」は柔軟に働き多様な特徴のあるものであり，予測可能で測定可能な技術の枠にはめることで育成できるものではないのです。

2 総合的な指導とは

　実際の言語活動の場面を思い描いてみると，「話す」と「聞く」は日常的に重なり合っていますし，「読む」ことで得た知識を誰かに「話す」こともあります。SNS上では「書く」という行為が頻繁に行われ，それを「読む」人が存在し，さらに「書く」という行為につながっています。このように，人間の言語活動は複数の「技能」が絡み合うものです。そこには，語学力だけでなく，伝えよう・理解しようとする姿勢や，積極的にコミュニケーションを成立させようとする努力が必要です。「4技能」の表面的な側面だけに目を向けるので

はなく，コミュニケーション力を「総合的」に捉えて，その力を育成する言語活動を授業に取り入れたいものです。

　ただし，英語学習の目的は実際の言語活動の場面に対応できるようにすることだけではありません。「読んで理解する」「聞いて楽しむ」「批判的に考える」というような活動も積極的に取り入れることが大切です。このような活動は分離されたものではなく，コミュニケーション力につながるものなのです。

　また，阿部公彦が「『四技能は均等にやらねばならぬ！』という均等幻想」[7]と言うように，「総合的な指導」を「均等的な指導」と捉えている教育関係者は少なくないようです。全ての言語活動で「4技能」が均等に必要なわけではありませんし，全ての生徒が「4技能」を均等に習得できるわけでもありません。CEFRが「部分的な言語能力」を認めているのですから[8]，生徒の個々の能力や関心，個性に合うような指導も必要です。

③　統合的な言語活動と総合的な指導の実践

　では，授業に取り入れる具体的な言語活動を考えてみましょう。
　(1)　「読む」：与えられたテキストを読んで情報をつかむ。
　(2)　「書く」：関連する情報を検索し，自分の考えをまとめる。
　(3)　「話す［発表］」：グループで自分の考えを発表する。
　(4)　「聞く」：ほかの生徒はメモをとりながら発表を聞く。
　(5)　「話す［やり取り］」：質疑応答をしたり，グループで話し合ったりする。
　このような流れにすると，「4技能5領域」を扱う一連の授業を展開することができます。もちろん，全部をやらなければならないわけではなく，授業時間や生徒の英語力によって，途中までででも途中からでも自由に組み立てることができます。このような言語活動を行う際には，生徒が積極的に取り組むことができるような題材を選ぶことも不可欠です。また，「4技能」統合の言語活動を授業で可能にするためには，反転授業や[9]，学年をまたいだ教科書の再使用，教科間の連携（例えば「国語」と「英語」，「社会」と「英語」），高等学校では科目間の連携も検討する必要があります。

　授業で言語活動を行う際は，多くの生徒が英語で発表したり，討論したりすることに消極的な傾向があることも考慮しなければなりません[10]。やりたくない生徒はやらなくてよいのではなく，協同学習などを取り入れながら[11]，英語嫌いを増やさないようにする工夫も必要です。

　英語教育では，生徒一人ひとりの個性を伸ばす指導をしなければなりません。また，英語学習が「4技能」の習得だけを目標とするものではないことも，英語教員は認識する必要があります。コミュニケーション能力や異文化理解，幅広い知識と高い見識など，言語教育では育成すべき様々な側面があるのです。

（鈴木希明）

ュニケーションとは何か──ポスト・コミュニカティブ・アプローチ』くろしお出版を参照。本書の『コミュニケーション能力』とは何か」（4-5頁）も参照。

▷7　阿部公彦（2020）「『すばらしい英語学習』の落とし穴」『現代思想』4月号，青土社，85-93頁。
▷8　「部分的な言語能力」とは「偏った言語能力」ではありません。不得意な分野をしなくてもよいというわけではないのです。

▷9　「反転授業」とは，授業として従来行われていた内容を，映像教材などを用いて自宅で学習し，自宅で宿題として行われていた演習を教室で行う教育形態のことです。
▷10　「中学2年生の外国語科に対する意識」調査では，「英語の授業でもっとしてみたいこと」で「スピーチやプレゼンテーション」と回答した生徒は8.7％，「ディベートやディスカッション」と回答した生徒は6.4％でした（文部科学省「平成26年度　小学校外国語活動実施状況調査結果」による）。
▷11　本書の「協同学習」（52-53頁）を参照。

おすすめ文献

鳥飼玖美子・斎藤兆史（2020）『迷える英語好きたちへ』集英社インターナショナル。
佐藤慎司編（2019）『コミュニケーションとは何か──ポスト・コミュニカティブ・アプローチ』くろしお出版。

Ⅲ 「4技能」から「7技能」へ

③ 評価，測定，テスト作成

▷1 2017（平成29）年（高等学校は翌年）の学習指導要領改訂を受けて，3観点の評価となりました。学校教育法第30条第2項には「生涯にわたり学習する基盤が培われるよう，基礎的な知識及び技能を習得させるとともに，これらを活用して課題を解決するために必要な思考力，判断力，表現力その他の能力をはぐくみ，主体的に学習に取り組む態度を養うことに，特に意を用いなければならない」とあります。

▷2 「観点別学習状況の評価」はA〜Cの3段階で行われ，それをもとに「評定」を出します。「評定」は，小学校第3学年以上は3〜1の3段階，中学校・高等学校は5〜1の5段階です。「評定」は，小・中学校では相対評価，高等学校では絶対評価で長らく行われていましたが，現在では小・中学校も絶対評価になっています。

▷3 「計画，実践，評価」という一連の活動を繰り返しながら指導を展開し，評価を指導の改善に生かすという考えです。

▷4 生徒のその時点での能力を測るのは「熟達度テスト」（proficiency test）です。

▷5 「学習評価」に関しては，国立教育政策研究所『学習評価の在り方ハンド

1 指導と評価

　学校教育で英語の授業を行う以上，児童生徒（以下，生徒）の学習状況を評価しないわけにはいきません。教員は生徒の学習状況を「知識・技能」「思考・判断・表現」「主体的に学習に取り組む態度」という観点別に「評価」し，それによって「評定」を出すことになっているからです。文部科学省は学習指導要領で「指導と評価の一体化」を強調していますが，思考や判断，主体性をどのように評価すればよいのか，教員にとっては難しい課題となっています。

　生徒の「知識・技能」を評価する際には，生徒の能力を測定し数量化する必要があります。この場合の測定には，学習によって何が身についたのかを測る「到達度テスト」（achievement test）が使われます。

　学習評価は生徒が学校で最も気にするものの一つですから，慎重かつ公正に行わなければなりません。評価には説明可能な透明性が求められます。なぜその評価になったのかを生徒が納得できるようにすることが必要です。

　評価が生徒への一方通行の「通知」ではないことも忘れてはいけません。教員が生徒の学習状況を把握することで自らの授業を振り返り，指導の改善を図るのも「評価」の一環なのです。

2 形成的評価と総括的評価

　評価には，指導の途中で生徒の学習状況を把握するために継続的に行われる「形成的評価」と，指導が終了した時点で行われる「総括的評価」があります。英語の指導における「形成的評価」は，小テスト，ライティング課題，スピーチなどのパフォーマンス，授業時の言語活動などへの評価で，フィードバックを通して生徒に学習の状況を示し，学習の指針を与えることができます。教員にとっても，生徒の学習の進捗状況を把握することで授業デザインを再検討できるようになります。また，学習を通して何ができるようになったのかを生徒が自己評価するCAN-DOリストも生徒の学習状況把握に使うことができます。

　ライティング課題やスピーチのスクリプトなどを「ポートフォリオ」という形でまとめ，形成的評価に使うのも効果的です。指導の過程で生徒の学力がどのように推移しているのかが可視化され，きめ細やかなフィードバックができるようになります。

③ 「4技能」の評価と測定

　学校英語教育では，「4技能の統合的な言語活動を通しての総合的な指導」が謳い文句となっていますが，この方針に沿った指導が行われ，その学習成果が測定できているかどうかというと，そうでもないようです。実際の言語活動が「4技能」の一つだけを使って行われることはあまりありませんから，「聞く」＋「話す」，「読む」＋「話す」，「聞く」＋「書く」のような統合型の言語活動を授業で行う必要があります。そして，そのような活動を評価する仕組みが必要なのです。[9]

　「4技能」のうち，「話すこと」「書くこと」を評価する上で「パフォーマンステスト」は不可欠ですが，中学校では8割以上実施されているのに対し，高等学校での実施は3割程度にとどまっています。[10]これは，大学入試対策の授業が多く行われていることや，「話すこと」「書くこと」を十分に指導できる教員が不足していることが理由と考えられます。

　パフォーマンステストの評価にはどうしても主観が入りますから，「絶対」という基準はありません。それでも，生徒によって評価にぶれがでないように「評価者内信頼性」[11]を意識しなければなりません。また，「分析的評価」にするのか「総合的評価」にするのかも検討する必要があります。「分析的評価」は文法，語彙，流暢さなどの細目ごとに評価する方法で，「総合的評価」は一つの総合的な尺度で評価する方法です。[12]総合的評価の場合は，「ルーブリック」を使用するのが効果的です。ルーブリックは，評価の基準と観点の尺度を数段階に分けて表で示したもので，これにより，「総合的」という曖昧さがなくなり，どのように評価するのかを明示することができます。

④ 授業とテスト

　「授業とテストは，お互いがお互いの良きパートナーであるべき」（ヒューズ，2003）と言われるように，テストは授業で学習したことを適切に問うものでなければなりません。測定したい学力は何か，それを問う適切な問題形式は何かを十分に検討した上でテストを作成します。多肢選択問題の場合は選択肢が適切かどうかを吟味し，記述式問題の場合は生徒の解答を想定しながら何を解答として求めるのかを明確にしておく必要があります。

　テストは，内容的に妥当なものかという「妥当性」（validity）と，測定の結果が安定しているかという「信頼性」（reliability）がなければなりません。また，生徒の能力を識別することができるかという「識別力」（discrimination）も必要です。テストは単に生徒の能力を数量化するだけではありません。授業とテストが結びついて，生徒の学習に役立つものでなければならないのです。

（鈴木希明）

ブック』（小・中学校編，高等学校編）を参照。

▷6　本書の「どうフィードバックを与えるか」（154-155頁）を参照。

▷7　生徒の自己評価ですから，教員が行う学習評価に組み入れることはできません。

▷8　学習者の言語学習記録です。学習目標，学習の進行状況，学習の成果などを記録します。

▷9　TOEFL iBT には技能統合的タスク（integrated tasks）があります。

▷10　文部科学省「英語教育実施状況調査」（平成30年度）による。

▷11　複数の教員で評価する場合は，「評価者間信頼性」も考慮しなければなりません。

▷12　分析的評価のほうが総合的評価よりも信頼性が高い反面，分析的評価は時間とコストがかかるので，総合的評価のほうが実施可能性の面で優れているとされています（Weigle, S. C. (2002). *Assessing writing*. Cambridge University Press.）。

おすすめ文献

望月昭彦・深澤真・印南洋・小泉利恵編著（2015）『英語4技能評価の理論と実践——CAN-DO・観点別評価から技能統合的活動の評価まで』大修館書店。

ヒューズ，A./静哲人訳（2003）『英語のテストはこう作る』研究社。

西岡加名恵・石井英真・田中耕治編（2015）『新しい教育評価入門——人を育てる評価のために』有斐閣。

Ⅲ　「4技能」から「7技能」へ

 4 CEFR（1）：欧州評議会の複言語・複文化主義

 1 欧州評議会は何を目指したのか

「CEFR」（Common European Framework of Reference for Languages：欧州言語共通参照枠）という名前を聞いたことがあっても，実際にそれを手に取ってみたことはありますか。2001年に出された CEFR は，2004年に日本語にも訳されましたが，その目次を開いてみると，第1章が「政治的および教育的背景」に充てられていることにまず気付きます。ここでは，その「第1章」の要点を簡潔におさえます。

ヨーロッパでは，（自らが生んだ「文明」によって）二度もの大戦が引き起こされてしまいました。第二次世界大戦が戦後のヨーロッパに遺した最大の教訓の一つは，異文化理解の地道な努力を忍耐強く続けるほかに，結局，戦争回避の鍵は存在しない，というものでした。この厳しい反省の中から，不戦の共同体を建設する機運が高まりました[1]。

CEFR の基盤にある，「ヨーロッパ統合」という極めて明確な政治的意図は，このような歴史に支えられています。CEFR には，「多様性の中の統合」という EU のモットーのもとで[2]，「『国民』の形成」から「『ヨーロッパ市民』の形成」への移行を目指す，という（言語）教育上の至上命令が課されているのです。

欧州評議会文化協調会議[3]が堅持する原則は，欧州評議会大臣会議勧告文 R（82）18の前文に，以下のように明記されています[4]。

- ・ヨーロッパにおける多様な言語と文化の豊かさは価値のある共通資源であり，保護され，発展させるべきものである。また，その多様性をコミュニケーションの障害物としての存在から，相互の豊饒と相互理解を生む源へと転換させるために，主たる教育上の努力が払われねばならない。

- ・異なった母語を話すヨーロッパ人の間のコミュニケーションと相互対話を容易にし，ヨーロッパ人の移動，相互理解と協力を推進し，偏見と差別をなくすことは，ヨーロッパで使われている現代語をよりよく知ることによってのみ可能になる。

- ・加盟国が現代語の学習と教育の領域で，国家政策を展開・施行するに当たっては，ヨーロッパ全体というレベルでの一致を今まで以上に目指して，政策の協調，協同が進展するように図られたい。

▷1　大谷泰照編集代表・杉谷眞佐子・脇田博文・橋内武・林桂子・三好康子編（2010）『EU の言語教育政策——日本の外国語教育への示唆』くろしお出版。

▷2　英語では "united in diversity" と表されます。

▷3　欧州評議会（Council of Europe）は，1949年に設立された，人権，民主主義，法の支配の分野で国際社会の基準策定を主導する汎欧州の国際機関です。日本も1996年から「オブザーバー国」として参加しています。外務省ウェブサイトを参照。https://www.mofa.go.jp/mofaj/area/ce/index.html

▷4　大臣会議 R（98）6 も参照。

② 複言語・複文化主義とは何か

欧州評議会は，EU の「多言語主義」とは異なる「複言語主義」を標榜しています。

「多言語主義」は，「特定の社会の中で異種の言語が共存していること」として，EU の基本方針となっています。他方，「複言語主義」は，欧州評議会独自の用語で，「母語以外に二つの言語を学ぶ」ことによって相互理解を深める方針を指し，個人の内部に保持され，発展する複数言語を，一つの統一体としてみる考え方（言語観）に基づいています。

また，「複言語主義」は，個人の言語体験に焦点を当てるとともに，「個々人の言語体験は，その文化的背景の中で広がっていくもの」，さらに，「個人の内部に保持され発展する複数言語は，各々が並列的に存在するのではなく，相互関係を築きながら，相互作用のもとに共存しているもの」と考えます。

このように，CEFR は個人の内部に保持される「複言語」に光を当てますが，それは「体験」なくして存在できません。そして，あらゆる「体験」は必ず，コンテクスト，すなわち，「文化的背景」の中で起きます。このことから，CEFR においては，「複言語主義」は同時に「複文化主義」を導くものであり，前者は後者のコンテクストの中でみる必要がある，と理解されています。

③ CEFR の「共通性」について

CEFR は，「文化領域における共通行動を採用」することで，「より大きな統一性をそのメンバー間にもたらす」という欧州評議会の総合目標に奉仕するものとして位置付けられています。このことは，「言語と文化の多様性を守る」という欧州評議会が当初から掲げている原則に反するように見えますが，決してそのようなことはありません。

ここで言われている「共通行動」とは，EU 加盟国間の教育カリキュラムを可能な限り揃えて留学しやすくするなどといった，「境界をとり払う」意味での「共通」行動であり，行動の「標準化」「均一化」ではありません。このようなコンテクストの中で，CEFR は，言語教育のカリキュラムと評価の方法を共通にすることを通じて言語教育の質を高めることを目指し，欧州評議会によって策定されました。

以上から明らかなとおり，歴史の中で育まれた「多様性の中の統合」という理念，及び，「複言語・複文化主義」という言語教育思想を基盤とした CEFR は，「母語話者」をモデルとする言語学習や言語教育とは大きく一線を画します。ここをおさえなければ，CEFR の本質を完全に捉え損ねてしまうだけでなく，「共通参照レベル」と「複言語・複文化主義」を切り離すことの何が問題なのか，全くわからなくなってしまうことに注意しておきましょう。（榎本剛士）

【おすすめ文献】

欧州評議会／吉島茂・大橋理枝ほか訳編（2004）『外国語教育 Ⅱ 外国語学習，教授，評価のためのヨーロッパ共通参照枠』朝日出版社。
西山教行（2010）「複言語・複文化主義の形成と展開」細川英雄・西山教行編『複言語・複文化主義とは何か——ヨーロッパの理念・状況から日本における受容・文脈化へ』くろしお出版，22-34頁。
鳥飼玖美子（2017）「複言語・複文化主義と CFER，そして Can Do」鳥飼玖美子・大津由紀雄・江利川春雄・斎藤兆史『英語だけの外国語教育は失敗する——複言語主義のすすめ』ひつじ書房，22-34頁。

Ⅲ　「4技能」から「7技能」へ

 5　CEFR (2)：2001年版

1 「CEFR」と「共通参照レベル」の区別

　「CEFR」といえば，A1からC2の「共通参照レベル」を想起する人が多いかもしれません。もちろん，それは完全に間違いというわけではありませんが，CEFRと共通参照レベルは，実は異なります。より厳密にいえば，CEFRの中に共通参照レベルがあり，後者は前者の一部です。

　2001年に登場したCEFRは，その題目のとおり，学習，教授，カリキュラム，評価までを射程に収めた，包括的な参照枠です。しかし，単なる共通参照レベルとして捉えてしまうと，そのことがとても見えにくくなってしまいます。また，共通参照レベルをもち運びやすい「表」のように扱ってしまえば，その「レベル分け」だけに焦点が当てられてしまい，それを根底で支えている「複言語・複文化主義」という言語教育思想，そして，その思想を支えている「多様性の中の統合」という政治理念までのつながり・一貫性が極めて想像しにくくなってしまいます。

　CEFRは，「標準化」を目的にしていません。したがって，それが様々な場所で，それぞれの状況に合わせた形で利用されることそのものは，全く問題ないでしょう。しかし，CEFRの一部だけを取り出して，都合のいいように利用する／されることがないよう，注意したいところです。

2 「行動中心」という考え方

　「複言語・複文化主義」を基盤にすると，個々の言語使用者も特定の存在として位置付けられることになります。CEFRでは，言語の使用者と学習者は「社会的に行動する者・社会的存在」として見なされます。これを言い換えるならば，「一定の与えられた条件，特定の環境，また特殊な行動領域の中で，(言語行動とは限定されない)課題 (tasks) を遂行・完成することを要求されている社会の成員」です。

　このような「社会の成員」である言語使用者・学習者は，一般的能力とコミュニケーション能力を保持しており，様々なコンテクスト（的制約）の下で，言語活動に従事し，テクストの産出や受容という言語処理に携わります。生み出されるテクストは生活領域に結びついていて，そこでは，課題の達成を目指し，最も有効と思われる方略が使われます。こうした能力は，当事者が自らの

▷1　前項の「CEFR⑴」を参照。

▷2　英語では"action oriented"と表されます。心理学の「行動主義 (behaviorism)」とは異なりますので，注意してください。本書の「オーディオリンガル・メソッド」(42-43頁)も参照。

▷3　英語では "social agent" と表されます。

▷4　欧州評議会／吉島茂・大橋理枝ほか訳編(2004)『外国語教育Ⅱ 外国語学習，教授，評価のためのヨーロッパ共通参照枠』朝日出版社，第2章を参照。

行為をモニターする中で強化されたり，修正されたりします。このように表される「言語使用と学習の形」を構成する諸要素について，CEFRでは，非常にきめの細かい設定と説明がなされています。

③ 共通参照レベル

2001年版のCEFRでは，共通参照レベルは，「基礎段階の言語使用者」であるA1とA2，「自立した言語使用者」であるB1とB2，そして，「熟達した言語使用者」であるC1とC2，という尺度になっています。そして，それぞれの熟達度について，聞くこと，読むこと（以上，「理解すること」），やりとり，表現（以上，「話すこと」），書くこと（「書くこと」）に関する「能力記述文」が付されています。

レベルについて，いくつか重要な点を挙げておくと，まず，これらのレベルは，教員が学習者を評価するときだけでなく，学習者が「自己評価」する際にも使えるように配慮されています。学習者は自分がどのような「複言語能力」を保持しているのか，自ら確認でき，それが自律的な言語の学習につながります。

そして，共通参照レベルは，その名のとおり，どこでも，どの言語にでも使える共通の参照レベルです。つまり，それが提供しているのは，共通の「尺度」であって，「到達目標」ではありません。

④ 部分的能力と生涯を通じた学習

さらに，CEFRには「部分的能力」を評価する，という大きな特徴があります。たとえ「挨拶」しかできなくても，それは個人の「複言語能力」として積極的に評価されます。ただし，このことは，限定的な習得で満足することを奨励するものではありません。あくまで，コミュニケーションにおいて，複合的な能力の一部として機能する限りにおいて，「部分的能力」を「複言語能力を豊かにする要素」として位置付ける，ということです。

また，家庭，学校，職場など，様々な場所で多様な言語に接する個人の言語体験は流動的であり，文化的にも広がりを見せます。そのため，個人が保持する「複言語・複文化」は常に，生涯を通じて変化します。つまり，CEFRにおいて，個人は生涯一言語使用者・一学習者であり，「複言語・複文化」を育むことは，一生の課題となります。

ここまで，CEFR（2001年度版）についてポイントを絞って解説してきましたが，CEFRにおいては，政治理念，教育理念から，言語観，言語学習観，言語学習者観，そして，具体的な教育実践と評価まで，全てが整合的な関係にあることを理解しておくことが極めて重要です。そうすることで，かなり立体的，包括的，かつ社会的なCEFR像が浮かび上がるだけでなく，自らの思考や実践に何らかの形で取り入れる際にも，幅が大きく広がります。　　（榎本剛士）

▷5　2018年発表の増補版（Companion Volume）では，11レベルに増えています。次項の「CEFR(3)」を参照。

▷6　実際の記述文については，ここでは割愛しますので，ぜひ皆さん自身の目で確かめてください。本書の「CEFR(4)」（68-69頁）も参照。

▷7　鳥飼玖美子（2018）『英語教育の危機』筑摩書房。

おすすめ文献

欧州評議会／吉島茂・大橋理枝ほか訳編（2004）『外国語教育Ⅱ 外国語学習，教授，評価のためのヨーロッパ共通参照枠』朝日出版社。

西山教行（2010）「複言語・複文化主義の形成と展開」細川英雄・西山教行編『複言語・複文化主義とは何か——ヨーロッパの理念・状況から日本における受容・文脈化へ』くろしお出版，22-34頁。

鳥飼玖美子（2017）「複言語・複文化主義とCFER，そしてCan Do」鳥飼玖美子・大津由紀雄・江利川春雄・斎藤兆史『英語だけの外国語教育は失敗する——複言語主義のすすめ』ひつじ書房，22-34頁。

Ⅲ　「4技能」から「7技能」へ

6　CEFR(3)：増補版

① CEFR Companion Volume 2018

　CEFR は2001年に発表となって以来，各国の教育期間で使用され，世界の外国語教育に多大な影響を与えてきました。その後，使ってみての意見を収集して改訂を試みてきましたが，最終的には全面的な改訂ではなく，2001年版の理念と骨子は残したまま，2018年 2 月に Companion Volume を発表しました。当初は改訂ではないというので，「補遺版」などの日本語訳を用いましたが，内容を読んでみると相当な変更が加えられていることから，現在では「増補版」と呼ばれています。

② 「増補版」での変更点

　まず，中心となる「複言語主義」（Plurilingualism）の理念は変わりませんが，「コミュニケーション能力」は「複言語複文化能力」であるとした上で，**「伝統的な 4 技能ではコミュニケーションの複雑な現実を捉えきれない」**と断言し，新たに四つのコミュニケーション様式（four modes of communication）を提案しました。

　　　reception「受容（聞くこと・読むこと）」
　　　production「産出（話すこと・書くこと）」
　　　interaction「相互行為（話すことのやりとり・書くことのやりとり）」
　　　　2001年版では，「話すこと」だけを「産出」と「やりとり」に分けていましたが，増補版では，「書くこと」も別に「やりとり」に加えました。インターネット，メール，SNS（social media）の普及を受け，対話のように打ち返す「書くやりとり」を念頭に入れています。
　　　mediation「仲介」
　　　　2001年版では，翻訳通訳だけに言及していましたが，言語間，テクスト，概念，コミュニケーションなど全ての学びは「仲介」であるとの考えから，大幅に記述を増やしています。
　言語と文化は密接に関係しているので，特に「複文化」と明記していなくても「複言語主義」という際には「文化」も含む，と説明しています。
　次に，2001年版が生まれた当時は，コミュニカティブ・アプローチ（Communicative Language Teaching＝CLT）を参照していたが，今後は CLT から脱却す

▷ 1　2018年 9 月 4 日付け『週刊教育資料』（日本教育新聞社）で鳥飼玖美子が CEFR Companion Volume を初めて紹介した際には「補遺版」を使用。その後，朝日新聞が「増補版」を使い始め，鳥飼も訳語を変更しました。

▷ 2　本書の「コミュニカティブ・アプローチ」（46-47頁）を参照。

ると明言し，CLIL（Content and Language Integrated Learning：内容と言語統合学習）や「協同学習」（cooperative language learning）が CEFR と親和性が高い，としています。

その他，具体的な改善としては以下があります。

(1)　参照レベルの増加（6段階から11段階へ）

これまでの6段階はおおざっぱ過ぎて評価しにくいとの批判を受け，A1の下に「A1以下」（Pre-A1）を新設。A2, B1, B2 には，それぞれ plus レベルを追加することで細分化し，プロ通訳者・翻訳者など言語の専門家を対象にした「C2以上」（Above C2）を加えました。

(2)　能力記述文（Can Do descriptors）から「母語話者」（native speaker）という用語を全て削除し，外国語教育は「理想的な母語話者を目標にしない」ことを明確にしました。

(3)　2001年版の「異文化化能力」（intercultural competence）を「複言語能力」（plurilingual/pluricultural competence）との表現に変更しました。

❸　CEFR は「国際標準」ではない

日本の文部科学省は，CEFR を「国際標準」「国際規格」として扱い，大学入試の各種民間試験の対照表に使おうとしましたが，CEFR（2001）は「共通参照レベルは形式を変え，精度を変えて使ってもよい」と自由な使用を容認し，厳密なものでないことを示唆しています。「増補版」ではさらに進んで，「CEFR は，外国語教育改善のために策定されたものであり，標準化に使うツールではない。調整したり監視する機関はない」と釘を刺しています。

❹　文部科学省 CAN-DO は CEFR の Can Do とは違う

さらに，文部科学省の指導により日本の公立中学校・高等学校では，到達目標設定として CAN-DO リストが使われていますが，CEFR 増補版では，Can Do 記述文（Can Do descriptors）について，「学習の指針を分かりやすくし共有するために策定したものであり」「学習の進捗状況を測定する上で，試験の点数やスコアだけに焦点を当てるより，はるかに微妙な違いを見ることができる」としています。各種の検定・資格試験団体が CEFR レベルと対照付けしているのは，CEFR 本来の意図ではないことが明らかです。　　（鳥飼玖美子）

▷3　本書の「内容と言語統合学習」（50-51頁）を参照。

▷4　本書の「協同学習」（52-53頁）を参照。

▷5　CEFR の「能力記述文」は，Can Do descriptors/statements と記されていますが，文部科学省は独自に使っているので，CAN-DO と表記しています。

（おすすめ文献）
Council of Europe (2018). *CEFR Companion Volume.*
鳥飼玖美子（2021）「大学入学共通テストにおける英語民間試験の導入と CEFR」西山教行・大木充編『CEFR の理念と現実——現実編：教育現場へのインパクト』第8章，くろしお出版（2021年春刊行予定）。
西山教行・大木充編（2021）『CEFR の理念と現実』くろしお出版（2021年春刊行予定）。

Ⅲ　「4技能」から「7技能」へ

 7 **CEFR⑷：能力記述**

▷1　日本の学校現場では「ルーブリック」を使うことが多いようです。

1 CEFR　Companion Volume における言語力表示

　CEFR は増補版においても言語活動とレベル表示によるグリッド（grid）で言語能力（language proficiency）を自己評価・客観評価に用いています。図1は，一つの言語における能力の全体像を示す記述例です。

SPANISH	Pre-A1	A1	A2	A2+	B1	B1+	B2	B2+	C1
Listening comprehension									
Reading comprehension									
Spoken interaction									
Written interaction									
Spoken production									
Written production									
Mediation									

図1　一つの言語における能力の全体像

2 複数の言語における能力

　図2は，いくつかの言語における「リスニングの全体的能力」（a profile across languages for overall listening comprehension）を表示したものです。

	Pre-A1	A1	A2	A2+	B1	B1+	B2	B2+	C1	C2	Above C2
英　語											
ドイツ語											
フランス語											
スペイン語											
イタリア語											

図2　複言語能力の一例：各言語におけるリスニング力のレベル表示

3 「A2レベル」とは？

　日本の大学入試改革で英語民間試験の導入が検討された際に，基準となったのが CEFR A2 レベルでした。CEFR 増補版では，具体的にどのような内容を考えているのでしょうか。能力記述文でみてみます。

　▶聞くこと（会話，講義，アナウンスなどを聞く）

　「ゆっくり，はっきり話してもらえれば具体的なことに対応できるくらいは理解できる」

　▶読むこと（手紙，指示，情報，議論，本などを読む）

　「具体的で身近な内容が日常的に使う言葉で書かれ，短い簡単なテクストなら理解できる」

▶話すこと（体験，情報，意見などを言える）

「人物や周囲の環境，日常的な行動，好き嫌いなどについて簡単な文で言える」

▶書くこと（創作，レポート，エッセイなどを書く）

「簡単な接続詞（and, but, because など）を使って簡単な文章を書ける」

▶やりとり（会話，討論，会議での議論，意見交換，インタビューでの対話など）

「日常的な場面で身近な話題についてなら，質問をしたり答えたりできる」

④ 「話すこと［やりとり］」の内容とは？

日本の英語教育は「英語4技能」育成を目指しており，とりわけ「会話」「対面コミュニケーション」を重視しています。CEFR 増補版では，「話すこと［やりとり］」をどのように捉えているのか，みてみましょう。

仕事で使えるような対話力となるには，A レベルでは不十分で，予測できない事態にも臨機応変に対応するには，B2 の「状況に合わせた丁寧さを使い分けながら自然に対話できる」レベルが必要となるので，相当の努力と経験が求められそうです。

CEFR による言語能力は極めて微細かつ多面的に評価しますので，ここで挙げたのはほんの一例です。欧州評議会の公式ウェブサイト Europa から，EU の公用語全てで無料ダウンロードできますので，一度読んでみることをお薦めします。一口に「英語力」というけれど，これほど重層的にみないと測れないものなのか，ということがよく理解できます。 　　　　　（鳥飼玖美子）

おすすめ文献

細川英雄・西山教行（2010）『複言語・複文化主義とは何か──ヨーロッパの理念・状況から日本における受容・文脈化へ』くろしお出版。

榎本剛士（2021）「英語教育を更新する── CEFR の受容から CEFR との批判的対話に向けて」西山教行・大木充編『CEFR の理念と現実──現実編：教育現場へのインパクト』くろしお出版。

表1　OVERALL SPOKEN INTERACTION

C2	Has a good command of idiomatic expressions and colloquialisms with awareness of connotative levels of meaning. Can convey finer shades of meaning precisely by using, with reasonable accuracy, a wide range of modification devices. Can backtrack and restructure around a difficulty so smoothly the interlocutor is hardly aware of it.
C1	Can express him/herself fluently and spontaneously, almost effortlessly. Has a good command of a broad lexical repertoire allowing gaps to be readily overcome with circumlocutions. There is little obvious searching for expressions or avoidance strategies; only a conceptually difficult subject can hinder a natural, smooth flow of language.
B2	Can use the language fluently, accurately and effectively on a wide range of general, academic, vocational or leisure topics, marking clearly the relationships between ideas. Can communicate spontaneously with good grammatical control without much sign of having to restrict what he/she wants to say, adopting a level of formality appropriate to the circumstances.
	Can interact with a degree of fluency and spontaneity that makes regular interaction, and sustained relationships with speakers of the target language quite possible without imposing strain on either party. Can highlight the personal significance of events and experiences, account for and sustain views clearly by providing relevant explanations and arguments.
B1	Can communicate with some confidence on familiar routine and non-routine matters related to his/her interests and professional field. Can exchange, check and confirm information, deal with less routine situations and explain why something is a problem. Can express thoughts on more abstract, cultural topics such as films, books, music etc.
	Can exploit a wide range of simple language to deal with most situations likely to arise whilst travelling. Can enter unprepared into conversation of familiar topics, express personal opinions and exchange information on topics that are familiar, of personal interest or pertinent to everyday life (e. g. family, hobbies, work, travel and current events).
A2	Can interact with reasonable ease in structured situations and short conversations, provided the other person helps if necessary. Can manage simple, routine exchanges without undue effort; can ask and answer questions and exchange ideas and information on familiar topics in predictable everyday situations.
	Can communicate in simple and routine tasks requiring a simple and direct exchange of information on familiar and routine matters to do with work and free time. Can handle very short social exchanges but is rarely able to understand enough to keep conversation going of his/her own accord.
A1	Can interact in a simple way but communication is totally dependent on repetition at a slower rate of speech, rephrasing and repair. Can ask and answer simple questions, initiate and respond to simple statements in areas of immediate need or on very familiar topics.
Pre-A1	Can ask and answer questions about him/herself and daily routines, using short, formulaic expressions and relying on gestures to reinforce the information.

Ⅲ　「4技能」から「7技能」へ

8　日本の英語教育における CEFR 受容

1　CEFR 受容の一般的な傾向

　日本における CEFR の受容は，(1)研究者による紹介，(2)CEFR の「共通参照レベル」を無批判に適用する手法，(3)CEFR から着想を得て日本独自の「言語共通参照枠」を作成しようとするもの，以上の三つに（今でも）大きく分けることができます[1]。これらのいずれについても，「複言語・複文化主義」という言語教育思想を考慮することなく，「単一言語主義」（つまり，英語教育の場合は「英語のみ」）の発想にとどまり，「共通参照レベル」をほぼ唯一の着想源としている点に限界が認められる，という指摘があります[2]。

　CEFR がもともと「ヨーロッパ」というコンテクストに強く根ざしていることは先に示したとおりですが，そのようなコンテクストが不在の日本において CEFR が受容される際，ヨーロッパのコンテクストから生まれた「複言語・複文化主義」という思想が後景化してしまうことは，ある意味，仕方がありません。その上で，どうするかを考えていく必要があります。

2　日本版 CEFR，CAN-DO，大学入試への英語民間試験の導入

　日本の英語教育のコンテクストにおける主な CEFR 受容（の試み）については，まず，日本版 CEFR の作成と CAN-DO リストを挙げることができます。

　CEFR に準拠し，それを日本の英語教育の枠組みに適用した CEFRjapan，CEFR-J，「ジャパン・スタンダード」は，日本独自の「言語共通参照枠」を作成する試みです[3]。例えば，CEFR-J では，日本のコンテクストに合わせてレベルが CEFR よりも細かく分けられました。しかし，日本の英語教育に定着するに至っているとは言えず，上記の「限界」を露呈してしまっているのが現実です。CEFR の理念に照らせば，このような「参照枠」は必ずしも推奨できません。

　CAN-DO は，2013（平成25）年3月に文部科学省初等中等教育局によって出された，「各中・高等学校の外国語教育における『CAN-DO リスト』の形での学習到達目標設定のための手引き」で提示されました[4]。そこでは，生徒に求められる英語力の学習到達目標が，「言語を用いて何ができるか」という観点から，「CAN-DO リスト」の形で具体的に設定されるよう要請されました。

　そして，日本の英語教育における CEFR の受容に関して，2020年度からの導入が見送られた「大学入試英語成績提供システム」に触れないわけにはいき

▷1　西山教行（2010）「複言語・複文化主義の受容と展望」（おすすめ文献の細川・西山編（2010：v-ix 頁））。

▷2　▷1に同じ。

▷3　藤森千尋（2013）「ヨーロッパ言語共通参照枠（CEFR）を日本の英語教育に応用した研究の動向──視点別メタ考察」『自律した学習者を育てる英語教育の探究──小中高大を接続することばの教育として』研究報告 No. 80，7-22頁。

▷4　https://www.mext.go.jp/a_menu/kokusai/gaikokugo/__icsFiles/afieldfile/2013/05/08/1332306_4.pdf

▷5　羽藤由美（2018）「英語民間試験の何が問題なのか── CEFR 対照表と試験選定の検証より」南風原朝和編『検証 迷走する英語入試──スピーキング導入と民間委託』岩波書店，41-68頁；鳥飼玖美子（2020）；日本学術会議言語・文学委員会文化の邂逅と言語分科会（2020）「大学入試における英語試験のあり方についての提言」（http://www.scj.go.jp/ja/info/kohyo/pdf/kohyo-24-t292-6.pdf）などを参照。

▷6　また，日本においては，CEFR が「国際標準」として紹介されることがありますが，CEFR は決して

ません。このシステムでは，異なる英語民間試験のスコアをCEFRの共通参照レベルに対応付けて比較する，という方法が採られましたが，その非科学性，危うさ，検証の不十分さについて，大きな批判が巻き起こりました[5]。

この「対照表」（図1）には，「CEFRは，語学シラバスやカリキュラムの手引きの作成，学習指導教材の編集，外国語運用能力の評価のために，透明性が高く，分かりやすい，包括的な基盤を提供するものとして，20年以上にわたる研究を経て，2001年に欧州評議会が発表した」という文部科学省による説明が付されています。しかし，この説明がいかに部分的であるか，CEFRを都合よく利用しようとするものであるか，しっかりと認識しておく必要があります[6]。

CEFR	ケンブリッジ英語検定	実用英語技能検定 1級-3級	GTEC Advanced Basic Core CBT	IELTS	TEAP	TEAP CBT	TOEFL iBT	TOEIC L&R/ TOEIC S&W
C2	230 - 200			9.0 - 8.5				
C1	199 - 180	3299 - 2600	1400 - 1350	8.0 - 7.0	400 - 375	800	120 - 95	1990 - 1845
B2	179 - 160	2599 - 2300	1349 - 1190	6.5 - 5.5	374 - 309	795 - 600	94 - 72	1840 - 1560
B1	159 - 140	2299 - 1950	1189 - 960	5.0 - 4.0	308 - 225	595 - 420	71 - 42	1555 - 1150
A2	139 - 120	1949 - 1700	959 - 690		224 - 135	415 - 235		1145 - 625
A1	119 - 100	1699 - 1400	689 - 270					620 - 320

図1　文部科学省が出した「各資格・検定試験とCEFRとの対照表」

出典：文部科学省ウェブサイト，下記PDFの1ページ目。
https://www.mext.go.jp/b_menu/houdou/30/03/__icsFiles/afieldfile/2019/01/15/1402610_1.pdf

3 いつまで「思想」を先送りにするのか

日本の英語教育のコンテクストにおいても，CEFRの「複言語・複文化主義」への言及は，しばしばなされます。しかし，「複言語・複文化主義」を日本の英語教育にどのように関連付けていくか，という問題は，ほとんど議論されていません。日本の英語教育におけるCEFRの受容は，理念的・思想的問題を先送りにし（続け）ている，と言えます。したがって，日本の英語教育におけるCEFR受容の問題は，「理念なき受容」，そして，そのことがもたらす「『共通参照レベル』の到達目標化[7]」に収斂します。

上述の文部科学省によるCAN-DOも，学習者を「社会的に行動する者・社会的存在」としてまず位置付けているようにはみえません[8]。また，「複言語主義」を標榜する新学部が大学に設置される昨今の状況に鑑みれば，英語一辺倒ではない外国語教育の流れが日本にも生じ始めているようにみえますが，そのような場合でもやはり，英語が未だ特権的な位置にあります。日本で英語教育に携わるわたしたちは，CEFRと，そして「複言語・複文化主義」と，どのように向き合えばよいのでしょうか。

このことは，決して容易ではありません。CEFRと「ヨーロッパ」というコンテクストとの深いつながりを理解した上で，日本のコンテクストとの類似点や相違点を見極める必要があります。また，日本国内の多様性にも目を向けながら，英語を学ぶことが所与となっている（戦後）日本社会の根幹を問う必要もあるでしょう[9]。このような思考があってようやく，日本の英語教育とCEFRとの間に（「受容」ではない）「対話」が生まれるのかもしれません。

（榎本剛士）

そのようなものではありません。本書の第3部Ⅲ-④〜⑦（62-69頁）を参照。

▷7　鳥飼玖美子（2018）『英語教育の危機』筑摩書房。

▷8　このことから，「文部科学省のCAN-DO」と「CEFRのCan Do」は明確に区別する必要があります。鳥飼玖美子（2018）を参照。

▷9　苅谷剛彦（2019）『追いついた近代 消えた近代――戦後日本の自己像と教育』岩波書店。

おすすめ文献

細川英雄・西山教行編（2010）『複言語・複文化主義とは何か――ヨーロッパの理念・状況から日本における受容・再文脈化へ』くろしお出版。

公益財団法人中央教育研究所（2013）『自律した学習者を育てる英語教育の探究――小中高大を接続することばの教育として』研究報告No. 80。
https://chu-ken.jp/pdf/kanko80.pdf

鳥飼玖美子（2020）『10代と語る英語教育――民間試験導入延期までの道のり』筑摩書房。

Ⅲ　「4 技能」から「7 技能」へ

 9　日本の英語教育が CEFR から学ぶこと

 1　日本の英語教育と CEFR

　日本の英語教育が CEFR（欧州言語共通参照枠）から学ぶことはたくさんありますが，全てをそのまま受け入れてよいわけではありません。CEFR が生まれたヨーロッパと日本では社会的コンテクストが異なりますから，そのまま導入できないところがあるのは当然です。CEFR を表層的に受け入れるのではなく，また，共通参照レベルだけを取り入れるのではなく，CEFR の理念を理解した上で，日本の英語教育が学ぶべき点を検討する必要があります。

　日本の英語教育では「CAN-DO リスト」が一人歩きし，CEFR の内容を理解しないままリストづくりを強いられた英語教員もいます。そして，「評価基準」はいつの間にか「到達目標」になってしまいました。「目標」となることで「それを目指すべき」という規範意識が生まれ，結果的に枠にはまった教育になりかねません。学ぶべき点を見誤ると逆効果になることもあるのです。

2　「行動中心主義」と教育目標

　CEFR の理念の一つに「行動中心主義」（action-oriented approach）があります。言語の使用者と学習者は社会的に行動する者・社会的存在（social agents）であり，何らかの課題（tasks）を遂行・完成することを求められる社会の成員であるという考えです。これは決して課題の達成のために言語を「道具」として使うという発想ではありません。現に CEFR では過度の機能主義的・道具論的言語観には反対の立場をとっています。しかし，「『英語が使える日本人』の育成のための行動計画」では「『コミュニケーションの手段』としての英語」と明記され，国民全体に求められる英語力は「中学校・高等学校を卒業したら英語でコミュニケーションできる」としています。さらに，「大学を卒業したら英語で仕事ができる」とし，「各大学が，仕事で英語が使える人材を育成する観点から，達成目標を設定」とまでしたのです。公教育における英語教育の目的は「英語で仕事ができる」ではないはずです。実用重視の達成目標を再検討し，言語は単なる「道具」ではないことを英語教員は認識する必要があります。

3　カリキュラムと教材，指導と評価

　CEFR 全体の方針として挙げられるのは，一貫性（coherence），透明性

▷ 1　2003（平成15）年 3 月31日策定。

▷ 2　これにより，TOEIC を中心とする資格試験対策の授業を導入する大学が増えるようになりました。

▷ 3　本書の「CEFR（1）」（62-63頁）を参照。EU の加盟国には，加盟国間の平等の精神と多言語主義に基づき，自国の公用語を EU の公用語として申請する権利があります。

▷ 4　西山教行（2010）「外国語教育と複言語主義」金沢大学外国語教育研究センター講演会記録。「もしある分野についての読む能

(transparency)，そして共通性（commonality）です。これに従うことで，英語教育全体のグランドデザインが描けるようになります。日本の高等学校までの教育課程は学習指導要領や検定教科書によって規定されていますが，一貫した指標を設定することで，一連のカリキュラムと教材の作成が可能になります。

　また，学習記録としての「ポートフォリオ」の活用によって，個別の指導が効果的に行えるようになります。自己評価や内省を通じての自律学習を促進することにもなり，ひいては生涯教育にもつながります。評価の指標が公開されていることも，学習意欲を保つという点では大切なことです。日本の英語教育には，教育の目的，指導方法，カリキュラム・教材開発，教員養成を含む包括的な取り組みが必要です。

④　「複言語主義」と日本の英語教育

　CEFR を支える「複言語主義」[▷3]から学ぶこともあります。複言語主義ではその言語のネイティブ・スピーカーを目指すことはしませんし，言語学習者の部分的能力も許容されます。日本では「読めるけど話せない」という批判がありますが，複言語主義ではそのような批判は起こりません[▷4]。また，欧州域内での平和を希求し人権としての言語権を保障するという考えのもと，隣人の言語を学ぶことが推奨されています。

　「ヨーロッパ」というコンテクスト[▷5]を「アジア」に移すだけでは浅薄な議論になりかねませんが，日本の外国語教育においても英語以外の言語，特にアジアの言語への関心を喚起することは一考に値します。日本で英語以外の外国語科目を開設している高等学校は2014年現在708校あります[▷6]。2007年の790校をピークに減少傾向にはありますが，英語以外の外国語科目開設の意義は再認識されるべきでしょう。既に多文化共生社会に入っている日本において[▷7]，英語以外の外国語に触れることで得られる新しい視野，複眼的な思考力は必要なものなのです。

⑤　生涯教育としての外国語教育

　CEFR では外国語教育を生涯教育と位置付けています。欧州評議会は長年，学習者の自律の促進と，学び方を学ぶための指導を重視してきました[▷8]。「学び方を学ぶ」ことで，「学校」という教育の場にとらわれない生涯学習が可能となります。

　日本の英語教育は，小学校，中学校，高等学校のそれぞれで完結した指導・評価体制になっています。分断された教育体系ではなく，高等学校卒業後をも踏まえた一貫性をもった英語教育のデザインが必要なのではないでしょうか。

　また，英語一辺倒の外国語教育を見直し，英語教員の意識を変える研修も必要でしょう。

（鈴木希明）

力が機能的に存在するのであれば，これは積極的に評価すべき」としています。

▷5　欧州評議会（Council of Europe）には EU 全加盟国に旧ユーゴ諸国，ロシア，ウクライナ，トルコを加えた47か国が加盟しています。EU だけでも24の公用語があるわけですから，言語環境も日本とは全く異なります。

▷6　文部科学省（2016）「英語以外の外国語の科目を開設している学校の状況について」（平成28年3月22日教育課程部会外国語ワーキンググループ資料4）による。最も多く開設されているのは中国語（517校）で，韓国・朝鮮語（333校），フランス語（223校），ドイツ語（107校）と続きます。

▷7　在留外国人は2018年には270万人を超えています。

▷8　モロウ，K. 編／和田稔・高田智子・緑川日出子・柳瀬和明・齊藤嘉則訳（2013）『ヨーロッパ言語共通参照枠（CEFR）から学ぶ英語教育』研究社，56頁を参照。

おすすめ文献

モロウ，K. 編／和田稔・高田智子・緑川日出子・柳瀬和明・齋藤嘉則訳（2013）『ヨーロッパ言語共通参照枠（CEFR）から学ぶ英語教育』研究社。

西山教行・大木充編（2021）『CEFR の理念と現実』くろしお出版（2021年春刊行予定）。

鳥飼玖美子・大津由紀雄・江利川春雄・斎藤兆史（2017）『英語だけの外国語教育は失敗する——複言語主義のすすめ』ひつじ書房。

第 4 部

社会・文化の中の言語とコミュニケーション

┌─ イントロダクション ─

　第4部「社会・文化の中の言語とコミュニケーション」は，言語，コミュニケーション，そして，英語教育そのものを「コンテクスト」との関連で捉える視座によって貫かれています。

　まず，「Ⅰ ことばと社会・文化のつながり」では，英語に限らず，実際に使われる言語は，まずもって，世界をありのままに映し出す鏡のような「透明な媒体」などでは決してなく，社会・文化と密接に関わっていることをおさえます。

　「Ⅱ コミュニケーションと社会・文化のつながり」では，上記の視座を保持しながら「コミュニケーション」について考えますが，注意してほしいのは，「コミュニケーション」と「コンテクスト」との間の相互作用に着目する視点です。つまり，両者はそれぞれが独立した形で，別個に存在しているのではなく，コンテクストがコミュニケーションに影響を及ぼし，コミュニケーションがコンテクストに影響を及ぼす，という見方です。

　この見方を英語教育に適用すれば，英語教育それ自体もまた社会・文化の中にある，という考え方に行きつきます。「Ⅲ 日本の社会・文化における英語教育」の諸項目は，単なる歴史や制度に関する記述としてではなく，英語教育がいかに社会・文化の影響や制約を受けているか，また，英語教育がいかに社会・文化に働きかけていくことができるか，という発想とともにぜひ読んでみてください。このような読み方が，「好き勝手にできない」ことと「クリエイティブにやる」こととの間のバランス（拮抗）の意識化につながります。

　なお，「社会」と「文化」を完全に切り離すことは極めて困難であることから，ここでは「社会・文化」という表記を採用しています。

（榎本剛士）

I　ことばと社会・文化のつながり

言語と権力，アイデンティティ

❶　「何かについて，何かを述べる」ことが言語の全てか

　言語はあまりにも身近であるため，空気のように当たり前のもののように思えるかもしれません。「言語」についてあまり深く考えずに日常生活を送っている人も，少なくないと思われます。

　ここで，「言語は何のためにあるのか」と問うてみます。この問いに対し，「情報を伝達するため」「考えを表現するため」といったことが思い浮かんだならば，それは正しい答えです。現に，哲学，言語学という「言語」の問題を扱う代表的な学問も，言語のそのような働きから学問的な探究を出発させています。

　しかし，「情報を伝達する」「考えを表現する」ことは果たして，言語の唯一の仕事でしょうか。このことは，家族，先生，恋人，友人，部活の先輩・後輩，全くの見知らぬ人，店員，希望する就職先の人事課の社員，全ての人に対して「同じ話し方」をするか，と自問すれば，すぐに明らかになります。

❷　言語と権力，アイデンティティの密接な関わり

　バフチン（Bakhtin, M. M.）は，言語は「社会的負荷を帯びている」（socially charged）と言いました。わたしたちは常に，「社会的な何者か」として言語を使っています。社会的な色が何もついていない，「社会的のっぺらぼう」とでも呼べるような言語は，理念上は可能かもしれませんが，現実には存在しません。なぜなら，いかなる言語も，誰かによって，誰かに向けて，どこかで使われるからです。

　このことは，実際に使われる言語には常に，誰が，いつ，どこで，誰に対して，どのように，どのような言語を使うのか（使うことが許されている／許されていないのか），といった問題が付きまとっていることを意味します。そして，ここで言われている「誰」「いつ」「どこ」「言語」は全て平等・対等かといえば，決してそうではありません。

　例えば，「誰」には，人種，ジェンダー，階級，職業などの様々なアイデンティティが関わってきますが，そこにはしばしば，社会的な序列があります。都市部（首都圏）と地方という「どこ」の区別，そして，それに付随する標準語と方言といった言語のカテゴリーにも，不均衡な関係があります。

▷1　Bakhtin, M. M. (1981). Discourse in the novel. In M. Holquist (Ed.). *The dialogic imagination*. University of Texas Press. pp. 259-422.

▷2　Ahearn, L. M. (2017). *Living language: An introduction to linguistic anthropology* (2nd ed.). Wiley-Blackwell.

また，明治期の日本では，漢字を排斥し，（簡易化された）英語を国語として採用しようとする動きがありました。近代化を目指す日本においては，意味を基盤とした漢字の表記が，音声を基盤としたアルファベットの表記に比べて遅れた，価値が低いものとして位置付けられることもありました。[13]

このように，言語と権力，アイデンティティの問題は，言語が実際に存在し，使われる（国際）社会そのものが様々な人々のグループによって構成されていること，そして，それらの間に（残念ながら）序列（ヒエラルキー）が存在することに根を張っています。わたしたちは，そのような社会の中で生きつつ，様々な「話し方」を身につけ，「社会的負荷」を帯びた言語を使い（分け）ながら，社会を渡り歩いているのです。

❸ 方言の矯正と英語教育の密接な関わり

1904（明治37）年に文部省（当時）が発行した国語の国定教科書『尋常小学読本』は，「イエスシ」読本と呼ばれています。最初のページに，「イ」「エ」「ス」「シ」がそれぞれ「椅子」「枝」「雀」「石」の挿絵とともに出てくるため，そのような通称となっているのですが，なぜ「イエ」「スシ」かというと，これらの音を区別しにくい方言があったためです。つまり，当時の「国語」という教科には，標準化された「国語」を普及しながら「方言」を矯正し，「同じ言語」を話す日本「国民」（の共同体）をつくり上げる役割がありました。[14]

実は，このことは英語教育と深い関係にあります。「英語教育」という概念を生み出し，自らが国語学者でもあった岡倉由三郎は，1911（明治44）年に上梓した『英語教育』の中で，英語の発音の前に「我国語の発音」が正しくできなければならず，そのためにまず方言を矯正する必要があることを明確に主張しています。[15]

なぜ，英語を学習するのに，方言をまず矯正し，「国語」の正しい発音を身につけなければならないのでしょうか。ここには明らかに，言語をめぐる「権力」と「アイデンティティ」の問題があります。「方言」と「国語」の間には，不均衡な力関係があり，当然，後者がより権威のある言語として位置付けられます。そして，そのような権威的で標準化された「国語」を話す「日本人」として，西洋の列強国の国語である「英語」を学ぶ，という構図がここにはあります。

時代は異なりますが，「英語が使える日本人」という言葉にさほど疑問を感じることなく，（むしろ賛同しながら）それを簡単に，無批判に受け入れている場合は，「言語と権力，アイデンティティ」という視点から，そのことを再考してみてください。そのような思考から，もし力の不均衡やアイデンティティにまつわる問題がみえてきたら，「自分の英語使用は，中立と言えるのか」[16]「自分は英語を使って一体何をしているのか」と問うてみてください。

（榎本剛士）

▷3　森有礼（1978）「ホイトニー宛書翰」鈴木孝夫監修／川澄哲夫編『資料日本英学史 2 英語教育論争史』大修館書店，47-51頁。

▷4　イ・ヨンスク（1996）『「国語」という思想──近代日本の言語認識』岩波書店。

▷5　本書の「幕末─明治─大正─昭和初期」（94-95頁）を参照。

▷6　本書の「英語帝国主義」（80-81頁）を参照。

おすすめ文献

Ahearn, L. M. (2017). *Living language: An introduction to linguistic anthropology* (2nd ed.). Wiley-Blackwell.

杉野俊子監修／田中富士美・野沢恵美子編著（2020）『英語とつきあうための50の問い──英語を学ぶ・教える前に知っておきたいこと』明石書店。

宇佐美まゆみ（1997）『言葉は社会を変えられる──21世紀の多文化共生社会に向けて』明石書店。

I　ことばと社会・文化のつながり

 英語と社会・文化

① 英語は「フレンドリー」で「直接的」?

アメリカ人はフレンドリー。英語は日本語と違い，ストレートに表現する言語。どこかで聞き覚えがあるような気になりますが，少し考えればわかるとおり，人々の性格や言語の特徴を「一括り」になどできるはずがありません。また，英語の中には，日本語と同じような敬語の体系はないかもしれませんが，丁寧に言ったり，遠回しに言ったりする表現は数多くあります。

英語に限らず，他者や異なる言語・社会・文化について考える際，自文化の枠組みをそのまま適用してしまっていないか，あるいは，自分が見たいイメージを相手に投げかけてしまっていないか，常にチェックすることが大切です。ここでは，前項の「言語と権力，アイデンティティ」を引き継ぎながら，「英語」と「社会・文化」とのつながりについて，いくつか具体的に紹介します。

② 英語にまつわる権力関係，アイデンティティの諸相

まず，英語にも「標準的」とされる変種があります。有名な例としては，アメリカ合衆国の GA（General American），英国の RP（Received Pronunciation）が挙げられます。これらは，特定の地域・人種・階級の影響を受けていない言葉，話し手の教養を示唆する言葉として解釈されています。しかし，「標準的」とされる言葉は同時に，地域・社会方言を排除し，矯正の対象とする考え方や実践に加担してしまうことがあります。

このような「標準的」な英語にある意味「対抗」する英語の一つとして，AAE（African American English）があります。これは，主にアフリカ系アメリカ人が話す英語で，「二重否定」や「be 動詞の脱落」など，GA からみれば「誤り」とされる要素を含んでいます。しかし，それが「体系性」を有していることから，AAE は非標準的な「逸脱」ではなく，一つの正統な英語として位置付けられています。

さらに，階級に起因する言葉の使い方の相違は，子供たちの学校での学習達成度に大きな影響を及ぼします。ヒース（Heath, S.）は，アメリカ白人中産階級の子供たちが，親による本の読み聞かせなどを通じて，学校で評価されるコミュニケーションに就学前から家庭で親しんでいることを発見しました。また，バーンスティン（Bernstein, B.）は，コンテクストへの依存度が低い「精密コー

▷1　このことは「言うは易く行うは難し」ですが，だからこそ，教員がまず意識して努力することが必要です。

▷2　所謂「アメリカ英語」「イギリス英語」「オーストラリア英語」などは英語の変種（variety）です。また，それぞれの中にも，地域による変種（地域方言），社会階層や社会集団による変種（社会方言）があります。

▷3　つまり，これらの言葉は「本質的に標準的」なのではなく，特定の社会・文化においてそのように受け取られている（にすぎない），ということです。

▷4　このような「矯正」（すなわち，「同化」）は，人々によって常に問題なく受け入れられるわけではなく，それ自体が論争や衝突の場となり得ます。

▷5　本書の「教室内コミュニケーション」（92-93頁）を参照。

▷6　Heath, S. B. (1983). *Ways with words: Language, life, and work in communities and classrooms.* Cambridge University Press.

ド」とコンテクストへの依存度が高い「限定コード」という二つの言葉を特定し，英国の中産階級の子供たちは前者，労働者階級の子供たちは後者をコミュニケーションの中でより使用することを明らかにしました[7]。このような違いは，労働者階級の子供たちの学習達成度の低さと関連しており，階級の再生産にも寄与します。

③ 英語以外の言語を通じた人種差別

英語を母語とする人々も，自らが話す言語や，社会に存在する英語以外の言語についての考えやステレオタイプ[8]をもっていますが，ここで「モック・スパニッシュ」という現象[9]を紹介します。映画『ターミネーター 2』に，主人公の不良少年が，彼を守るために未来から来たターミネーター（堅苦しい表現を使うロボット）に言葉を教えるシーンがあります。そこで彼が教えた，"Hasta la vista, baby" というスペイン語には「地獄で会おうぜ／さっさと失せろ，ベイビー」という（ニュアンスに配慮された）日本語の訳が付されています。

"Hasta la vista" それ自体は，「またね」程度の，普通の別れの挨拶です。しかし，「普通の別れの挨拶」がなぜ，挑発的，攻撃的なニュアンスを帯びることができるのか，そして，「不良少年」がこの言葉を使うこと，及び，それが「ハリウッド映画」という形で（世界中に）流通することの意味は何か，とここで問うことができます。

上記のような現象は，スペイン語話者（南米からの移民）に対する特定のステレオタイプが特定の社会において（ある程度）共有されていなければ，成立しません。また，「不良少年」と「スペイン語（の断片的使用）」が結びつくことで，スペイン語が攻撃性や不良性と結びつき，ひいては，当該の挨拶を「普通の挨拶」として使っている特定の人々に対しても，「攻撃的」「不良的」などのステレオタイプが付与されてしまう可能性があります。さらに，それが「ハリウッド映画」[10]の場面となれば，その世界的な広がりも懸念されます。

④ 授業での扱いについて

ここまでに示した例を実際に英語の授業でどのように扱うかは，悩みどころです。安易に教えてしまうと，場合によっては，英語学習の動機付けに影響を与えたり，「英語（使用者）」に関するネガティブなステレオタイプを生み出したりしてしまうことも考えられます。

他方，英語を使ったコミュニケーションを過度に理想化し，そこに確かに存在する政治的な問題や権力関係，アイデンティティをめぐる問題を一切「ないもの」としてしまう英語教育が本当に学習者たちのためになるのか，という疑問も生じます[11]。教員の，授業だけでなく，英語に関する知識と経験からくるバランス感覚が真に問われるところです。

（榎本剛士）

▷7 Bernstein, B. (1971). *Class, codes, and control*, Volume 1: *Theoretical studies towards a sociology of language*. Routledge & Kegan Paul.

▷8 Bauer, L. & Trudgill, P. (1998). *Language myths*. Penguin Books.

▷9 Hill, J. (2008). *The everyday language of white racism*. Wiley-Blackwell.

▷10 上記のシーンの後，ターミネーターは，敵に「とどめを刺す」とき，学んだ「別れの挨拶」を使いました。

▷11 久保田竜子（2015）『英語教育と文化・人種・ジェンダー』くろしお出版。

おすすめ文献

平賀正子（2016）『ベーシック新しい英語学概論』ひつじ書房。
Lindsey, G. (2019). *English after RP: Standard British pronunciation today*. Palgrave Macmillan.
寺澤盾（2008）『英語の歴史——過去から未来への物語』中央公論新社。

I　ことばと社会・文化のつながり

 3　英語帝国主義

1　「英語」は自明か

　今日，英語は「グローバル言語」や「国際共通語」などと呼ばれ，世界の様々な場所で，いわゆる「ネイティブ・スピーカー」のみならず，英語を第二言語，外国語とする多くの人々によっても使われています。しかし，なぜ「英語」なのでしょうか。

　「グローバル言語」や「国際共通語」としての資格が，世界のほかの言語よりも英語にもともと備わっているからでしょうか。そもそも英語が，ほかの言語よりも本質的に洗練された，優れた言語だからでしょうか。そうではありません。英語が世界でここまで広く使われるようになったことには，歴史的，社会的要因が大きく関係しています。ここでは，世界における英語の位置付けや地位について考えてみましょう。

2　英語による支配

　英国はかつて，北米，アフリカ，インド，アジア，中南米，南太平洋など，世界の様々な地域に「植民地」や「自治領」を有する広大な「帝国」を形成し，「太陽の沈まない国」と呼ばれました。しかし，それは過酷な「言語支配」を伴うものでした。

　イングランドは，ウエールズ，スコットランド，アイルランドを征服し，そこでの土着の言語（ウェールズ語，ゲール語，アイルランド語）を奪いました。独立と言語を守るために，大勢の人々が命をかけたことを忘れてはなりません。そして，このような言語支配は，世界各地に展開された「植民地」でも強要されました。さらに歴史を下り，東西冷戦が終わると，今度は「グローバル化」の名のもとにアメリカの一極支配構造が生まれ，これが「グローバル化」と「英語」のつながりの強力な背景となっています。

　このような歴史的経緯を踏まえると，英語と他の言語との間に構築された「不平等の構造」，及び，その継続的な再構成によって，英語の支配が打ち立てられ，維持されている，と考えることができないでしょうか。このような考え方が批判しているのは，「英語帝国主義」（English linguistic imperialism）と呼ばれる思想・事態です。

　「英語」による支配は，コミュニケーションの不平等と差別，言語の抹殺，

▷1　読み書きを教えると人々に「教養」がつき，支配しにくくなってしまうため，植民地では「会話」に重点が置かれました。

▷2　平田雅博（2016）『英語の帝国──ある島国の言語の1500年史』講談社。

▷3　フィリプソン，R./平田雅博・信澤淳・原聖・浜井祐三子・細川道久・石部尚登訳（2013）『言語帝国主義──英語支配と英語教育』三元社。

文化の画一化（英語化），情報の格差といった問題を生み出します。さらに，英語を基盤とした表現の階級構造が生まれた結果，「特権表現階級」「中流表現階級」「労働者表現階級」「沈黙階級」からなるピラミッドが形成され，それぞれを英語ネイティブ・スピーカー，英語第二言語話者，英語を外国語として使う者，英語と接触のない者が占めている，との指摘があります。[4]

3 日本の英語教育と英語帝国主義

日本では，長らく「英語一辺倒」の教育が続いています。今日の日本政府と文部科学省は，このことを問題視するどころか，「グローバル化」を理由に，それをますます推進する政策を打ち出し続けています。日本における英語教育がいかに英語帝国主義に暗に加担してしまっているか，また，そのことに批判的な眼を向けられる言葉をもっていない場合，わたしたち自身がいかにそこに共同加担してしまいやすいか，想像に難くありません。

一般の人々の中にも，外国語といえば英語，外国人との外国語でのコミュニケーションといえば英語，と真っ先に思う人もいまだに多いかもしれません。[5]実は，英語帝国主義の支配の核心にあるのがまさに，そのような形での支配です。つまり，この支配は，支配される側に「支配されている」と思わせません。支配される側はむしろ，それを「当然」と思い込み，自ら「選択」すらしています。映画や音楽などの娯楽やファッションに関する情報など，わたしたちが自ら選択して触れるコンテンツの中には，英語，あるいは英語を母語とする国「発」のものが数多く潜んでいます。英語帝国主義に気づかないでいる状況は「自己植民地化」である，と言っても過言ではありません。[6]

4 自らの英語観と英語使用を自覚する

「英語帝国主義」をうけて，「英語は帝国的な言語だから，学ぶ必要はない」などというのは，英語教員として，極端でしょう。しかし，「英語は世界のどこへ行っても通じる」とか，「グローバル人材になるために英語を学ぶべきだ」といった考えもまた，世界における言語使用の実態に関する理解，及び，英語の位置付けや地位についての歴史的・批判的把握をあまりに欠いていると言わざるをえません。

英語教員だからこそ，自らの英語使用と英語教育実践がどのような社会的，歴史的意味をもつのか，立ち止まって考え，自覚することが大切です。[7]その上で，英語以外の言語を自ら勉強することも有意義でしょう。また，このような自覚をもつことで，CEFR やその基盤となっている「複言語・複文化主義」[8]に対する見方も大きく変わってくるはずです。これからの英語教員は，英語を教えながら，同時に，英語だけが唯一の道ではないこともしっかりと伝えていく必要があります。

（榎本剛士）

▷ 4 津田幸男（2003）『英語支配とは何か──私の国際言語政策論』明石書店。

▷ 5 ラミス，D.／斎藤靖子ほか訳（1976）『イデオロギーとしての英会話』晶文社を参照。

▷ 6 寺島隆吉（2015）『英語で大学が亡びるとき──「英語力＝グローバル人材」というイデオロギー』明石書店を参照。

▷ 7 木村護郎クリストフ（2016）『節英のすすめ──脱英語依存こそ国際化・グローバル化のカギ！』萬書房。

▷ 8 本書の第3部Ⅲ-④〜⑦（62-69頁）を参照。

おすすめ文献

木村護郎クリストフ（2016）『節英のすすめ──脱英語依存こそ国際化・グローバル化のカギ！』萬書房。
大石俊一（2005）『英語帝国主義に抗する理念──「思想」論としての「英語」論』明石書店。
フィリプソン，R.／平田雅博・信澤淳・原聖・浜井祐三子・細川道久・石部尚登訳（2013）『言語帝国主義──英語支配と英語教育』三元社。

Ⅱ　コミュニケーションと社会・文化のつながり

コミュニケーションの定義

1　コミュニケーションを定義する？

　コミュニケーションの「定義」は，わたしたちがコミュニケーションについて意識的な思考を展開し，何らかの一般的な洞察を導き出そうとしたときにはじめて生み出されるものです。また，絶対的に正しい，たった一つの定義を得ることの難しさは，この場合にも当てはまります。したがって，コミュニケーションの定義は無数にある，と言ってよいでしょう。ここでは，コミュニケーションの定義そのものというよりも，コミュニケーションの定義を考える際の枠組みになるような「発想」について，いくつかの可能性を示します。

2　「情報伝達」中心の発想

　図1のソシュール（Saussure, F. de）の図（『一般言語学講義』から）をみてください。AとBの二人がいます。Aの頭の中には，考えや感情など，何か「伝えたいこと」がありますが，それを「そのまま」伝えることはできません。そこで，Aは「文法」という「コード」に則して，「伝えたいこと」をBと共有できる「言語的メッセージ」に変換し，それを声に出すなどして，Bに送ります。それを（聞くなどして）受け取ったBは，Aが用いたのと同じ「コード」でそのメッセージを解読し，Aの伝えたいことがBの頭の中に再現されれば「情報伝達」が成功する，という発想です。この発想は最もわかりやすく，一般的にも共有されていると思われます。

3　「言語の機能」中心の発想

　上記の発想においては，「情報＝明示的に言われたこと」であり，個人の頭の中にある「伝えたいこと」と，それを「言語的メッセージ」に変換するための「コード」が重要な位置を占めます。しかし，実際のコミュニケーションにおいて言語が担っている機能は，「明示的に情報を伝える」ことだけに限られません。このような発想のもと，ヤコブソン（Jakobson, R.）は，言語の「6機能モデル」を提示しました。[1]

　ヤコブソンはまず，言語を使ったコミュニケーションに必ず存在すると思われる要素を特定します。それらは，(1)送り手（ADDRESSER），(2)受け手（ADDRESSEE），(3)言及対象（CONTEXT），(4)接触回

▷1　Jakobson, R. (1960). Closing statement: Linguistics and poetics. In T. A. Sebeok (Ed.). *Style in language*. MIT Press. pp. 350-377.

A　　　　　　　　B

図1　ソシュールの図

出典：Saussure, F. de (1966). *Course in general linguistics* (W. Baskin, Trans.). McGraw-Hill. p. 11.

```
                CONTEXT                              REFERENTIAL
ADDRESSER      MESSAGE      ADDRESSEE      EMOTIVE    POETIC    CONATIVE
                CONTACT                               PHATIC
                 CODE                               METALINGUAL
```

図2　コミュニケーションの6要素
出典：Jakobson（1960：353）.

図3　言語の6機能
出典：Jakobson（1960：357）.

路（CONTACT），(5)コード（CODE），(6)メッセージ（MESSAGE）の六つです。そして，これらのどの要素に焦点を当てるか，どの要素に注意を向けさせるかに応じて，メッセージは(1)′表出的（EMOTIVE），(2)′動能的（CONATIVE），(3)′言及指示的（REFERENTIAL），(4)′交話的（PHATIC），(5)′メタ言語的（METALINGUAL），(6)′詩的（POETIC）機能を帯びる，とされています。メッセージは通常，これらの機能を複数，同時に果たします。

④ 「コンテクスト」と「相互作用」中心の発想

　ヤコブソンの「6機能モデル」は，「個人」や「コード」ではなく，コミュニケーションの中に現れる「メッセージ」を中心に据えるとともに，言語の多機能性に光を当てる意味で，「情報伝達」中心の発想とは大きく一線を画します。しかし，言語学者であったヤコブソンが特定した六つの要素は明らかに最低限の要素であり，社会・文化的な面をやや欠いていた，とも言えます[2]。

　そこで，ハイムズ[3]（Hymes, D.）は，ヤコブソンが特定した要素をさらに精緻化し，最終的に，SPEAKING というアクロニムで表されるコンテクストのモデルを提示します。それぞれ，Setting/Situation（場面・状況），Participants（参加者），Ends（結果・目的），Act sequence（行為の連鎖），Key（調子），Instrumentalities（メディア・媒体），Norms（行為者・記述者・解釈者の規範），Genres（ジャンル）を表しています。

　このようなコンテクストの精緻化を通じて，ヤコブソンのモデルは社会・文化的に拡張されました。言語も含む様々な記号からなるメッセージは，ヤコブソンが特定した六つの要素だけでなく，様々な社会・文化的コンテクストを指し示していきます。そして，指し示されたコンテクストは，今度は，コミュニケーションそれ自体を指し返し，そのようなプロセスを通じて，コミュニケーションそれ自体が，社会・文化的に解釈可能な出来事（例えば，「授業」など）として立ち上がります。このプロセスに終わりはなく，コミュニケーションとコンテクストは絶えず相互作用し，変容していきます[4]。

（榎本剛士）

▷2　Duranti, A. (1997). *Linguistic anthropology*. Cambridge University Press.

▷3　本書の「ハイムズの『コミュニケーション能力』」（86-87頁）を参照。

▷4　小山亘（2012）『コミュニケーション論のまなざし』三元社。

おすすめ文献

浅井優一（2017）『儀礼のセミオティクス――メラネシア・フィジーにおける神話／詩的テクストの言語人類学的研究』三元社。
榎本剛士（2019）『学校英語教育のコミュニケーション論――「教室で英語を学ぶ」ことの教育言語人類学試論』大阪大学出版会。
小山亘（2012）『コミュニケーション論のまなざし』三元社。

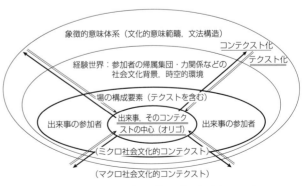

図4　「コンテクスト」と「相互作用」中心のモデル
出典：小山（2012：164頁）.

2 行為としてのことば／ことばとコンテクスト

1 「何かを言う」ことは「何かを為す」こと

　ことばを使って「何かを言う」とき，わたしたちはしばしば「何か（例えば，「桜の花」）について，何かを述べる（例えば，「美しい」「咲いている」）」ということを行っています。このような行為を「言及指示行為」と言います。

　しかし，よく考えてみると，実際のコンテクストの中でわたしたちが実際に何かを言うとき，その行為を「言及指示行為」に還元することはできません。ヤコブソンの「6機能モデル」で示されているとおり，「言及指示的機能」は言語の機能の一つにすぎません。わたしたちは，ことばを使って「言及指示行為」以上のことを行っているのです。では，そのような「行為」がどのように為されるか，具体的にいくつか説明します。

▷1　前項の「コミュニケーションの定義」を参照。

2 行為への明示的な言及指示

　わたしたちは，ことばを使って，「ことばを使って為されていること」そのものを「言及指示」することができます。典型的に，そのようなときには「発話動詞」（verbs of saying）（及び，その名詞）が使われます。例えば，「冗談」「宣言」「謝罪」「嘘」「約束する」「告白する」「警告する」などです。

　実は，わたしたちは，「ことばを使って為されていること」について頻繁にコミュニケーションしています。「謝りなさい」「約束が違う」「嘘じゃないよ」「冗談，冗談」「そんな言い訳は聞きたくない」など，例は日常の中に溢れています。このような，「ことばを使って為されていること」に関する解釈は，実際のコミュニケーションの展開や，わたしたちの反応に大きく関わっています。

▷2　本書の「言語に関わる研究(2)」（172-173頁）を参照。

3 知識の整合的な利用

　「徳川家康は，サッカーの選手です」は，「真」でしょうか，「偽」でしょうか。この問いに答えるためには，特定の社会・文化で共有されている「知識」，すなわち，「社会・文化的知識」を参照する必要があります。

　社会・文化的知識とは，この世界にある物，人，場所などに関する整合的な知識の総称のことです。「徳川家康」は「戦国武将（大名）」である，という社会・文化的知識を参照すれば，上記の内容は「偽」となるでしょう。しかし，徳川家康というサッカー選手が実在することを知っている人にとっては，それ

は「真」となります。

　つまり，わたしたちが何らかの「言及指示行為」を行う，あるいは，それに関する（真偽の）判断を行う時，それは「文法」に関する知識だけでなく，社会・文化的知識を参照して為されます。そして，上記の例が示すとおり，参照される社会・文化的知識が異なりえることを踏まえれば，何らかの社会・文化的知識を参照して何かを言うことそれ自体が，その人のアイデンティティ（及び，帰属するコミュニティ）を示すことになります。[43]

❹ ジャンル化されたことば

　何かを書いているときに誰かに「何を書いているの」と聞かれたとします。不思議なことに，このような時，わたしたちの多くは「文を書いている」とか「○○という単語を書いている」とは答えません。たとえ何らかの「文」や「単語」を書いている最中であったとしても，「レポート」「感想文」「履歴書」などを書いている，と答えるのではないでしょうか。

　このように，わたしたちの社会・文化には，「ことばを使って為されること」に関する比較的安定した「型」があります。このような「型」は「ジャンル」と呼ばれ，コミュニケーション参加者の役割や，コミュニケーションにおける行為の規範を強く特徴付けます。[44]実際に起こるコミュニケーションは，何らかの「ジャンル化」を被っていることに注意してください。このことは，わたしたちが使うことばには社会的な「味」（flavor）とでも呼べるものがついており，[45]それは決して「文法」の純粋なコピーではないことを意味します。

❺ 「何かが実際に言われえるかどうか」をどう判断するか

　"This is a pen." や "Am I a boy?" など，極めて単純で明確な「意味」をもつと思われる「文」を取り上げて，[46]「こんな文，実際のコミュニケーションでは使わないだろう」と思ったことはありませんか。「頻度」の側面から考えると，確かにそうかもしれません。しかし，「コミュニケーションの原理」の側面から考えたとき，このような発想は根本的に間違っている可能性があります。

　例えば，観光地の土産屋で，プラスチックでつくられた小さな日本刀のキーホルダーが売られていたとします。それを手に取り，何かに気づいた観光客が驚いて，"Is this a pen?" と聞き，店員が "Yes, that's a pen." と答えたとしましょう。これらの「文」だけを取り出せば，なんとも奇妙な，「見ればわかる」と言いたくなるようなコミュニケーションに思えますが，特定のコンテクストの中では，ごく自然なやりとりであることがわかります。このように，「何かが実際に言われ得るかどうか」を決めるのは，「文の意味」そのものではありません。特定の内容の文を言うことが「適切」あるいは「効果的」である限り，その文は大いに言われえることに留意しましょう。　　　　（榎本剛士）

▷3　Silverstein, M. (2007). How knowledge begets communication begets knowledge: Textuality and contextuality in knowing and learning.『異文化コミュニケーション論集』(5), 31-60頁。

▷4　ほかにも「詩」「小説」「広告」「新聞記事」「演説」「授業」「ディベート」など，様々な「ジャンル」があります。本書の「言語と権力，アイデンティティ」（76-77頁）も参照。

▷5　バフチン, M. M.／伊東一郎訳（1996）『小説の言葉—付——「小説の言葉の前史より」』平凡社。

▷6　本書の「意味に関わる研究」（176-177頁）を参照。

▷7　次項の「ハイムズの『コミュニケーション能力』」を参照。

おすすめ文献

バフチン, M. M.／伊東一郎訳（1996）『小説の言葉—付——「小説の言葉の前史より」』平凡社。
Goffman, E. (1981). *Forms of talk*. University of Pennsylvania Press.
西口光一（2020）『第二言語教育のためのことば学——人文・社会科学から読み解く対話論的な言語観』福村出版。

Ⅱ　コミュニケーションと社会・文化のつながり

3 ハイムズの「コミュニケーション能力」(communicative competence)

1 デル・ハイムズと「コミュニケーションの民族誌」

　言語教育のコンテクストにおいて，「コミュニケーション能力」という概念の出どころが説明される際，しばしば，ハイムズ（Hymes, Dell）という人の名前が出てきます。確かに，ハイムズは教育に大きな関心を寄せる研究者ではありましたが，必ずしも「言語教育」の研究者であったわけではありません。

　ハイムズは，1960年代から1970年代初頭にかけて，他の研究者たちと「コミュニケーションの民族誌」（The ethnography of communication）という研究プログラムを率いた，「民族詩学」（ethnopoetics）の研究で著名な言語人類学者・社会言語学者です。「コミュニケーションの民族誌」では，言語学，心理学，社会学，民族学などの分野において別々に（コンテクストから取り）出された調査結果をそのまま受け入れるのではなく，これらの研究をすり抜けてしまうような，「コンテクストにおける言語使用」に焦点が当てられます。そして，言語使用という実践に特有のパターンを明らかにすることで，当該のコミュニティにおける「コミュニケーション的習慣・活動の全体」を明らかにすることが，研究の主たる目的に据えられます。その意味で，「コミュニケーションの民族誌」における参照枠は，「言語（学）」ではなく，あくまで「コミュニケーション」であり，言語は，まずもって社会・文化の中にあるものとして記述されます。

2 ハイムズによる四つの問い

　ハイムズが「コミュニケーションの民族誌」というプロジェクトに関わっていた時期は，チョムスキー（Chomsky, N.）の言語学が隆盛を極めていた時期でもあります。チョムスキーは，言語（＝文法）に関する暗黙の知識を「コンピテンス」，実際の状況における言語使用を「パフォーマンス」として区別し，言語学の対象を前者に絞りました。しかし，ハイムズは，「それなしには，文法のルールが役に立たなくなってしまうようなルールがある」とし，チョムスキーが想定した，理想化された，同質的な話し手と聞き手がもつ文法の知識に特化した「コンピテンス」を不十分としました。

　ハイムズにとって，言語のモデル化は，コミュニケーションや社会・文化に根づいた形でなされるべきものであり，また，「コンピテンス」は，「知識」と

▷1　本書の「言語に関わる研究(2)」（172-173頁）を参照。

▷2　Hymes, D. (1964). Introduction: Toward ethnographies of communication. *American Anthropologist*, 66(6): 1-34.

▷3　本書の「言語に関わる研究(1)」（170-171頁）を参照。

「実際にできること」の両方を含むものでした。このような意味での「コンピテンス」を研究するにあたり，ハイムズは，以下の四つの問いを設定します。

⑴ Whether (and to what degree) something is formally *possible*;

⑵ Whether (and to what degree) something is *feasible* in virtue of the means of implementation available;

⑶ Whether (and to what degree) something is *appropriate* (adequate, happy, successful) in relation to a context in which it is used and evaluated;

⑷ Whether (and to what degree) something is in fact done, actually *performed,* and what its doing entails.

⑴の「(どの程度)何かが形式的に可能かどうか」という問いは，言語でいえば，「文法性」に関するもので，チョムスキーが言う「コンピテンス」に概ね対応します。⑵の「遂行するために利用できる方法によって(どの程度)何かが実行可能かどうか」という問いは，言語心理的な要素や，コミュニケーションにおいて使用可能な体の部位，コミュニケーションが起こる物質的な環境の特徴などに関わります。⑶の「(どの程度)何かが適切であるかどうか」は，コミュニケーションの場面，参加者，ジャンルなどの「言語が使われ，評価されるコンテクスト」，すなわち，「誰が，何を，どのように，いつ，どこで，誰に言う(ことができる)のか」に関連します。そして，⑷の「(どの程度)何かが実際に遂行されるかどうか，また，そのことが何を(結果として)もたらすか」は，何が実際に起こり得ることで，それが起こった場合，どのような(状況の)変化が起こるか，といった，実際の生起可能性に関わるものです。[44]

③ 言語教育の分野への「移入」で何が起こったか

このように理解を進めてくると，カナルやスウェイン，バックマンによる「コミュニケーション能力」のモデル化[45]と，ハイムズの「民族誌」の志向性は大きく異なることがわかります。ハイムズはそもそも，特定のコミュニティにおける社会的生活の(なるべく)全体を，観察される「言語使用」を特に手がかりにして，経験的に記述することを目指しています。他方，言語教育における「コミュニケーション能力」のモデル化は全て，「言語教授法」や「テスティング」という目的に則して行われています。

この違いに注意するならば，もともと「何かを経験的に発見するための問い」であった「ハイムズ」は，言語教育の分野に移入されることで，「何を，どう教えるか」を特定するためのガイドラインとしての装いを与えられることになった[46]，と言えます。 (榎本剛士)

▷4 Hymes, D. (2001 [1972]). On communicative competence. In A. Duranti (Ed.). *Linguistic anthropology: A reader.* Blackwell. pp. 53-73.

▷5 本書の「『コミュニケーション能力』とは何か」(4-5頁)を参照。

▷6 Leung, C. (2003). Convival communication: Recontextualizing communicative competence. *International Journal of Applied Linguistics*, 15 (2): 119-144.

おすすめ文献

Hymes, D. (1964). Introduction: Toward ethnographies of communication. *American Anthropologist*, 66(6): 1-34.
Hymes, D. (1972). Models of the interaction of language and social life. In J. J. Gumperz & D. Hymes (Eds.). *Directions in sociolinguistics: The ethnography of communication.* Basil Blackwell. pp. 35-71.
Hymes, D. (2001 [1972]). On communicative competence. In A. Duranti (Ed.). *Linguistic anthropology: A reader.* Blackwell. pp. 53-73.

Ⅱ　コミュニケーションと社会・文化のつながり

4 WTC (Willingness to Communicate)

1 Willingness to communicate（WTC）とL2 WTC

　WTCは，「コミュニケーションを行うかどうかを自由に選べるときに，その人がコミュニケーションを行うほうを選ぶ蓋然性」のことを指します。この概念は，マクロスキー（McCroskey, J. C.）とベーア（Baer, J. E.）によって最初に導入されましたが，もともと第一言語（L1）によるコミュニケーションの研究の中から生まれたものです。

　その後，WTCはマッキンタイア（MacIntyre, P. D.）らによって第二言語（L2）に応用され，「L2 WTC」は「第二言語を用いて，あるときに（あるタイミングで），特定の相手とのやりとりに参入する（心の）準備状態」として定義されるに至りました[1]。また，WTCは「機会が与えられれば，私は声に出して話すつもりである」（I plan to speak up, given the opportunity.）という「行動的な意図」を含意する，とも理解されています。

2 WTCの位置付け

　L2 WTCには，L1におけるWTCがそのまま反映されるわけではありません。普段よく話す子供が，英語の授業になった途端に急に静かになってしまう，ということも想像に難くないことです。そのような状況の背後には，L2の学習に特徴的な要因間の複雑な絡み合いがあることが考えられます。

　このことを示そうとしたのが，マッキンタイアらの研究です[2]。図1では，個人の第二言語コミュニケーションの傾向に影響する要因が，「ピラミッド型」で示されています。WTCは第二層（Layer Ⅱ）にありますが，全体を見ると，「コミュニケーション能力」[3]のほか，個人の性格，人・グループとの接触動機など，様々な要因がWTCと直接的・間接的に関わっていることがわかります。加えて，「外国語としての英語（EFL）」を学ぶ日本の状況では，「国際的志向性」が高い人ほど英語の学習動機が高く，WTCも高いことが報告されています[4]。

　WTCに隣接している要因に着目してみましょう。ピラミッドの頂点であるLayer Ⅰには，コミュニケーション行動としての「L2使用」が据えられています。WTCはそのすぐ下の層になりますが，このことは，WTCがコミュニケーション行動にかなり直接的な影響を与えることを示しています。

　また，Layer Ⅲには，状況的要因として，「特定の相手とコミュニケーショ

▷1　MacIntyre, P. D., Clément, R., Dörnyei, Z. & Noels, K. (1998). Conceptualizing willingness to communicate in a L2: A situational model of L2 confidence and affiliation. *Modern Language Journal*, 82：545-562.

▷2　▷1に同じ。

▷3　本書の「『コミュニケーション能力』とは何か」（4-5頁）を参照。

▷4　Yashima, T. (2002). Willingness to communicate in a second language: The Japanese EFL context. *Modern Language Journal*, 86：55-66.

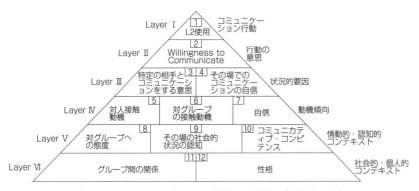

図1 L2コミュニケーションに影響する要因の「ピラミッド」
出典：八島智子（2019）『外国語学習とコミュニケーションの心理——研究と教育の視点』関西大学出版部，117頁。

ンをする意思」と「その場でのコミュニケーションの自信」があります。このような，特定の状況下における「意思」と「自信」が，他の要素にも増してWTC に直接影響を及ぼす，とされています。

③ 社会・文化的コミュニケーション観としての WTC

WTC という概念について，どこか「馴染みにくい」といった感じを覚える人もいるかもしれません。その理由は，WTC が米国のコミュニケーション学において，つまり，コミュニケーションに消極的な人が評価されにくいような社会・文化的コンテクストにおいて開発されたものだからでしょう。

WTC を第二言語の教育・学習に応用した「L2 WTC」も，コミュニケーションが学習のプロセスであり，目標ともなっている言語教育のコンテクストにおいて研究されてきました。特に第二言語への動機付けや情動との関連で展開されている L2 WTC の研究を通じて，学習者がなぜ（教室で）コミュニケーションを行うことに消極的になってしまうのか，その背後にある要因の複雑さと，消極性それ自体の状況依存性が明らかになっています。

しかし，「コミュニケーションに消極的な人が評価されにくい」というWTC の前提をそのまま日本での教育実践に持ち込んでしまうと，やり方によっては，「コミュニケーション」に関する特定の価値観や規範の押しつけとなってしまいかねません。また，コミュニケーションはしばしば多層的です。例えば，英語が嫌いで授業に消極的な生徒が，本当は別の科目の勉強をしたいのだけれども，「先生が好きだから」おとなしく参加だけはしている，という場合の WTC はどのように評価されるべきでしょうか。

「ポスト・コミュニカティブ・アプローチ」の視点に立てば，L2 WTC の有用性を最大限に認め，それを取り入れつつも，それがときに（言語）教育的で，言語中心で，合目的的で，個人主義的なコミュニケーション観につながることも踏まえながら，いろいろな "(un)willingness to communicate" の形を認め合える実践を目指すことも，重要な視点となってきます。　　　　（榎本剛士）

▷5　本書の「コミュニカティブ・アプローチ」（46-47頁）を参照。

▷6　▷5に同じ。

（おすすめ文献）

MacIntyre, P. D., Clément, R., Dörnyei, Z. & Noels, K. (1998). Conceptualizing willingness to communicate in a L2: A situational model of L2 confidence and affiliation. *Modern Language Journal*, 82 : 545-562.

Mystkowska-Wiertelak, A. & Pawlak, M. (2017). *Willingness to communicate in instructed second language acquisition : Combining a macro- and micro-perspective.* Multilingual Matters.

八島智子（2019）『外国語学習とコミュニケーションの心理——研究と教育の視点』関西大学出版部。

Ⅱ　コミュニケーションと社会・文化のつながり

 # 非言語コミュニケーション

① 「情報」を伝えられるのは言語だけ？

　「コミュニケーション」というと，誰かと誰かが「会話」をしている状況，すなわち，「言語」を媒体とするコミュニケーションがまず想起されるかもしれません。第4部でここまでに示してきたとおり，言語は確かに，コミュニケーションにおける重要な媒体であり，様々な機能を同時に果たしています。

　しかし，言語がコミュニケーションにおける唯一の媒体ではないことも，明らかです。コミュニケーションを言語による「情報伝達」と捉えれば[1]，コミュニケーションにおいて重要な意味や情報は全て言語によって伝えられている，ということになりますが，日常的な感覚で考えても，どうもそうは思えません。

② コミュニケーションに関わる言語以外の要素

　そこで注目されるのが，「非言語コミュニケーション」です。では，「非言語」的なコミュニケーションの媒体には，具体的に，どのようなものがあるでしょうか。ジェスチャー，声の調子，顔の表情くらいは，さほど考えなくても，思い浮かびます。

　もう少し体系的に示すならば，非言語的なメッセージには，(1)イントネーション，リズム，ポーズ，声質などのパラ言語，(2)体つき，髪・肌の色，服装，アクセサリーなどの外見的特徴，(3)本能的（思わず触ってしまう場合）・儀礼的（握手などの場合）身体接触，(4)表情，身振り，姿勢，まなざしなどの身体動作，(5)香水やデオドラントなどのにおい・香り，(6)対人距離，対人角度，立つ位置などの空間，(7)時間の観念・時間に対する志向などがあります[2]。

　また，非言語コミュニケーションには，文化を超えた共通性が見られる部分と，そうでない部分があります。前者の代表例は，顔の表情です。表情とそこから汲み取れる感情（喜び，驚き，恐れ，悲しみ，怒り）との間には，かなり共通の傾向が見られるようです。他方，ジェスチャーや対人距離などは後者にあたります。例えば，最近は「裏ピース」（手の甲を相手に向けたピースサイン）で写真に写っている若者をよく目にします。日本では特に違和感はありませんが，場所によっては，それが侮辱のサインとなることもあります。コミュニケーションの際の身体的な距離も，気になるところです。特に多くの日本人は，こちらが心地よいと感じる距離を超えて相手が近づいてくる場合，不快感

▷1　本書の「コミュニケーションの定義」（82-83頁）を参照。

▷2　末田清子・福田浩子(2011)『コミュニケーション学──その展望と視点（増補版）』松柏社。

を覚えたり「馴れ馴れしい」と感じたりしがちですが，それはコミュニケーション上の習慣の違いかもしれません。さらに，コミュニケーションの中の「沈黙」は，わたしたちに身近で，注意が必要な非言語コミュニケーションです。何を言おうか熟考していたり，「自分から話し過ぎるのはよくない」といった価値観をもっていたりして何も言わずにいると，相手から「コミュニケーションする意思がない」と解釈されてしまうことがあります。

「次からは気をつける」ということで片づく場合もありますが，期せずして相手を侮辱してしまったり，相手の気分を害したりしてしまう場合もあります。特に「異文化コミュニケーション」の状況にいるときには，意識的に気を配りたいところです。

③ 非言語的記号とメタ・コミュニケーション

「言語」と「非言語」と言ってしまうと，「言語」が主で「非言語」が従，といった関係を思い浮かべてしまいがちです。しかし，「非言語的メッセージは，言語的メッセージを補足しているにすぎない」とする考え方では，コミュニケーションの現実を捉え損ねてしまいます。

ここで，非言語的メッセージがもつ「メタ・コミュニケーション」機能をおさえておきましょう。メタ・コミュニケーションとは，「コミュニケーションについてのコミュニケーション」のことです。例えば，誰かが，奇妙な笑みを浮かべて，声をひきつらせながら「よいですね」と言った場面を想像してみてください。また，誰かが「あなたが大好きだ」と言いながら，かなり強い力で，拳でぶってきたら，どうでしょうか。

前者の例では，「この人は，本当は『よい』とは思っていない／言いたくないのではないか」，後者の例では，「私のこと，きっと好きではないのだな」といった解釈に辿りついたとしても，何ら不自然ではありません。このように，非言語的なメッセージは，言語的なメッセージをどのように解釈すべきかに関する「枠組み」を与えてくれることがあります。つまり，言語的なメッセージをどのように受け取るべきかについて，非言語的なメッセージがコミュニケーションしている，ということです。このような，特定のメッセージをどのように解釈すべきかを指し示すメッセージは，「コンテクスト化の合図」（contextualization cue）と呼ばれます[3]。非言語的メッセージは「コンテクスト化の合図」であることが少なくありません。

また，最近の会話分析では，視線変化などの一見，微細にみえる身体動作が，実は，発話のタイミングの調整や，コミュニケーションの連鎖の組織化に貢献していることが明らかとなっています[4]。「言語」と「非言語」という区別は便宜上，保持するとしても，「前者が主で後者が従（補足的）」という理解は，必ずしも的を射ているとは言えないことに注意が必要です。 （榎本剛士）

▷3 ガンパーズ，J. J.／井上逸兵・出原健一・花崎美紀・荒木瑞夫・多々良直弘訳（2004）『認知と相互行為の社会言語学──ディスコース・ストラテジー』松柏社。

▷4 本書の「言語に関わる研究(2)」（172-173頁）を参照。

【おすすめ文献】

ガンパーズ，J. J.／井上逸兵・出原健一・花崎美紀・荒木瑞夫・多々良直弘訳（2004）『認知と相互行為の社会言語学──ディスコース・ストラテジー』松柏社。
リッチモンド，V. P. & マクロスキー，J. C.／山下耕二編訳（2006）『非言語行動の心理学──対人関係とコミュニケーション理解のために』北大路書房。
高梨克也（2016）『基礎から分かる会話コミュニケーションの分析法』ナカニシヤ出版。

Ⅱ　コミュニケーションと社会・文化のつながり

6 教室内コミュニケーション

1 「教室」とはどのような場所か

　「学校」という制度がしっかりと確立されている社会に生きるわたしたちには，「教室」が極めて特殊な場所である，という認識が比較的希薄かもしれません[▷1]。「学校」や「学級」は，明らかに歴史的な構築物であり，この制度が日本に導入された明治期には，学校に大きな違和感をもつ人も少なくありませんでした[▷2]。

　ある種の「社会的発明品」である「教室」には，いくつかの特徴があります。例えば，「大勢」（crowds）（学校はみんなで過ごすところです），「称賛」（praise）（学校でのあらゆる行動には，教員やクラスメートからの評価が伴います），「力」（power）（教員・子供間だけでなく，子供たちの間にも「強い者」と「弱い者」の関係があります）などです[▷3]。教室にいる子供たちは，学校で科目の内容だけを学んでいるのでなく，上記のような特徴をもつ「教室」という場所で・う・ま・く・や・っ・て・・い・く・ことも同時に学んでいると言えます[▷4]。

2 「教室談話」という視座

　社会的な制度としての側面が強い教室には，コミュニケーションの「型」があります。代表的な「型」は，「IRE」と呼ばれるものです[▷5]。I は教員による主導的な発話（問），R は子供による反応，E は教員による評価やフィードバックのことを指します[▷6]。例えば，「今，何時ですか」（A さん），「9 時30分です」（B さん），「はい，そうですね」（A さん）というやりとりを想像してみてください。この会話は，どのような場所で起こりそうでしょうか。時計（携帯電話）を忘れてしまった人と，そのすぐそばにいる時計を持っている人との間の・普・通・の・会・話・とは考えにくいのではないでしょうか。しかし，時計の読み方を学んでいる日本語の授業の「教室談話」（classroom discourse）としてみた場合，違和感はないと思います。

　もちろん，教室で行われるコミュニケーションの全てがこのような「型」に則しているわけではないのですが，そこには大きな特徴が観察されることもまた，事実です。

3 科目内容とアイデンティティ・権力関係の共起

　ことばを使ったコミュニケーションには，「言われていること」と「為され

▷1　もちろん，これは程度の問題で，学校が自分の「居場所」であると感じる人もいれば，全くそう感じ（ることができ）ない人もいます。

▷2　柳治男（2005）『〈学級〉の歴史学──自明視された空間を疑う』講談社。

▷3　Jackson, P. W. (1990). *Life in class-rooms*. Teachers College Press.

▷4　ジャクソンによれば，学校や教室には，そのような学びを促す「隠れたカリキュラム（hidden curriculum）」があります。

▷5　それぞれ，Initiation, Reply (Response), Evaluation の略です。E の部分が F (Feedback) とされることもあります。

▷6　Mehan, H. (1979). *Learning lessons: Social organization in the class-room*. Harvard University Press.

ていること」の二側面がありますが，このことは，教室でのコミュニケーションにも当てはまります。

　クラスの（特定の）子供や，子供たちがよく知っている教員を引き合いに出して，教科書の内容（例えば，歴史的な出来事）が説明される状況を考えてみてください。そこに描かれている出来事が「王様と庶民」との間の出来事だったとします。このとき，「王様が〇〇先生，庶民がみんなだったとするでしょう」というふうに，当時の出来事やそこにいた人々の関係を，子供たちが生きる学校の現実に引き付けて提示することができます。このように，「語られる出来事」（つまり，歴史上の出来事）が，「語る出来事」（つまり，教室で行われている説明という出来事）に投影され，「〇〇先生」が「権力者」，「みんな」が「統治される人々」の役割を担い，それが教員と子供たちの両者によって（冗談交じりにでも）受け入れられることで，学校・教室における実際の権力関係が暗黙のうちに強化される，ということが考えられます[8]。

　このように，教室におけるコミュニケーションには，科目内容に関する学びを促進したり阻害したりする側面がありますが[9]，そこには同時に，様々な権力関係やアイデンティティも密接に関係しています。

❹ 教室内コミュニケーションは「多様」で「多層的」

　さらに，教室で起きていることは，必ずしも「授業」に還元できるとは限りません。言い換えるならば，授業中の教室には，「コミュニケーションのトラック（track）」とでも呼べるものが複数，走っています。

　その中には，指導案に書かれるような，教科書や科目の内容について，教員が主導となって進めるコミュニケーションのトラックが当然，あります。しかし，実際に教室に行ってみると，そのようなトラックの周辺で，実に様々なコミュニケーションが展開していることがわかります。それが，わからないことを隣の席の人に聞くときのように，授業内容に直接関連していることもあります。翻って，新たに着任したALT[10]を交えた英語の授業でのグループ・アクティビティで，特定のグループから "Do you have a girlfriend?" という質問が出たとき，そのグループは，「アクティビティに参加する」ことをしっかりと行いながらも，同時に，「この新しいALTはどのくらい冗談が通じて，ALTが変わったこの授業には今後，どのようなノリで参加すればよいか」を探っているのかもしれません。

　授業時間中の教室では科目内容に関するコミュニケーションしか起こっていない，という理解は，実は，かなり現実と乖離しています。むしろ，授業中の教室を様々な声が飛び交う「大通り」として見て，そのような（授業には直接関係がないかもしれない）声のどこに（予期せぬ）学びのきっかけが潜んでいるか，教員は常にアンテナを張っておきたいものです。　　　　　　　　（榎本剛士）

▷7　本書の「行為としてのことば／ことばとコンテクスト」（84-85頁）を参照。

▷8　Wortham, S. (2006). *Learning identity: The joint emergence of social identification and academic learning.* Cambridge University Press.

▷9　秋田喜代美（2012）『学びの心理学――授業をデザインする』左右社。

▷10　Assistant Language Teacher の略。外国人指導助手のことで小中高の英語の授業で日本人教員を補助します。

▷11　茂呂雄二（1997）「教室の声のエスノグラフィー――授業の談話分析の課題」『日本語学』16(3)：4-12頁。

おすすめ文献

榎本剛士（2019）『学校英語教育のコミュニケーション論――「教室で英語を学ぶ」ことの教育言語人類学試論』大阪大学出版会。

松井かおり（2012）『中学校英語授業における学習とコミュニケーション構造の相互性に関する質的研究――ある熟練教師の実践課程から』成文堂。

Rymes, B. (2009). *Classroom discourse analysis: A tool for critical reflection.* Hampton Press.

幕末—明治—大正—昭和初期

1 歴史の中の英語と英語教育

　約130年にわたる歴史をわずか2頁でまとめることには大きな無理があります。しかし、あえて大雑把に言うと、「幕末—明治—大正—昭和初期」の日本における英語教授・教育は、西洋の衝撃、西洋文明の吸収、近代国民国家としての日本と国語の確立、戦争勝利・国粋主義と英語存廃論の勃興、そして「英語教育」の誕生へ、という流れで捉えることができます。

2 「国防」から始まった英語学習

　日本における英語学習は、「衝撃」とともに始まりました。幕末の日本は「鎖国」状態にあり、幕府の通商相手国はオランダと中国に限られていました。そのような状況下、1808年の夏のある日、長崎の港にオランダの国旗を掲げた「フェートン号」という船が入ってきました。しかし、その船は、実は英国の軍艦だったのです！

　英国の軍艦を迎え撃てるだけの準備ができていなかった当時の長崎の奉行・松平図書頭康英は、薪水や食料の要求を呑むしかなく、フェートン号を撃退できなかった責任をとって自害しました。この事件をうけて、翌年、幕府は長崎のオランダ通詞たちに英語の学習を命じます[1]。

3 「英学」の時代

　1853年のペリー来航で「開国」に踏み切った幕府は、軍艦や大砲をはじめとする西洋（英米）の技術に圧倒されます。そして、1867年に二度目の米国渡航を果たした福沢諭吉は、大量の英書を買って日本に持って帰ってきます。ここから、日本の独立のため、西洋に肩を並べるだけの国力の増強のために、西洋の書物を通じて西洋の文明を吸収しようとする「英学」が本格的に始まります[2]。

　明治初期は、どんな学問を行うにも外国語の教科書が使われ、高等教育では「お雇い外国人[3]」が英独仏などの外国語で学問を授けていました[4]。当時、英語を含む西洋の外国語は学問を行うために必須であり、「英学」を担うエリートたちにとって、英語（及び、その他の外国語）を学ぶ目的は極めて明確でした。

▷1　このときの教師は、アイルランドの英国陸軍で4年の勤務経験があるブロムホフ（Blomhoff, J. C.）という人でした。

▷2　横浜、函館、神戸などの港町では、庶民の間でも英語が学ばれました。

▷3　梅渓昇（2007）『お雇い外国人——明治日本の脇役たち』講談社。

▷4　陸軍はドイツ語やフランス語、海軍は英語、医学はドイツ語など、「吸収」する分野によって学ぶ外国語が違っていたため、当時は「英語一辺倒」ではありませんでした。旧制中学校でも、英語に加えてドイツ語かフランス語（もしくは、両方）が学ばれていました。

4 「英語」はいらない？

　エリートたちによる凄まじい努力の甲斐あって，日本では急ピッチで近代化が進んでいきました。明治10（1877）年を過ぎ，明治20（1887）年に近づく頃には，外国語で高等教育を受けたエリートや，洋行帰りの留学生，すなわち，日本語で学問を授けられる人が出てきます。そして，明治20（1887）年以降，いよいよ大日本帝国憲法の発布，帝国議会の設置，教育勅語の発布が相次ぐと，日本は国家主義の方向に本格的に舵を切ります。明治初期のような，外国人の教師・外国語による教育は姿を消していき，英語は「学校」制度の中に位置付けられていきます。また，中等教育機関の拡充が行われる中でも，高等教育機関は増えなかったため，「受験戦争」が激化の一途を辿っていきます。

　明治期が終盤にさしかかる頃，日本は日清・日露戦争に続けて勝利します。この勝利をうけて，国粋主義的な風潮が高まっていき，大正期に入ると，日本の国際的地位の上昇を背景に，英語存廃の議論が熱を帯びてきます。

▷5　この間は，日本語の表記，「国語」としての英語採用案など，言語をめぐる様々な問題がありました。イ・ヨンスク（1996）『国語という思想──近代日本の言語認識』岩波書店などを参照。

5 「英語教育」の誕生

　英語存廃論が渦巻く中，明治末期から昭和初期にかけて，画期的な出来事が起きます。「英語教育」という概念の誕生です。この概念を提唱したのは，英語・英文学者であり，国語学者でもあった岡倉由三郎という人物です。英語の廃止を主張する者は，近代化を成し遂げた日本においてなぜ，英語が一般の国民によって学ばれねばならないのか，と厳しく問います。そこで岡倉は，以下のような考えを展開しました。

　　　英語教育といふのはどういふ事であるかといふと，英語を通じて行ふ教育といふことである。［中略］英語を教へながらその精神陶冶に力を盡す，さういふ立て前で，英語教授といはないで英語教育といふ。

　こうして，岡倉は「英語教育」が日本において学校で教える英語の課業を呼ぶのに最も適当な名であると主張しました。明治期以降，一般的に「英語教授」と呼ばれていた（学校で）英語を教える実践は，近代国民国家としての骨子が確立し，「国民」が前提可能となり，日本国民としての精神を国語で陶冶する教育を全国民に施すことが現実的な課題となった段階で初めて，「英語教育」となりました。

　この後，満州事変を皮切りに，日本は戦争の泥沼へ足を踏み入れていきます。そして，そのような流れの中，英語は「敵性語」として見なされていきますが，英語教育は廃止とはならず，英語は非常に矛盾を抱えた状況に陥っていくことになります。

（榎本剛士）

▷6　岡倉由三郎（1978）「英語教育の目的と價値」川澄哲夫編／鈴木孝夫監修『資料日本英学史2　英語教育論争史』大修館書店，408-432頁。

（おすすめ文献）
伊村元道（2003）『日本の英語教育200年』大修館書店。
小林敏宏・音在謙介（2009）「『英語教育』という思想──『英学』パラダイム転換期の国民的言語文化の形成」『人文・自然・人間科学研究』（21）：23-51頁。
高梨健吉・大村喜吉（1978）『日本の英語教育史』大修館書店。

Ⅲ　日本の社会・文化における英語教育／ a　社会は英語教育に何を求めてきたのか

② 戦時中の英語教育から戦後の英語ブームへ

① 「敵性語」からいよいよ「敵国語」へ

1941（昭和16）年，日本が対米開戦に踏み切ったことで，英語はいよいよ「敵国語」となりました。タバコの「バット」は「金鵄」，チェリーは「桜」に変わり，さらに戦争が進むにつれて，野球の「セーフ」が「よし」，「アウト」が「ひけ」などとなりました。また，ジャズは敵性音楽，マイクロホンは敵性器具，サクソフォンはアメリカニズムの象徴，などといった調子で，多くの敵性文化が排斥の対象となりました。[1]

このような，敵国語・敵性文化の排斥を強く主張する論調が社会を席巻する中，その行き過ぎを指摘する人もいました。例えば，1942（昭和17）年の新聞記事の中で，作家の坂口安吾は「ラジオもプロペラもズルフオンアミドも日本人が発明したもの」ではなく，このような言葉は「発明者の国籍に属するのが当然」であり，「ラジオを日本語に改めても，実力によって戦いとったことにはならない」と主張しました。[2]

② 戦時中の英語教育におけるダブル・スタンダード

「鬼畜米英」といった言葉や英語を排斥する声が世の中をめぐる中，敵国語である英語を学ぶどころか，口にすることすら憚られるような当時の雰囲気を想像する人もいるでしょう。しかし，対米開戦後の戦時中も，英語教育は行われていました。

このことを読み解くためのキーワードが「ダブル・スタンダード」，すなわち，二つの異なる基準です。当時の政府は，一般国民に対しては，新聞などのメディアを通じて「鬼畜米英」「英語は敵国語」といったイメージを植え付けながら敵愾心を煽り，他方，中等教育以上のエリートたち，工業や商業などの職業系学校の生徒たちや陸海軍の士官学校の生徒たちに対しては，英語教育を行っていました。[3]特に旧制中学校の英語教育は，質・量ともに，現在を上回るものでした。

そこで使われていた教科書も様々です。中学校では神田乃武の *The New King's Crown Readers*（通称『クラウン』）が使われ，[4]そこには国際色豊かで教養主義的な題材が多くありました。また，職業系学校で使われる教科書には，機械の部品や工具の名称（工業系），ビジネスレターの書き方（商業系）があ

▷ 1　川澄哲夫編／鈴木孝夫監修（1978）「第 5 章太平洋戦争と英語（一）」，「第 6 章　太平洋戦争と英語（二）」『資料日本英学史 2　英語教育論争史』大修館書店を参照。当時の記事や論文で展開された様々な議論に当時の言葉で触れることができます。

▷ 2　川澄編（1978）。

▷ 3　鳥飼玖美子（2018）「第 2 章　英語教育史から探る」『子どもの英語にどう向き合うか』NHK 出版；江利川春雄（2008）『日本人は英語をどう学んできたか──英語教育の社会文化史』研究社を参照。

▷ 4　1944年版の『クラウン』は，帝国議会での糾弾をうけ，急きょ，*Kanda's English Readers* に名称が変更されました。

り，目的に特化した，まさに ESP（English for Specific Purposes）の様相を呈していました。敗戦間近の1944（昭和19）年に中学校と高等女学校の事実上の国定教科書として出された『英語』には，文部省（当時）からの干渉や時局を反映し，戦時的自覚や神社参拝などの題材が盛り込まれましたが，そのような題材の課は全課の2割程度で，身近な話題や文学・科学に関する読み物も含まれていました。

　加えておさえておきたいことは，当時の英語教師，特に英語教育界で「大御所」と呼ばれていた人たちが，戦時下で行われる英語教育（敵国語の教育）の意義をどのように見出そうとしていたのか，という点です。市川三喜は，それを「大東亜共栄圏」に求めました。市川は「英語は単に英米の国語としてのみでなく，タイ，インド，フィリピン，オーストラリアに行われる言語として従来よりも身近くなってきた」と述べ，英語研究の目標がむしろ明確になったとしています。さらに，英語を学ぶことで敵の実情や「英米そのものの長短強弱を正鵠に認識」（南石福二郎）することができ，「欧米人の思想や感情がどういう動きを見せているか」を知るために「文学」を読む（福原麟太郎）という考えも展開されました。権威ある英語・英語教育学者たちが，戦時中の英語教育の意義に関する議論をどのように構築していたか，という問題は，わたしたちが今日のコンテクストで英語教育の目的論を考える際に踏まえてもよいでしょう。

3　戦後の「ブーム」と「ソフトパワー」

　敗戦後，連合国の占領下にあった日本では，各地に連合国軍の兵隊が駐屯しました。空前の英語ブームが起き，敗戦直後の1945年9月に発売された『日米会話手帳』は360万部もの売り上げを記録しました。同じく1945年9月には NHK のラジオ英語講座が復活し，中でも1946年2月に始まった「英語会話」は大人気を博しました。

　そして，開隆堂から出版され，1949年度から使われた新制中学校の英語教科書 *Jack and Betty* は，圧倒的なシェアを誇りました。そこに描かれていた，シカゴ郊外に住むアメリカ中産階級の家庭の暮らしぶりは，豊かなアメリカへの憧れと想像を掻き立てるものでした。

　しかし，このような敗戦後の日本における英語熱の高まりを単に「ブーム」として捉えることは，やや一面的かもしれません。この裏には，日本人に親米意識を植え付ける米国の「ソフトパワー」戦略があった，という見方があることもおさえておきましょう。

（榎本剛士）

▷5　このような題材は，敗戦直後，「黒塗り」の対象となりました。

▷6　▷3に同じ。

▷7　市川，南石，福原まで，全て川澄編（1978）から引用。

▷8　本書の「メディア英語講座と英語教育」（102-103頁）を参照。

▷9　江利川春雄（2016）『英語と日本軍──知られざる外国語教育史』NHK 出版。

図1　*Jack and Betty* が描く「豊かなアメリカ」（上：車，下：Thanksgiving の食卓）
出典：江利川（2016：229頁）。

おすすめ文献

江利川春雄（2008）『日本人は英語をどう学んできたか──英語教育の社会文化史』研究社。

江利川春雄（2015）『英語教科書は〈戦争〉をどう教えてきたか』研究社。

江利川春雄（2016）『英語と日本軍──知られざる外国語教育史』NHK 出版。

学校英語教育改革への動き

① 英語教育大論争

　「英語を話せるようになりたい」という素朴な願望は，折々の「英語ブーム」を生みましたが，それを担うのは主として英語講座なり民間の英会話学校でした。学校英語教育は，読んだり書いたりする力を養成する場であり，長らくその両者は役割を分担してきました。

　ところが，学校英語教育についての議論は，1955年には既に起こっていました。「英語」を義務教育化するか否かの論争です。評論家の加藤周一は次の理由で反対しました。(1)日本の中学生の圧倒的多数は，仕事の上で将来英語を実用に供する機会を持たない。(2)実用に供する必要のある場合には，今の中学校はもとより高等学校卒業生の知識でも不十分なので，(3)一部の生徒を徹底的に教育できるような方法を編み出していく必要がある，との主張でした。[1]

　これに賛成したのが，藤村 作 が廃止論を発表した当時，東京大学国文科学生だった臼井吉見（評論家）で，反対は中橋一夫（英文学者，東京大学教授）でした。[2]

　日経連（日本経営者連盟）は「役に立つ英語」要望書を公表し，「新制大学卒業生の語学力は，逐年向上しているが，いまだ産業界が要求している程度には達していない。一般的にいって，就職のための常識面に片寄り，基礎的な掘り下げ，原書などを読みこなす研究態度，勉強方法に欠けている」と主張し，1960年に文部省（当時）は「英語教育改善協議会（市河三喜会長）」を発足させました。

② 平泉・渡部英語教育大論争

　1974年になると，英語教育論争はより本質的な内容となり，社会的に大きな注目を浴びました。平 泉 渉 ・参議院議員（当時）が自民党政務調査会に「外国語教育の現状と改革の方向〜一つの試案」（平泉試案）を提出したのです。

　外交官として複数の外国語を学んだ経験を踏まえ「英語教育の成果は全くあがっていない」と断じ，(1)外国語教育を事実上国民師弟の全てに対して義務的に課することは妥当か，(2)外国語としてほぼ独占的に英語を選んでいる現状は妥当か，(3)成果を高める方法はないか，の 3 点を問題提起し，独自の改革案を提案しました。

▷1　「信州の旅から――英語の義務教育化に対する疑問」『世界』1955年12月号，岩波書店。
▷2　藤村作（1938）「中学校英語科全廃論」『文藝春秋』 3 月号，文藝春秋。

　具体的な提言としては，義務教育である中学校では「世界の言語と文化」という教科を設けて基本的な常識を教え，英語は中学校第1学年修了程度までを教える。高等学校では，「希望者だけを英語コースで特訓」する案でした。日本では，英語を日常的に使用しておらず，「外国語としての英語」環境であることに鑑みたもので，「国民師弟の約5％が外国語の実際的能力を持つようなことになれば望ましい」と主張したのですが，これが「エリート養成の選別主義」だと誤解され批判を浴びました。

　また，平泉による「実用英語」とは，「使えるか―よんで，書いて，はなして，きく，という，人間のコミュニケーションの手段としての言語を一応こなせるという能力」（原文ママ）でした。しかし「実用英語」を「話せる英語」だと狭義に解釈した渡部 昇 一・上智大学教授（当時）が「亡国の『英語教育改_{わたなべしょういち}革試案』」だと猛反発し，オピニオン誌『諸君！』（文藝春秋）での誌上論争[3]が半年間続きました。

　平泉試案を丁寧に読み，平泉本人の語り[4]を聞くと，平泉は「読み」「書く」ことも必須だと考えており，現在でいう「4技能」を主張しています。日本人は「会話能力が欠如している」だけでなく「ほとんど読めず，書けず，わからないというのが偽らざる実状である」と喝破し，外国語教育環境にある日本の現実を直視した上で，学習意欲を削ぐことを理由に「大学入試から英語を外す」，多文化共生社会を先取りしたような中学校の「世界の言語と文化」科目を提案するなど，画期的なものでした。

❸ 「英語教育大論争」の結末

　二人の英語教育論争は，「教養英語の渡部」対「実用英語の平泉」として，誤解に満ちた図式に単純化されて流布され定着し，今日に至っています。

　論争当時は，渡部が現職英語教員の守護神のようになり，英語教員の集まり（ELEC）[5]に招かれた平泉は，英語教員から糾弾されました。

　英語教育政策的には，平泉試案を受けて文部省（当時）では有識者会議を立ち上げ，教員研修が重要だとの結論を導き，「つくば研修」[6]が始まったとされます。

　平泉試案の具体的な内容が検討された形跡はなく，義務教育の中における英語教育の位置付けは変わらず，大学入試から英語科目を外すことにもなりませんでした。ただ，高等学校における「希望者対象の英語コース」は，「外国語科」を設ける高等学校が増えたことで実現しています。

　全体的な英語教育政策の方向性としては，「実用英語」が浸透し，やがて「コミュニケーションに使える英語」へ向けて怒濤のような流れとなりました。

（鳥飼玖美子）

▷3　『諸君！』1975年4月号，文藝春秋。

▷4　鳥飼玖美子（2014）『英語教育論争から考える』みすず書房。

▷5　ELEC は，1956年設立の日本英語教育研究委員会。現在は一般社団法人「英語教育協議会」。

▷6　現職教員を対象とする宿泊型研修。

おすすめ文献
平泉渉・渡部昇一（1975）『英語教育大論争』文藝春秋。
鳥飼玖美子（2018）『英語教育論争から考える』みすず書房。
江利川春雄（2018）『日本の外国語教育政策史』ひつじ書房。

Ⅲ　日本の社会・文化における英語教育／a　社会は英語教育に何を求めてきたのか

 政治と経済主導の教育改革

 「グローバル人材育成」

　日本の英語教育は，1980年代後半の臨時教育審議会において国際化を標榜した改革が提言され，以後，その提言を生かした改革が続いています。

　民主党政権時代の2011年5月，政府は「グローバル人材育成推進会議」を設置し，2012年6月4日に「グローバル人材育成戦略」を公表しました。その趣旨には「グローバル化が加速する21世紀の世界経済の中にあっては，豊かな語学力・コミュニケーション能力や異文化体験を身につけ，国際的に活躍できる『グローバル人材』を我が国で継続的に育てていかなければならない」と述べられています。

　「グローバル人材」に必要な要件として挙げられているのは，「語学力・コミュニケーション能力」「主体性・積極性，チャレンジ精神，協調性・柔軟性・責任感・使命感」「異文化に対する理解と日本人としてのアイデンティティー」です。「語学力・コミュニケーション能力」の定義はありませんが，TOEFLスコアが低いことが課題として挙げられ，主として述べられているのは「英語教育の強化」です。

　さらには，経済界に対して「グローバル人材の育成・活用の必要性を最も痛切に感じているのも，経済社会が中長期的に活性化することで直接のメリットを享受するのも，人材を採用する企業等の側である」と協力を求めています。このような「英語を駆使してグローバルに闘う企業戦士」を育成する方向性は，民主党から自民党に政権が変わってからも継承されました。

2　成長戦略に資するグローバル人材

　自民党は2012年には党内に安倍晋三総裁（当時）の直属機関として経済再生実行本部及び教育再生実行本部を設けて具体的な対策を準備し始め，政権復帰後の2013年4月8日に「産業競争力会議」の第一次提言として「成長戦略に資するグローバル人材育成部会提言」を公表しました。同日，自民党教育再生実行本部においても，大学入試改革や英語教育改革についての提言が公表されました。

　産業競争力会議において下村博文・文部科学大臣（当時）が提示した案を読むと，大学における「グローバル人材の育成」では，「世界と競う大学の重点

▷1　「産業力競争会議」は，安倍晋三首相の経済政策，いわゆる「アベノミクス」の3本の矢のうち，3本目を担うため2013年に設けられました。第一の矢は「金融の大胆な緩和」，第二の矢が「機動的な財政出動」，第三の矢が「我が国産業の競争力強化や国際展開に向けた成長戦略の具現化と推進について調査討議する」ことです。

▷2　産業競争力会議（2013年4月17日）下村大臣発表資料「人材力強化のための教育戦略」。
https://www.mext.go.jp/component/b_menu/shingi/giji/__icsFiles/afieldfile/2013/04/17/1333454_3.pdf

支援」「日本人の海外留学の倍増」「大学入試や卒業認定への TOEFL 等活用の飛躍的拡充」が挙げられ，初等中等教育においては「グローバル社会で求められる課題解決型の学力において，世界トップレベルの水準」を求め，具体的には「国際的な学力調査（PISA）で全分野（読解力，数学的リテラシー，科学的リテラシー）トップレベル」を目標としています。英語力については，「日本人の TOEFL iBT 平均点を69点から80点に向上」させ，「生徒が英語で自由にコミュニケーションできる」ことを目標に「中卒時の英検3級程度以上の割合を26％から50％，高卒時の英検準2級・2級以上の割合を30％から50％」に上げることを求めています。さらには，「外国語教員の語学力・指導力の大幅改善」や「子供たちの英語漬け体験の機会の充実」「TOEFL 等の大学入試への活用と大学入学後の継続的利用の促進」も要請し，「海外に打って出る突破力」をつけるための高校生留学支援も提案しています。

③ 教育改革と市場化

　上記のように，1980年代の後半以降，市場原理主義を教育に導入することで，グローバル社会で活躍できる主体性と創造性，思考力と行動力を備えた「強い個人」の育成を目指す新自由主義的な教育改革運動が，政治主導によって次々と実現されてきました。英語教育の分野でも経済界が望む顕在的な職業スキルを育成すべく，「英語が使える日本人」の育成を目標として，「セルハイ（SEL-Hi）事業」「小学校への英語教育導入」「数値による到達目標設定」「CAN-DO リスト作成」「パフォーマンス評価」「アクティブ・ラーニング」「e ラーニング」「大学入試への英語民間試験導入」など，教育環境を市場化／競争化／民営化しようとする動きが強くなっています。

　「教育改革」という用語を聞くと，それを実施することによって，全てがよい方向に向かうような錯覚をもつかもしれませんが，冷静に立ち止まって政策決定プロセスに目を向けてみると，審議会メンバーの人選に偏りがあったり，議事録などの情報公開が不透明であったり，政策の中身について十分な検討や議論や検証がなされないまま強引に決定されたりすることも多く，その結果，政策が頓挫して大きな社会問題となり，教育への信頼を揺るがす事態を招くこともあります。

　教育の中身（内容や指導や評価）に関する制度的変革は，時間をかけて政策課題を吟味・解決し，権力を一極集中させるようなトップダウン型の急激な教育改革ではなくて，ボトムアップ型で緩やかに，かつ慎重に実行すべきと考えられます。教育改革の全てが悪いとは言えませんが，英語教育の目標がグローバル人材育成に矮小化され，その成果を学習者と教育の場に求めることについては注意が必要です。

（鳥飼玖美子・綾部保志）

▷3　本書の「『読む力』と『コミュニケーション』」（164-165頁）を参照。

▷4　「新自由主義」とは，規制緩和によって市場原理の競争主義を導入することによって，政府の介入を最小限に抑えて民営化を推進しようとする経済政策のことを指しています。1980年代以降に世界的に見られた潮流で，教育界にも多大な影響を与えています。

▷5　Super English Language High School の頭文字をとった略語。全国の高等学校のうち，2002年から2009年度まで継続して英語教育について先進的な取り組みをしている学校を文部科学省が指定し，重点的に研究予算を配分した事業です。

▷6　南風原朝和（2018）『検証　迷走する英語入試――スピーキング導入と民間委託』岩波書店；鳥飼玖美子（2020）『10代と語る英語教育――民間試験導入延期までの道のり』筑摩書房などを参照。

▷7　広田照幸（2019）『教育改革のやめ方――考える教師，頼れる行政のための視点』岩波書店。

おすすめ文献

南風原朝和（2018）『検証迷走する英語入試――スピーキング導入と民間委託』岩波書店。

鳥飼玖美子（2020）『10代と語る英語教育――民間試験導入延期までの道のり』筑摩書房。

佐貫浩・世取山洋介編（2008）『新自由主義教育改革――その理論・実態と対抗軸』大月書店。

メディア英語講座と英語教育

メディア講座のこれまで

　メディアにおける英語講座は，ラジオから始まりました。1925（大正14）年，東京放送局が本放送を始めた1週間後の7月10日，ラジオ「英語講座」として開始しました。岡倉由三郎（立教大学）が講師でした。当初は，英文学を中心に読解力育成を目指しましたが，英語存廃論争の影響もあり1927（昭和2）年「英文学講座」は打ち切られ，「英語講座」だけが残りました。番組は1941年12月8日真珠湾攻撃の朝まで放送，太平洋戦争中は中断していましたが，終戦の翌月に再開されました。NHKアナウンサーの平川唯一が講師の「英語会話」は，1946年から51年まで続き，「証城寺の狸囃し」のメロディにのせた番組のテーマソングCome, come, everybody！から「カムカム英語」として親しまれました。

　当初から現在に至るまで，NHKラジオでは各種の「英語講座」が放送され，番組と連動したテキストを制作し販売する形式も踏襲されています。

　民放では文化放送をキー局に，旺文社系列の日本英語教育協会制作「百万人の英語」が1958年4月1日から1992年10月4日まで毎日放送されました。こちらも月刊のテキストが刊行され，予習復習ができるようになっていました。J. B. ハリス，五十嵐新次郎，鬼頭イツ子など個性豊かな講師が日替わりで出演しました。「百万人の英語」のすぐ後には続けて，「大学受験ラジオ講座」が放送され，西尾孝の英文法講座などが人気でした。

2 メディア英語講座の今

　現在は，NHK（日本放送協会）がラジオとテレビで多種の英語講座及びユーロ4言語に加え中国語，ハングル，ロシア語，アラビア語などの外国語講座を展開し，学校放送の枠組みでは正規の英語教育を補完するような番組を制作しています。

　ラジオ講座は，「基礎英語」シリーズや「ビジネス英会話」を含め，各講師が毎回のスキットを執筆しています。1998年開始の「テレビ英会話」シリーズでは，海外で制作された素材を使用しました。いずれも付属テキストがNHK出版から刊行されました。

　唯一，テキストなしで開始した番組が，2009年「ニュースで英会話」でした。NHKが世界へ向けて発信しているNHK Worldのニュースを教材に使い，ウ

▷1　岡倉由三郎は，1968（明治元）年生まれの英語・英文学者。岡倉天心の弟。ラジオ放送開始の1925（大正14）年に東京高等師範学校英語科主任教授を退官し，立教大学へ移り，ラジオ「英語講座」を引き受けました。

▷2　学校教育における英語の特権的な位置を批判する「英語科廃止論」に対して英語専門家は「教養としての英語」を主張。詳しくは山口誠（2001）『英語講座の誕生――メディアと教養が出会う近代日本』講談社。

▷3　終戦は1945年8月15日。番組は1945年9月18日から再開。

▷4　山口（2001）。

▷5　鳥飼玖美子は，1971年から番組終了まで21年間，講師を担当。

▷6　イタリア語，スペイン語，フランス語，ドイツ語。

▷7　1998年「ふれあいの会話術Interchange」，2年目が「ふれあいの会話術Spectrum」。2000年からの「テレビ英会話クロスロード・カフェ」は，米国公共放送サービスPBS制作の"Crossroad Café"が教材。米国にやってきた移民が，生活する上で遭遇する異文化コミュニケーションの問題を連続ドラマで解説したものでした。講師はいずれも鳥飼玖美子。

ェブサイトとテレビ・ラジオを連動させたクロスメディア番組でしたので，テキストは不要との考えでした。ところが番組放送開始直後から「ウェブでは赤線を引いて勉強できない。テキストが欲しい」という視聴者からの要望が殺到し，放送後にCD付きの雑誌を刊行するようになりました。

「ニュースで英会話」は，旬のニュースで英語を学べること，実際に英語力が上がったことなどで英語学習者から支持され，9年間続きました。しかし，異例の長寿番組になり，2018年4月からは，若者を意識した「世界へ発信！SNS英語術」という番組に衣替えしました。SNSの専門家を出演者に加え試行錯誤を続け，2020年4月からは「世界にいいね！　つぶやき英語」が始まりました。「ニュースで英会話」のウェブサイトとラジオは「ニュースで英語術」として継続しています。

❸　メディア英語講座の役割とこれから

ラジオやテレビの英語番組は，英語学習を様々な面から支えることを目的に多種の講座が提供され，視聴者が自由に選べるようになっています。公共放送としてのNHKは，日本全国に番組を届けているので，教育に貢献する意義は大きいのですが，最近は難しさもあります。

若い世代は，テレビやラジオから離れ，もっぱらTwitterなどのソーシャル・メディア[10]を使います。SNSを意識して新たに開始した英語番組も，肝心のSNS世代はテレビを見ません。加えて，YouTubeやインターネットには無料の英語コースがいくらでもあります。英国では，British CouncilやBBC[11]が英語教育を推進しており，BBC Learning Englishなどの英語講座が無料で提供されています。

そのような時代に育っている若者によれば，「テレビは見ない」「NHKはもっと見ない。受信料払う余裕もない」「今どき，お金を払って情報を得るっていう文化が廃れ始めている」「（英語講座の）テキストを500円で買ってやるなら，BBCでただで見れるじゃんと思って」「あと30年後，見るかっていうと，見ないと思う。もう世の中変わってるから[12]」というのが本音のようです。

NHKは，将来を見据えてインターネット同時配信を始めたのでしょうが，その中で「英語講座」はどのような使命と役割を担うのか。メディア英語講座は岐路に立っているように感じます。ただ，コロナ禍で世界が変貌し，教育の在り方や学び方も変革を余儀なくされる中，良質の番組がインターネットと連動しているとなれば，オンライン学習には最適です。公共放送が質の高い番組を提供して，新たな英語教育に貢献できることを期待します。

（鳥飼玖美子）

▷8　鳥飼玖美子は「ニュースで英会話」の企画段階から関わり，出演と監修を担当。他の英語講師は伊藤サム・元ジャパンタイムズ編集長。ニュース内容はNHK解説委員の岡部徹と嶋津八生が担当。

▷9　2018年4月から，NHK WORLD-JAPANが，テレビ，ラジオ，インターネットを通じて海外に発信するNHKの国際サービス全体を表す名称に。「ニュースで英語術」（旧「ニュースで英会話」）で使用しているニュースは，NHK WORLD-JAPANの定時ニュース番組「NHK NEWSLINE」などで放送されたもの。

▷10　Twitter, Facebook, Instagramなどの総称。日本で使われるSNS（Social Networking Service）は，英語では social media と呼ばれます。

▷11　British Broadcasting Corporation（英国放送協会）

▷12　鳥飼玖美子（2020）『10代と語る英語教育——民間試験導入までの道のり』筑摩書房を参照。

（おすすめ文献）
山口誠（2001）『英語講座の誕生——メディアと教養が出会う近代日本』講談社。鳥飼玖美子・斎藤兆史（2020）『迷える英語好きたちへ』集英社インターナショナル。

学習指導要領とは何か

 学習指導要領とは

　学習指導要領（以下，指導要領）とは，国が終戦後に一定の教育水準を確保するために定めた教育課程の基準です。日本独自のナショナル・カリキュラムといってもよいもので，初等教育と中等教育の各教科・科目，授業時数，単位数，目標，指導，内容などについて項目を示したものです。社会情勢や国際情勢の変化を踏まえて，通例，10年に一度全面改訂され（近年は改訂時期が早まっています），文部科学大臣が告示します。学校教育を考える上で，指導要領を抜きに論じることはできません。英語教育も同様で，特に，教材や指導，内容や評価など，これらを全て含む実践について考えるとき，学校のカリキュラムは指導要領に基づいて編成されているため，指導要領（と解説書）を批判的に理解することが，学校の教育活動／研究の第一歩となります。

 学習指導要領の変遷

　指導要領を知るためには，現行の指導要領を読むだけでは理解が深まりません。過去のそれと比較することで，変遷の流れをつかむことができます。それによって，どのような点が改訂され，何が継承されているのか，なぜそうなったのか，当時の社会背景はどのようなものだったのか，これらについて思考する契機と

表１　学習指導要領の目標と求められる人間像の変遷

近代的人間像を目指して	近代学校の創設と1872年小学教則
新知識を有する儒教的人間像	開発主義と儒教道徳の1881年小学校教則綱領
天皇制下の忠君愛国の臣民像	教育勅語と1891年小学校教則大綱
民本主義の産業社会で実用的な公民像	産業革命と1900年小学校令施行規則
皇国の道へ「行」的錬成に励む皇民像	軍国主義の1941年国民学校令
第２次大戦後の民主主義社会を担う市民像	経験主義の1947・1951年学習指導要領
経済復興に努力する勤勉な国民像	系統主義の1958年・1960年改訂
高度経済成長下，生産性の高い目的追求型の国民像	構造主義の1968年・1969年・1970年改訂
成熟社会で多様な価値観の国民像	「ゆとり」志向の1977年改訂
生涯学習社会を自己教育力で切り拓く国民像	新学力観の1989年改訂
不透明な情報化社会を生き抜く国民像	「生きる力」志向の1998年・2003年改訂
グローバルな知識基盤社会で活躍する日本的市民像	「活用能力」志向の2008年・2009年改訂
知識創造社会で学びを変革する日本的市民像	コンピテンシーを育む2017年・2018年改訂

出典：水原・高田・遠藤・八木（2018）の章立ての題目と副題を筆者が作成。

▷１　「批判的に理解する」とは，❸で後述するように，教育における「不易」と「流行」の間でバランスをとりながら物事を見極めて判断することを意味しています。教員に期待されているのは，学習指導要領や教科書の内容をそのまま忠実に実施する「政策実行者」（policy implementor）としてだけではなく，それらを児童生徒の実態や教室の環境と適切につなぐことができる「意思決定者」（decision maker）としての役割です。教育活動のさまざまな場面で教員には「意思決定」が求められるため，流行りや話題性ばかりに左右されず，できるだけ広い見方で物事を選択・決定する必要があります。詳細は，和田稔（1997）『日本における英語教育の研究──学習指導要領の理論と実践』第３章を参照。

なります。指導要領が示す能力観と人間像の歴史的変遷を論じた水原ら（2018）は指導要領を「国民形成の設計書」と呼び，表1のようにまとめています。

　この表からは，それぞれの社会状況と理想的人間像のめまぐるしい変化，そして，教育変革のキーワードがわかります。1989年の改訂では，英語教育の目的が「コミュニケーション」と位置付けられ，2017年・2018年改訂では戦後初めて教育基本法が改正されました[2]。近年のこれらの動向は，国家の教育管理と体制強化を物語っています[3]。「現在」を深く知るためには，「歴史」を振り返る必要があり，そこから英語教育の政策史を全体的に捉えることが必要です[4]。

③ 不易と流行，標準化と多様化の狭間で

　指導要領は国が定める大綱基準なので，現実には「各公立」学校そして「公立の各校」が予算，施設，人員などや，地域の状況，生徒の実態などに合わせた学校づくりを行い，それぞれ教育課程を編成します。それぞれの学校には歴史や伝統の中で培われてきた独自の文化や集団の意識というものが存在します。多くの学校に「教育目標」「校章」「校歌」「校則」「校風」「制服」などがあるように，制度上は学校ごとに様々な教育課程の編成が可能です。しかし，実質的には，文部科学省から教育委員会，そして各学校へトップダウンで統制する影響は大きなものがあります。それによって，多様で特色のある教育が行われにくくなる弊害があります。教育課程と教育内容は，指導要領で示される方針に沿っているか否か，という基準が最重要視される傾向にあります。そこでは，中立的に教育指導の効果をみるというよりも，指導要領に照らした指導が行われているか，それに逸脱していないか，という基準で実践が評価される事態が生じます。つまり，指導要領は各学校の教育課程を枠付ける以上に，教育実践に関わる教員の思考や行動の様式を象徴的に統制する機能をもっているのです。

　その結果，毎回のように，指導要領の全面改訂が行われる数年前頃から，改訂のキーワード（例えば，「アクティブ・ラーニング」など）が教育界に飛び交い始めます。さらに追い打ちをかけるように，他校の取り組みや伝道者のような人の実践が宣伝されると，それをモデルとして自校にも採り入れようとする動きも一気に加速し，そうした情報が急拡散します。このように，本質を見極めることを十分にせず，モデルの表面だけを真似て単純化・パターン化しようとすることは避けたいものです。トップダウンで示される国家の教育基準に対して，受け身の姿勢で消極的に捉えたり，無批判に受容したりするのではなく，教育全体への複眼的なまなざしと思考をもち，歴史と現状を分析しながら，自律的で主体的な独自の学校づくりと授業運営を心がけたいものです。指導要領と英語教育政策の変遷を大局的な見地から批判的に理解し，あらゆる実践の可能性を見出すことができるように，多様性と独自性を追究する姿勢を見失わないようにしましょう。

（綾部保志）

▷2　1989年の改訂では，「コミュニケーション」という用語を英語教育の目的に据えましたが，この背景には，1974年にパリで開かれたユネスコの総会で採択された「国際理解，国際協力及び国際平和のための教育並びに人権及び基本的自由についての教育に関する勧告」の「国際教育」（International Education）の概念を主要理念として，外国語教育の充実を図ったことがあります。

▷3　岡村達雄（2004）『教育基本法「改正」とは何か──自由と国家をめぐって』インパクト出版会。

▷4　江利川春雄（2018）『日本の外国語教育政策史』ひつじ書房。

おすすめ文献

和田稔（1997）『日本における英語教育の研究──学習指導要領の理論と実践』桐原書店。
水原克敏・高田文子・遠藤宏美・八木美保子（2018）『新訂　学習指導要領は国民形成の設計書──その能力観と人間像の歴史的変遷』東北大学出版会。
江利川春雄（2018）『日本の外国語教育政策史』ひつじ書房。

Ⅲ　日本の社会・文化における英語教育／b　社会制度としての英語教育

 学習指導要領　英語　小学校

❶　教科としての英語導入の経緯

　2008（平成20）年告示の学習指導要領により，小・中学校・高等学校で一貫した外国語教育を実施することになり，2011年度からは小学校第5・6学年に外国語活動が導入されました。文部科学省によれば，外国語活動により，児童の高い学習意欲と中学生の外国語教育に対する積極性の向上が成果として認められました。しかし，音声で学んだことが中学校での文字への学習に円滑に接続されていないことや，日本語と英語の音声の違いや英語の発音と綴りの関係，文構造の学習に課題があることがわかりました。さらに小学校高学年では，より体系的な学習が求められることや，学習意欲で小・中学校の接続が十分ではなく，学習内容や指導方法を発展的に生かすことができないことが判明しました。こうした課題を踏まえて，2017（平成29）年告示の学習指導要領で第5・6学年の外国語活動を第3・4学年におろして，「聞くこと」「話すこと」を中心に行い，第5・6学年では「読むこと」「書くこと」を加えて総合的・系統的に扱う教科学習を行うとともに，中学校への接続を図ることになりました。教科化したことで，国語や算数と同様に検定教科書を使い，評価がつきます。

❷　外国語活動と教科としての外国語の目標

　第3・4学年の外国語活動の目標は「外国語によるコミュニケーションにおける見方・考え方を働かせ，外国語による聞くこと，話すことの言語活動を通して，コミュニケーションを図る素地となる資質・能力を次のとおり育成することを目指す」となっています。「見方・考え方」とは外国語で表現し伝え合うため，外国語やその背景にある文化を，社会や世界，他者との関わりに着目して捉え，目的・場所・状況等に応じて，情報や自分の考えなどを形成，整理，再構築することです。

　第5・6学年の外国語の目標は「外国語によるコミュニケーションにおける見方・考え方を働かせ，外国語による聞くこと，読むこと，話すこと，書くことの言語活動を通して，コミュニケーションを図る基礎となる資質・能力を次のとおり育成することを目指す」ことです。これは外国語と日本語の音声，文字，語彙，表現，文構造，言語の働きなどに気づき，理解するとともに，聞くこと，読むこと，話すこと，書くことという実際のコミュニケーションの基礎

▷1　文部科学省（2017）『小学校学習指導要領（平成29年度告示）解説　外国語活動・外国語編』開隆堂，62頁。

▷2　文部科学省（2017：11頁）。

▷3　文部科学省（2017：67頁）。

的な技能を身につけることです。つまり教科としての外国語では，言語の仕組み等を知識として理解できるように指導することが求められているのです。

③　コミュニケーションを図る基礎とは

　学習指導要領には「コミュニケーションを行う目的や場面，状況などに応じて」と書かれている部分が何度も出てきます。コミュニケーション能力には，文法的能力（grammatical competence），談話能力（discourse competence），社会言語能力（sociolinguistic competence），方略的能力（strategic competence）の四つの要素があると考えられていますが[4]，このうち「コミュニケーションを行う目的，場面，状況」に関わるのは，主に社会言語能力の「適切さ」（appropriateness）に関わる次元です。

　社会言語能力は極めて高度な言語能力です。コミュニケーションは必ず社会文化空間の中で行われますが，そこには暗黙の前提として，社会や文化の規範が常に存在しています。社会言語能力は，文法的に正しい文を使うだけではなく，特定の社会文化に存在する規範や権力関係を意識しながら言語を適切に使用することです。「コミュニケーションを図る基礎となる資質・能力の育成」「目的・場面・状況などに応じた言語活動」というのは簡単ですが，小学校段階ではたしてこれらをどの程度，どのように扱うのかが不明確です[5]。

④　指導内容の多さとその対応

　外国語活動は週1時間で年間35時間，外国語は週2時間で年間70時間実施されます。コミュニケーションの場面や状況は「家庭生活」「学校生活」など曖昧な表現ばかりで言語使用との関係が示されていませんが，他方で言語材料についてはかなり細かく規定されています。例えば，語彙数は中学年で扱う語を含めて600〜700語程度です。音声では現代の標準的な発音，語と語の連結による音の変化，強勢，イントネーションなどを教えます。文字では活字体の大文字，小文字，終止符，疑問符，コンマなど，文法項目は活用頻度の高い連語，慣用表現，単文，肯定，否定文の平叙文・命令文，疑問文，動名詞，過去形，文構造として〈主語＋be動詞＋補語〉，〈主語＋動詞＋目的語〉なども扱います。

　以上からわかるとおり，小学校から中学校へ一貫性をもたせるためとはいえ，小学校高学年ではかなり多くの内容を学習しなければなりません。学ぶ語彙数，基本表現，文構造などが細かく定まっていることで，暗記テストと確認テストが繰り返し行われ，英語嫌いが増えることが危惧されます。小学校段階では，表現獲得目的の自己表現ばかりさせるのではなく，言語使用の状況や場面に対する見方や考え方に意識を向けて，言語使用の奥深さや面白さに気づかせる工夫が必要です[6]。教員は児童が楽しく意欲的に取り組めるように，基礎的な言語能力の涵養を目指した授業設計を心がけることが大切です。　　　　（小川隆夫・綾部保志）

▷4　「コミュニケーション能力とは，言語能力だけではコミュニケーションが成立しないことを指摘した社会言語学者のハイムズ（Dell Hymes）による概念であり，コミュニケーションの場で社会的状況に合わせて言語を適切に使用する能力を指す」（鳥飼玖美子（2018）『英語教育の危機』筑摩書房，145-146頁）。本書の「『コミュニケーション能力』とは何か」（4-5頁）を参照。

▷5　日常生活で使われる言語の規範や基準について，社会的，文化的な視点から考え直すきっかけとして，野呂香代子・山下仁（2009）『「正しさ」への問い──批判的社会言語学の試み』三元社を参照。

▷6　小学校で絵本を使って社会規範と言語使用を考える実践例として，綾部保志（2019）「〈社会文化〉と〈コミュニケーション〉の接点──規範意識と行動様式から言語使用を考える学習」綾部保志編『小学校英語への専門的アプローチ──ことばの世界を拓く』春風社，266-282頁を参照。

おすすめ文献

野呂香代子・山下仁（2009）『「正しさ」への問い──批判的社会言語学の試み』三元社。
石上文正・高木佐知子編（2016）『ディスコース分析の実践──メディアが作る「現実」を明らかにする』くろしお出版。
鳥飼玖美子（2018）『英語教育の危機』筑摩書房。

Ⅲ　日本の社会・文化における英語教育／b　社会制度としての英語教育

3 学習指導要領と学習評価

▷1　中央教育審議会「幼稚園，小学校，中学校及び特別支援学校の学習指導要領等の改善及び必要な方策等について」の答申，3頁。
https://www.mext.go.jp/b_menu/houdou/31/01/__icsFiles/afieldfile/2019/01/21/1412838_1_1.pdf
▷2　同上，4頁。
▷3　文部科学省（2017）『小学校学習指導要領（平成29年告示）解説　外国語活動・外国語編』開隆堂，69-73頁。
▷4　「聞くこと」「読むこと」「話すこと［やり取り］」「話すこと［発表］」「書くこと」の5領域。
▷5　国立教育政策研究所教育課程研究センター（2020）『「指導と評価の一体化」のための学習評価に関する参考資料【小学校外国語・外国語活動】』東洋館出版社，45頁。
▷6　本単元では目標では資料1の下線部の部分の3領域の活動を行うことになっています。しかし，「書くこと」は外国語が始まって間もないため，評価ができるほど力をつけていないことから目標に向けて指導はしますが，記録に残す評価は行わないことにしています。
▷7　文部科学省（2017：41頁）。

❶ 学習評価の目的

　中央教育審議会答申では，学習評価の基本的な考え方として「子供たちの学習の成果を的確に捉え，教員が指導の改善を図るとともに，子供たち自身が自らの学びを振り返って次の学びに向かうことができるようにするために，学習評価の在り方が極めて重要」としてその意義を述べています。従来，評価については，学期末や学年末などの事後評価に終始してしまうことが多く，評価の結果が児童生徒の具体的な学習改善につながっていません。教員によって評価の方針が異なり，学習改善につなげにくいという課題がありました。評価を意味のあるものにし，指導と評価の一体化を実現するために，評価を児童生徒の学習改善と教員の指導改善につながるものにする必要があります。

❷ 観点で評価

　文部科学省は，教育課程において育成を目指す資質・能力を「学力の三要素」として次の三つに整理しています。(1)「何を理解しているか，何ができるか（生きて働く「知識・技能」の習得），(2)「理解していること・できることをどう使うか（未知の状況にも対応できる「思考力・判断力・表現力等」の育成），(3)「どのように社会・世界と関わり，よりよい人生を送るか（学びを人生や社会に生かそうとする「学びに向かう力・人間性等」の涵養）」，このような目指す資質・能力を踏まえて，「知識・技能」「思考・判断・表現」「主体的に学習に取り組む態度」という3観点で評価を行うことになりました。学習指導要録の学習の記録には観点別学習状況としてABCの3段階で評価し，それらを総括的に捉える「評定」も行います。

❸ 指導と評価の一体化のために

　各学校では「学年ごとの目標」「五つの領域別の学年ごとの目標」を定め，それを下に「学年ごとの評価規準」を作成します。そして，さらに各単元で単元ごとの目標を設定し，それを踏まえて単元の評価規準を設定します。評価規準とは，目標を達成している子供の具体的な活動の姿を文章表記したものです。これによって教員は評価規準にある子供の姿を授業の中に見据えて指導することができます。この評価規準があるからこそ，目標⇒指導⇒学習評価が一体的

資料1　単元の評価規準

		知識・技能	思考・判断・表現	主体的に学習に取り組む態度
聞くこと		〈知識〉 月日の言い方や，I like/want ～．Do you like/want ～？ What do you like/want? When is your birthday?，その答え方について理解している。 〈技能〉 誕生日や好きなもの，欲しいものなど，具体的な情報を聞き取る技能を身に付けている。	相手のことをよく知るために，誕生日や好きなもの，欲しいものなど，具体的な情報を聞き取っている。	相手のことをよく知るために，誕生日や好きなもの，欲しいものなど，具体的な情報を聞き取ろうとしている。
話すこと［やり取り］		〈知識〉 月日の言い方や，I like/want ～．Do you like/want ～？ What do you like/want? When is your birthday?，その答え方について理解している。 〈技能〉 誕生日や好きなもの，欲しいものなどについて，I like～．Do you like/want ～？ What do you like/want ～？ When is your birthday？等を用いて，考えや気持ちなどを伝え合う技能を身に付けている。	自分のことをよく知ってもらったり相手のことをよく知ったりするために，自分や相手の誕生日や好きなもの，欲しいものなどについて，お互いの考えや気持ちなどを伝え合っている。	自分のことをよく知ってもらったり相手のことをよく知ったりするために，自分や相手の誕生日や好きなもの，欲しいものなどについて，お互いの考えや気持ちなどを伝え合おうとしている。

出典：▷5に同じ。

であると言えるのです。まさに「指導と評価の一体化」がここにあります。ここでは学習評価にとって極めて重要な評価規準の作り方の例を挙げます。題材は小学校5年生の We Can! ①の Unit 2 When is your birthday? です。単元名は When is your birthday?　単元の目標は次のようになります。▷45

> 自分のことをよく知ってもらったり相手のことをよく知ったりするために，<u>目的等</u>
> 相手の誕生日や好きなもの，欲しいものなど，具体的な情報を聞き取った<u>事柄・話題</u>　<u>内容</u>
> り，誕生日や好きなもの，欲しいものなどについて伝え合ったりできる。<u>事柄・話題</u>
> また，アルファベットの活字体の大文字を書くことができる。

　ここでは学習評価の3観点で「聞くこと」「話すこと［やり取り］」の2領域について記録に残す評価を行うことにしています。▷46

　評価規準の設定には，含めることと基本形があります。例えば「話すこと［やり取り］の場合，「主体的に学習に取り組む態度」の評価規準には，「【目的等】に応じて，【事柄・話題】について，簡単な語句や基本的な表現を用いて【内容】を伝え合おうとしている」が基本形になります。▷47 つまり単元の目標の下線の部分にある目的等，事柄・話題，内容の三つを入れ基本形に当てはめて評価規準の文言が作成できるのです。▷48 他の観点も同様です。▷49

❹ 評価のための指導を避ける

　児童生徒の学習状況を評価するには，評価だけにこだわると教員にとって大変な負担になり，評価のための「記録」に労力を割かれるなど「評価のための指導」になることが危惧されます。単元の評価規準をしっかり作成して指導を行うことにより，指導の目標・指導・学習評価が明確になり，児童生徒にとっても教員にとってもメリットが大きくなるのです。　（小川隆夫・綾部保志）

▷8　伝え合うところでは「内容」は書かれていません。
▷9　文部科学省（2017：41頁）。「話すこと［やり取り］」の「知識・技能」の評価規準には，「知識」では「【言語材料】について理解している」が基本的な形となります。「技能」では「【事柄・話題】について，【言語材料】などを用いて，【内容】を伝え合う技能を身に付けている」が基本的な形になります。「話すこと［やり取り］」の「思考・判断・表現」では，「【目的等】に応じて，【事柄・話題】について，簡単な語句や基本的な表現を用いて【内容】を伝え合っている」が基本表現となります。

（おすすめ文献）

村野井仁（2018）『コア・カリキュラム準拠──小学校英語教育の基礎知識』大修館書店。
杉本義美（2006）『中学校英語授業　指導と評価の実際──確かな学力をはぐくむ』大修館書店。

Ⅲ　日本の社会・文化における英語教育／b　社会制度としての英語教育

 ## 4 学習指導要領　英語　中学校

▷1　文部科学省（2017）『中学校学習指導要領（平成29年告示）解説　外国語編』開隆堂。

▷2　例えば，吉田孝（2016）「三種類の語り口（Teacher Talk, Foreigner Talk, Motherese）と教室内英語（English in the Classroom）」『福島大学人間発達文化学類論集』23, 43-49頁を参照。

▷3　「リキャスト」（recast）とは，教員が学習者の発話（主に文法的な誤り）を訂正する際に，発話の誤りを正した文を言い直して，学習者の発話（の一部）に誤りがあることを暗に示す手法です。例えば，学習者が "I go to bed late last night." と話した後に，教員が "Oh, you *went* to bed late ! What time ?" などと応答する場合がこれに当たります。"went" を強く発音して，学習者自身に気づいてほしいというサインを送ります。

▷4　わたしたちが日常生活で相手に何かを質問するときは，質問者はあらかじめ答えを知らないことが多く，こうした質問を「指示質問」（referential question）と呼びます。これに対して，教室では教員があらかじめ答えを知っているのに生徒に質問をします。これを「提示質問」（display question）と呼びます。

1 「英語の授業は英語で」

　2017（平成29）年告示の学習指導要領で「授業は英語で行うことを基本とする」方針が明示されました。他にも語彙数や文法事項の増加もありますが，ここでは「授業は英語で行う」という方針に絞って論じます。『学習指導要領解説』によれば，「生徒が英語に触れる機会」を増やすことと，授業を「実際のコミュニケーションの場面」として，生徒が英語で自己表現を積極的に行う「言語活動」を授業の中核に据えることをねらいとしています。「英語が苦手な生徒」には，簡単な語句や短い表現を用いて，繰り返し自己表現を行って意欲を高めることが目指され，「言語活動」を主とする授業展開ならば，必要に応じて補助的に日本語を使うことが容認されています。

2 「教室英語」と「教師ことば」

　教員が「挨拶」「指示」「評価」などをする際に使う簡単なことば（例えば "Listen to me." "Well done !" など）を「教室英語」（classroom English）と呼びます。これは授業運営のために使う定型表現ですが，教員の言語使用はより広い視点で捉える必要があります。教員という社会的な役割を担う人々に特有の語り口（使用域）を「教師ことば」（teacher talk）と呼びます。この特徴として，語彙は学習者の習得レベル，文構造は複文よりも単文が使われます。語用論的特徴は，速度がゆっくりで音量が大きく，ポーズ（休止）の長さと頻度が多く，イントネーションやジェスチャーが誇張されます。言語の機能は，「リキャスト」（recast），「繰り返し」（repetition），「説明」（explanation），「提示質問」（display question）などが多用されます。教室での教員の言語使用は，親しい友人との気さくな会話などとは明らかに異なる性質をもちます。

3 補助的に日本語を使う場面

　補助的に日本語を使うことについて，『学習指導要領解説』には詳細な説明が載っていません。そのため日本語を使うことが全て「悪いこと」という誤った固定観念がつくられてしまいそうなので，この点を踏み込んで考えてみます。

　まず，「メタ言語」を使うときは，日本語のほうが効果的です。メタ言語とは，言語についての言語，すなわち，辞書の定義文のように，ある語を別の語

で説明することです。具体的には，生徒が英語の構造や仕組みを理解しようとするときに，教員が英語だけで説明したり，英語と日本語をばらばらに織り交ぜて解説したりすると，生徒が混乱するおそれがあります。例えば，発音指導をいつも "Repeat after me." とするのではなく，音声学的な知見に基づいて日本語で英語の発音法を教えることは教育的に意味のある行為です。[5]

「メタ・コミュニケーション」をするときも日本語が効果的です。「メタ・コミュニケーション」とは，コミュニケーションについての解釈をすることです。例を挙げると，「今僕が言ったことは冗談だよ」「さっきの発言はどういう意図？」などです。教員が生徒に質問の嵐を浴びせたり，生徒がペアワークをしたりする場面があり，その後，そのやりとりについて深く考えさせないことがあります。コミュニケーション（活動）を行ったら，それについての再解釈（振り返り）を日本語で行うことも意味のある学習です。[6]

❹ 言語の態度に関わる視点

「英語が苦手な生徒」に対しては，繰り返し自己表現を強いるだけではなく，言語の態度に関する研究を参考にすべきです。社会言語学では，ある地域で特権的な地位をもつ「標準語」に対して肯定的な態度をもつことを「顕在的威信」（overt prestige），逆にそのような規範意識に背を向けて「非標準語」に価値を見出すことを「潜在的威信」（covert prestige）と呼びます。教員がいくら英語を話すように促しても，否定的または消極的な態度を示す生徒がいるはずです。様々な理由があるでしょうが，もしかすると彼らは，社会上昇と国際志向性の象徴をもつ英語の威信（及び，帰属する中・上位集団，教員を含む学校文化や社会体制）への反動として「潜在的威信」を抱いている可能性が考えられます。ほかにも，社会心理学の分野で「コミュニケーション調整理論」（communication accommodation theory）という概念があります。[7] これは会話で相手との社会的・心理的な距離を縮めたいと話者が思えば，相手の話し方に合わせる「収束的適応」（convergent accommodation）を行い，そうでなければ「発散的適応」（divergent accommodation）をするというものです。[8]

これらの見解から，実際のコミュニケーションは，単純に同化（収束的適応）に結実するとは限らず，英語で積極的に話しかけてくる相手に対して，あえて日本語的な発音をしたり，わざと曖昧な応答をしたりするなど，相手との社会的・心理的な差異を強調して異化（発散的適応）の態度や行動を示すことがあることがわかります。教室を実際のコミュニケーションの場とするならば，言語使用に関わる広い知見を参考にして，慎重に実践に当たる必要があります。

（綾部保志）

▷5 発音指導，辞書指導，文字指導，文法指導などで，日本語を使うことが必ずしも「悪い」わけではなく，これらの内容や仕組みについて，生徒に考えさせたり，わかりやすくする目的で日本語を使うことは必要です。中学校段階でこれらの基礎的な理解が不十分だと英語に対する苦手意識につながってしまいます。

▷6 英語だけの言語活動は1階レベルでの練習なので，そこで起こっている出来事の動態的なプロセスを全て捉えることはできません。よって，言語活動後に，日本語を使って2階レベル（メタ・レベル）からコミュニケーションについて捉え直すことで思考力や判断力，ひいては表現力の向上につながります。本書の「教室内での使用言語」（142-143頁）も参照。

▷7 末田清子・福田浩子（2003）『コミュニケーション学』松柏社。

▷8 例えば，栗林克匡（2010）「社会心理学におけるコミュニケーション・アコモデーション理論の応用」『北星学園大学社会福祉学部北星論集』（47）：11-21頁を参照。

（おすすめ文献）

Holmes, J. & Wilson, N. (2017). *An introduction to Sociolinguistics* (5th ed.). Routledge.

武黒麻紀子編（2018）『相互行為におけるディスコーダンス——言語人類学からみた不一致・不調和・葛藤』ひつじ書房。

Ⅲ　日本の社会・文化における英語教育／b　社会制度としての英語教育

 5 # 学習指導要領　英語　高等学校

① 英語の科目構成の変更

2018（平成30）年告示の学習指導要領では，下の表のように科目構成が大きく変わりました。

2009（平成21）年告示学習指導要領	2018（平成30）年告示学習指導要領
コミュニケーション英語基礎　（2単位）	英語コミュニケーションⅠ（3単位）
コミュニケーション英語Ⅰ　（3単位）	英語コミュニケーションⅡ（4単位）
コミュニケーション英語Ⅱ　（4単位）	英語コミュニケーションⅢ（4単位）
コミュニケーション英語Ⅲ　（4単位）	論理・表現Ⅰ　　　　　（2単位）
英語表現Ⅰ　　　　　　　（2単位）	論理・表現Ⅱ　　　　　（2単位）
英語表現Ⅱ　　　　　　　（4単位）	論理・表現Ⅲ　　　　　（2単位）
英語会話　　　　　　　　（2単位）	

※下線は必履修科目

新しい学習指導要領では，中学校で学習した基礎的な内容を整理する「コミュニケーション英語基礎」と，身近な話題について会話する能力を育成する「英語会話」がなくなり，いわゆる「4技能▷1」を総合的に扱う「英語コミュニケーション」と，話すことと書くことによる発信力の強化を図る「論理・表現」の2本立てとなりました。

② コミュニケーション能力の重視

科目名が「コミュニケーション英語」から「英語コミュニケーション」に変わりましたが，これは「コミュニケーションのための英語」ではなく「英語によるコミュニケーション」を意識させるためと思われます。英語によるコミュニケーション能力を意識した取り組みが適切に行われていないことを文部科学省は問題視していますが，そもそも高等学校の英語で養うべき「コミュニケーション能力▷2」とは何なのでしょうか。『学習指導要領解説』には，「外国語によるコミュニケーション能力は，これまでのように一部の業種や職種だけではなく，生涯にわたる様々な場面で必要とされることが想定され，その能力の向上が課題となっている」（下線は筆者による）とありますが，300万人を超える高校生▷3の大半にとって「想定される場面」が納得いくものでなければ，英語学習の動機付けにはならないでしょう。

「英語コミュニケーション」の「内容」に関する記述に「音声」が加わった

▷1　2018（平成30）年告示の学習指導要領では，「4技能」ではなく，「聞くこと」「読むこと」「話すこと［やり取り］」「話すこと［発表］」「書くこと」という五つの領域が目標として設定されています。

▷2　文部科学省（2018）『高等学校学習指導要領解説　外国語編・英語編』の「改訂の趣旨」を参照。

▷3　2018年5月現在の高校生数は322万6017人です（文部科学省「学校基本統計」による）。

ことは評価できますが，適切な指導ができる教員の養成も同時に検討しなければなりません[4]。また，「言語活動」に関する記述に「電子メールやパンフレットなどから必要な情報を読み取り」とあったり，「即興で話して伝え合う」とあったりするなど実用面が強調されていますが，そのような活動を行うために必要な，基本的な英語力の養成をおろそかにしてはなりません。

❸　学習すべき語彙数の増加

「コミュニケーション英語Ⅰ」では，中学校で学習した語に400語程度の新語を加えることになっていましたが，「英語コミュニケーションⅠ」では，小学校と中学校で学習した語に400〜600語程度の新語を加えることになりました。それほど多くなっていないようにみえますが，中学校修了時までに学習する語が1200語程度から2200〜2500語程度となったこと[6]，「英語コミュニケーションⅡ」と「英語コミュニケーションⅢ」でそれぞれ700〜950語程度の新語を加えることで，高等学校修了時までに学習する語は，これまでの3000語から4000〜5000語程度へと激増しているのです。

学習指導要領では「受容語彙」と「発信語彙」を意識して指導すべきとされていますが，その区別をどのように教員が行うのか，教科書ではどのように提示されるのかも課題となっています。

英語の単語と日本語訳を1対1で覚えようとする生徒は多くいますが，これでは「発信」につながる語彙習得にはなりません。語彙数の大幅増でそのような生徒が増えないように，教員による適切な指導が求められます。

❹　「論理」を重視

新しい学習指導要領では「英語表現」が「論理・表現」という科目になりました。「論理の構成や展開を工夫して話したり書いたりして伝える又は伝え合うことができるように」とされていますが，「英語表現Ⅰ」が実質的に文法指導となっていたのを，「言語活動」を通して発信力をつける科目にすることが主目的と考えられます[7]。

「論理の構成や展開」を指導するのであれば，教員が「論理的」に考えることができなければなりません。また，文部科学省も指摘するように，国語科との連携も必要です。まずは論理的に考える，論理的に発信するとはどういうことかを日本語で理解してからでないと，英語で論理的に話したり書いたりすることはできないのです[8]。

「論理・表現」という科目に変わったことで，文法の指導をどのように行うのかが高等学校の教育現場では問題になることでしょう。従来どおりの文法指導が決してよいわけではありませんが，語彙と文法は言語の基本ですから，発信に結びつくような効果的な指導が求められます[9]。　　　（鈴木希明・綾部保志）

▷4　「音声」に関しては，本書の「教室内での使用言語」（142-143頁），「『形式』への焦点化(2)」（146-147頁），「音声に関わる研究」（188-189頁）を参照。

▷5　この方針は「大学入学共通テスト」の問題に反映されています。試行調査では，センター試験では出題されていた評論や文学作品などは姿を消し，メール，ブログ，ウェブサイトの記事などが題材となっています。

▷6　2017（平成29）年告示「中学校学習指導要領」を参照。

▷7　本書の「検定教科書　高等学校」（118-119頁）を参照。

▷8　野矢茂樹（2017）『大人のための国語ゼミ』山川出版社や，中島ひとみ・野矢茂樹監修（2018）『大人のための学習マンガ　それゆけ！論理さん』筑摩書房，が参考になります。

▷9　「コミュニケーションを行う目的や場面，状況を設定」して文法を指導することとされていますが，言語活動を通しての文法指導には時間的にも限界があります。分類や書き換えは論外ですが，生徒が納得する説明と，機械的にならない問題演習を通して文法を定着させる必要があります。

おすすめ文献

鳥飼玖美子・苅谷夏子・苅谷剛彦（2019）『ことばの教育を問いなおす──国語・英語の現在と未来』筑摩書房。

野矢茂樹（2017）『大人のための国語ゼミ』山川出版社。

Ⅲ　日本の社会・文化における英語教育／b　社会制度としての英語教育

 ## 6 検定教科書　小学校

1 小学校で使用する検定教科書の概要

　小学校の英語の授業は，文部科学省検定済教科書（以下，教科書）を使用して行われるのが原則です。2020（令和2）年度から使用されている小学校外国語科の教科書は7社から発行されました。各教科書は第3・4学年，そして中学校の指導との接続に留意するため，2018年に文部科学省が発行した「新学習指導要領対応小学校外国語教材 We Can!①・②」の単元（資料1）を参考にして内容が編集されています。

資料1　We Can!①・②の単元

> 5年生　1．アルファベット・自己紹介，2．行事・誕生日，3．学校生活・教科・職業，4．一日の生活，5．できること，6．行ってみたい国や地域，7．位置と場所，8．料理・値段，9．あこがれの人
> 6年生　1．自己紹介，2．日本の文化，3．人物紹介，4．自分たちの町・地域，5．夏休みの思い出，6．オリンピック・パラリンピック，7．小学校生活・思い出，8．将来の夢・職業，9．中学校生活・部活動

2 2020年度から使用される教科書の特徴

　2017（平成29年）年告示の学習指導要領では小学校での英語教育が教科になりました。中学年の外国語活動では「聞くこと」「話すこと［やり取り］」「話すこと［発表］」の3領域の言語活動を行いますが，高学年の外国語科では「読むこと」「書くこと」が加わり5領域になります。教科書では単元ごとに自分，友だち，家族，日常生活，学校生活など身近で簡単な事柄からストーリーが作成され，その中に5領域の活動が入っています。また，その単元は関連するチャンツや歌，絵本，文字の読み書きなど多くの言語活動によって構成されています。各ページの重要な表現にはQRコードが付き，Sounds and Lettersとし文字と音の関係を練習するために単語やイラスト，授業の冒頭に行われる「スモール・トーク」（Small Talk）のヒントもあります。書く練習のためには4線が引かれているページがあることや評価用のCAN-DOリストが入っていることも特徴です。

3 文字はどう教えるのか

　文部科学省は，音声について小学校で学んだことが中学校段階の音声から文

▷1　「教科書」は「教科用図書」が正式な名称です。検定教科書は，学習指導要領に従って民間の出版社が制作します。各出版社は「学習指導要領解説」の内容を吟味した上で，それぞれの編集方針に従って教科書を制作します。

▷2　「新学習指導要領に対応した小学校外国語教育新教材について」。
https://www.mext.go.jp/b_menu/shingi/chousa/shotou/123/houkoku/1382162.htm

▷3　文科省のCAN-DOは，CEFRを参考にしていますが，CEFRの能力記述（Can Do）が学習者の自己評価と教師による客観評価のために策定されているのに対し，教科書のCAN-DOは目標をリスト化している点でCEFRとは全く異なるものになっています。詳しくは本書の「日本の英語教育におけるCEFR受容」（70-71頁）を参照。

字への学習に円滑に接続されていないと述べています[4]。そこでアルファベットの文字の学習は小学校で行うことになりました。ローマ字を勉強していますし，26文字だから漢字より簡単だと思われがちですが，定着させるための指導は難しいのが実情です。第5学年の最初にアルファベットの歌を歌い1文字ずつ発音練習をして大文字，小文字へと進んでいきます。一通り読めて書けるようになったらスペルを言わせてみます。例えば曜日を聞いて答えたら，カードを見せて F-r-i-d-a-y, Friday のように言う練習です。これを折に触れて歌や絵本の中の単語でもやっていくと効果的です。書く練習は文字，単語，そして文へと進みますが，教科書の4線上になぞり，写し書きをします。単語を1つのまとまりとして捉えるためにスペースを意識して書かせるのがポイントですが，教員は一人ずつ点検し丁寧に根気強く指導する必要があります。このような指導があってこそ文字が定着します。

❹ 教材を確認して授業に臨む

　教科書は上述したとおり多岐にわたる内容で構成されており，指導する上でいくつかの課題が出ています。まず，扱われている語彙数が多く難易度が高いことです[5]。次にチャンツ教材の中には単に定型表現を繰り返すだけのものや，リズムが不自然で児童が楽しくリズムに乗ることができないものがあることです。また，リスニング教材には児童にとって難しすぎるものがあります。そして，「スモール・トーク」が単なる暗記になっていることが問題です。英語の Small Talk とは「雑談や世間話」で，相手や場面によって内容や話し方が変わりますが，外国語科では既習表現の定着を図ることと対話の続け方の指導が目的のため定型表現の暗記になりがちです。教科書は発行者にとっても初めてのものですからこれからも課題が出てくるかもしれません。教員はこれらを克服するためにも教材研究を綿密に行い，音声教材やそれぞれの言語活動を事前に確認して授業に臨む必要があります。

❺ 教科書で基礎的な力を養う

　教科書を使用する外国語科の授業で最も重要なことは「英語嫌いの前倒し」が起こらないようにすることです。教科書の内容を全て理解させなくてはと児童に学習を強要するようなことや，評定を付けるためにやみくもに単語テストを実施することは避けるべきです。小学校の外国語科はあくまでも「基礎的な技能を身に付ける」「基礎的な力を養う」のが目的だからです。担任が教える場合，専門性に関しては限界があるかもしれませんが，児童の反応を見るだけで，どこを理解していて，どこで躓いているかわかるでしょう[6]。教員ならではの目を活かしながら教科書を活用するようにしましょう。　　　　（小川隆夫）

▷4　文部科学省（2018）『小学校学習指導要領（平成29年度告示）解説　外国語活動・外国語編』開隆堂，63頁。

▷5　語彙数は中学年の外国語活動で学習した語を含み，中学校の外国語科で学習する内容の基礎となり，その土台として十分な600～700語程度を扱うことになっています。

▷6　中央教員審議会答申で教科担任制の導入が提言され，2022年度をめどに本格導入する方向で進んでいるため，学級担任が担当することは少なくなる可能性があります。

〔おすすめ文献〕
樋口忠彦・加賀田哲也・泉惠彦・衣笠知子編著（2013）『小学校英語教育法入門』研究社。
小川隆夫・東仁美（2017）『小学校英語はじめる教科書　外国語科・外国語活動指導者養成のために──コア・カリキュラムに沿って』mpi 松香フォニックス。
佐藤久美子（2018）『イラスト図解　小学校英語の教え方25のルール』講談社。

Ⅲ　日本の社会・文化における英語教育／b　社会制度としての英語教育

7 検定教科書　中学校

▷1　教科書は法律に基づいて無償給与されます。対象となるのは，国・公・私立の義務教育諸学校の全児童生徒であり，使用する全教科の教科書です。

▷2　文部科学省（2020）「中学校教科書目録（令和３年度使用）」による。

▷3　本書の「学習指導要領　小学校」（106-107頁）を参照。

▷4　光村図書『Here We Go! ENGLISH COURSE』を参考にしています。

▷5　「聞くこと」「読むこと」「話すこと［やり取り］」「話すこと［発表］」「書くこと」という４技能５領域を指します。

▷6　SDGs（Sustainable Development Goals：持続可能な開発目標）は，国連のサミットで決められた国際社会共通の目標です。2000年に国連で採択された「MDGs（ミレニアム開発目標）」の後継として2015年９月から始まりました。「誰一人取り残さない」ことを目指し，「貧困をなくそう」「すべての人に健康と福祉を」「質の高い教育をみんなに」「ジェンダー平等を実現しよう」など17の目標と169のターゲット（具体的目標）で構成されています。

▷7　文部科学省「カリキュラム・マネジメントと

1 中学校で使用する検定教科書の概要

　中学校の英語の授業は，文部科学省検定済教科書（以下，教科書）を使用して行われるのが原則です。教科書は学習指導要領に基づいて民間の出版社によって作成され，学校の設置者である都道府県や市町村の教育委員会（国立学校，公立大学法人が設置する学校及び私立学校にあっては学校長）がどの教科書を採択するのかを決定します。

　2021（令和３）年度から使用される中学校の教科書は，2017年告示の学習指導要領に基づいて新たに作成されており，６社により各学年６種類の教科書が発行されます。

2 2021年度から使用される教科書の特徴

　2017（平成29）年告示の学習指導要領の最大のトピックは小学校での英語教育が教科化されたことでした。これにより，中学校での英語教育は小学校で行われる学習を引き継ぐかたちとなりました。第１学年の教科書では，冒頭部分で小学校での学習事項の理解度を確認できるようにしたり，第１学年の間に小学校で学習した言語材料を復習できるようにしたりするなど，小学校の学習内容の定着を図るための工夫がなされています。

　また，学習指導要領の「生徒の主体的・対話的で深い学びの実現を図るようにすること」という方針に沿って，いわゆる「アクティブ・ラーニング」の視点が取り入れられ，生徒が自発的に考え，友だちと意見交換や情報共有をしながら学びを深めていくことができるような活動が取り入れられています。

　さらに，「学年ごとの目標を適切に定め，３学年間を通じて外国語科の目標の実現を図るようにする」ため，５領域ごとのCAN-DO記述文が明確に示されています。

　題材としては，学校や地域社会に関するもの，国際理解を深めることができるようなもの，日本の伝統文化に関するもの，持続可能な開発目標（SDGs）に関するものなどが取り上げられています。また，カリキュラム・マネジメントの視点から，他教科（例えば社会科など）との連携を図れるような題材も選定されています。

　５領域を統合的に学習することができるように，実際に言語が使用される場

面が多く取り上げられていたり，思考力や判断力，表現力をつけるためのタスクが取り入れられていたりするのも特徴的です。

❸ 文法はどう教えるべきか

　高等学校の英語教員からは，「生徒が中学校で文法をちゃんとやっていない」という声をよく耳にします。「コミュニケーション」中心の授業になったことで，文法の理解や定着のための活動がおろそかになっている場合があるためです。学習指導要領には，「文法はコミュニケーションを支えるものであることを踏まえ，コミュニケーションの目的を達成する上での必要性や有用性を実感させた上でその知識を活用させたり，繰り返し使用することで<u>当該文法事項の規則性や構造などについて気付きを促したりする</u>など，言語活動と効果的に関連付けて指導すること」とあります。さらに，「用語や用法の区別などの指導が中心とならないよう配慮し，実際に活用できるようにするとともに，<u>語順や修飾関係などにおける日本語との違いに留意して指導すること</u>」（下線は筆者による）と続きます。文法を軽視しているのではなく，ただ「覚えさせる」だけの指導にならないようにすることが求められているのです。

　それぞれの教科書にはことばのしくみを教える文法のコーナーがありますので，そこを活用して生徒に「気づき」を促しながら，文法の定着を図っていくべきでしょう。2021年度からは，現在完了進行形や仮定法の基本的なものも中学校で学ぶ言語材料に加わりました。これらの文法事項が今まで入っていなかったのが不思議なくらいですが，教えることが多くなったと負担に感じるのではなく，教える幅が広がったと捉え，様々な活動を通してことばのしくみを理解させるようにしていきたいものです。

❹ 中学校の教科書で何をどう教えるか

　中学校の教科書では，扱う文法事項が増えたことに加え，語彙数が大幅に増加しています。内容面でも教科書は改訂のたびに進化していますので，教材研究は十分に行う必要があります。教える「英語」に変わりはないからといって，今までどおりの授業をするわけにはいかないのです。

　教科書では様々な題材が扱われていますので，教員自身があまり知らないようなものもあるはずです。生徒が興味関心をもって活動に取り組むためには，その題材に関する知識を教員が有している必要があります。2021年度から使用される教科書には「QRコード」が印刷されていて，教科書の発行者が用意している資料も豊富になっています。また，教室でのデジタル教科書・教材の活用も進んでいます。授業では関連する映像を生徒に見せたり，資料を示したりすることもできますから，教員は教材研究と授業準備を万全にして授業に臨むことが求められます。

（鈴木希明）

は」（https://www.mext.go.jp/content/1421692_5.pdf）に，「教育課程に基づき組織的かつ計画的に各学校の教育活動の質の向上を図っていくこと」と定義されています。

▷8　改訂前の学習指導要領では中学校で指導すべき語彙数は「1200語程度」となっていましたが，2017年告示の学習指導要領では小学校で学習する「600〜700語」に加えて中学校では「1600〜1800語」を指導すること，またこの「1800語」は上限ではないとされています。同時に「聞いたり読んだりすることを通して意味を理解できるように指導すべき語彙（受容語彙）と，話したり書いたりして表現できるように指導すべき語彙（発信語彙）」があり，「ここで示されている『1600〜1800語程度』の全てを生徒が発信できるようにすることが求められているわけではないことにも留意する必要がある」とされています。

▷9　スマートフォンやタブレットなどからインターネットを通じて各社が用意している音声や資料映像などのコンテンツに簡単にアクセスすることができるようになります。これにより，生徒の家庭学習の形も変化していくことが予想されます。

おすすめ文献

三浦省五・深澤清治編著（2009）『新しい学びを拓く——英語科授業の理論と実践』ミネルヴァ書房。

Ⅲ　日本の社会・文化における英語教育／b　社会制度としての英語教育

8 検定教科書　高等学校

1 高等学校で使用する検定教科書の概要

　高等学校（以下，高校）の英語の授業は，文部科学省検定済教科書（以下，教科書）を使用して行われるのが原則です。教科書は学習指導要領に規定された科目ごとに制作され，2013（平成25）年度からは「コミュニケーション英語基礎」「コミュニケーション英語Ⅰ」「コミュニケーション英語Ⅱ」「コミュニケーション英語Ⅲ」「英語表現Ⅰ」「英語表現Ⅱ」「英語会話」という7科目で教科書が使用されています。2022（令和4）年度からは学習指導要領の改訂に伴って，「英語コミュニケーションⅠ」「英語コミュニケーションⅡ」「英語コミュニケーションⅢ」「論理・表現Ⅰ」「論理・表現Ⅱ」「論理・表現Ⅲ」という6科目で教科書が使用されることになっています。中学校の教科書と異なるのは，使用する生徒の英語力を考慮して，発行者によっては1科目に2種類から4種類の教科書を発行している点です。その結果，必修科目である「コミュニケーション英語Ⅰ」に対しては，2020年度は13社31種もの教科書が用意されています。

　高校の場合，教科書の採択はそれぞれの高校で行われます。発行者から渡された見本をもとに，英語科教員がどの教科書を採択するのかを検討します。

2 教科書で扱われる内容

　2013年度から行われている「コミュニケーション英語」は「聞く」「話す」「読む」「書く」という「4技能」を総合的に指導する科目です。この基本方針に従って教科書は制作されていますが，実際には「読む」ことを中心とした授業になっていることが多いようです。

　また，2013年度から行われている「英語表現」は話したり書いたりする言語活動を中心に指導する科目なのですが，実際には明示的な文法シラバスで文法規則を教えることを中心とする教科書が大きなシェアを占めています。このような状況は文部科学省の意図に反するため，2022年度から始まる「論理・表現」の教科書に対しては，「教材の改善に向けて，文法事項などを中心とした構成にならないよう」と『学習指導要領解説』に明記されています。「論理・表現」では，「スピーチ，プレゼンテーション，ディベート，ディスカッション，一つの段落の文章を書くことなどを通して，論理の構成や展開を工夫して，話し

▷1　教科書は，まず民間で著作・編集され（1年目），文部科学省に置かれた専門家による審議会が教科書として適切かどうかを審査します（2年目）。合格したものの中から，教育委員会や国立・私立学校の校長が使用する教科書を選びます（3年目）。翌年度，ようやく実際に子供たちに使用されることとなります（4年目）。文部科学省「教科書が制作されるまで」による。https://www.mext.go.jp/a_menu/shotou/kyoukasho/main3_a2.htm

▷2　2018年告示。本書の「学習指導要領　英語　高等学校」（112-113頁）を参照。

▷3　教科書を制作する民間の出版社のことです。

▷4　文部科学省「高等学校教科書使用目録（平成32年度使用）」による。『CROWN』『MY WAY』『VISTA』（三省堂）のように，レベル表示ではなく書名を変えている出版社がほとんどです。

▷5　ある出版社が従来の文法シラバスによる教科書を発行し，多くの採択数を得たことから，ほかの出版社も追随することになりました。

▷6　文部科学省（2018）『高等学校学習指導要領解説　外国語編・英語編』。

たり書いたりして伝える又は伝え合うことなどができるようになる」ことが目標とされていますから，これに沿った教科書が発行されるものと思われます。

③ 文法はどの教科書で教えるのか

高校の英語教育現場において，文法の指導は常に大きな問題となってきました。「コミュニケーション英語」の教科書にも文法項目を取り上げるコーナーがありますが，文法を体系的に指導するには時間も量も足りません。そこで，学習英文法を体系的に指導することができる「英語表現」の教科書が多くの高校で採択されるようになったのです。

「文法をやっても英語は話せない」「文法指導が英語嫌いを増やす」など，とかく悪者扱いされる文法ですが，文法ということばのルールを知らなければそのことばで意味を伝えることはできません。問題なのは，文法をどう教えるか，ということでしょう。従来の学習英文法の教材には，不自然な内容の文やぎこちない文，意味を重視せず形式だけに注目した練習問題が散見されました。「文法規則を覚えさせる」ことを目的とするため，生徒の「気づき」を考慮しない指導も行われていました（もちろん例外もありますが）。文法規則を教えるだけでなく，ことばが使用される状況や伝わる意味を重視した文法指導が必要なのです。検定教科書でもこのような文法指導は十分可能ですが，文法規則を理解から定着に結びつけるのは簡単ではありません。生徒の理解度に合った適切な補助教材を用意することも検討すべきでしょう。

④ 教科書を教えるのか，教科書で教えるのか

「教科書の分量が多くて教えるのが大変だ」という声を聞くことがありますが，「教科書を教える」のではなく「教科書で何を教えるのか」という視点をもつことは教員にとって大切なことです。初めは教科書に書かれていることをそのまま教えるだけで精一杯でしょう。しかし，それでは単調な授業が続いてしまいます。教科書をどう料理するかはシェフである教員が主体的に判断することです。教科書にある全ての活動をまんべんなくこなそうと思うと時間が足りませんし，生徒も消化不良になってしまいます。生徒の興味関心をさぐりながら，自分の得意とする手法で授業を行う試みを続けることが大切です。もちろん自分ひとりで行う必要はありません。実践例を教員間で共有していけば，さらによい授業へとつながるはずです。

2022年度から使用される教科書にはQRコードを入れることが可能となっています（これにより生徒は音声をデジタル機器で聞くことができます）。デジタル教科書によって教科書で扱う題材に関連する映像などを見ることも可能になります。教科書はますます進化していきますから，「教科書を使って何を教えたいのか」を問う姿勢がさらに必要となるでしょう。　　　　　（鈴木希明）

▷7 「副教材」と呼ばれる様々な教材が出版されています。

おすすめ文献

大津由紀雄編著（2012）『学習英文法を見直したい』研究社。

Ⅲ　日本の社会・文化における英語教育／b　社会制度としての英語教育

⑨ 小学校教員養成課程　外国語（英語）コア・カリキュラム

❶ 外国語の指導法

▷1　文部科学省の「英語教育コア・カリキュラム」は，東京学芸大学（2017）『文部科学省委託事業「英語教員の英語力・指導力強化のための調査研究事業」平成28年度報告書』に基づいています。

▷2　東京学芸大学（2017：95頁）。

　2017年3月に公表された英語教育コア・カリキュラム[▷1]では，小学校教員免許の取得希望者全員を対象に，小学校教員養成課程における「外国語の指導法」と「外国語に関する専門的事項」の2科目の必修化が提案されました。

　「外国語の指導法」は2単位程度を想定し，全体目標は「小学校における外国語活動（中学年）・外国語（高学年）の学習・指導・評価に関する基本的な知識・指導技術を身に付ける」[▷2]ことです。学習内容は，図1に示すように「授業実践に必要な知識・理解」と「授業実践」の二つからなります。

　授業形態は，講義形式のみならず，「授業観察や体験」「模擬授業」などを通

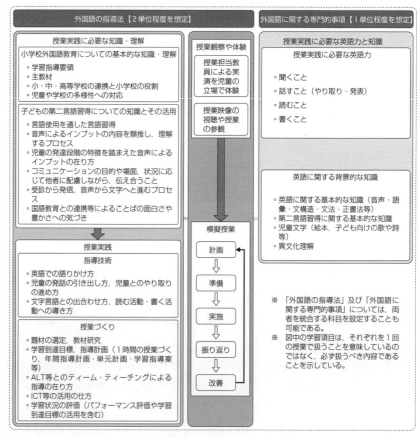

図1　外国語コア・カリキュラム構造図
出典：東京学芸大学（2017：70-71頁）。

して小学校の授業の実態について知るとともに，授業担当教員による実演を児童の立場で体験したり，教師の立場で模擬授業を行うことにより，理論に裏打ちされた実践力を身につけることが求められています。[13]

2 外国語に関する専門的事項

　「外国語に関する専門的事項」[14]は１単位程度を想定し，全体目標は「小学校における外国語活動・外国語の授業実践に必要な実践的な英語運用力と，英語に関する背景的な知識を身に付ける」ことです。学習内容は「授業実践に必要な英語力と知識」及び「英語に関する背景的な知識」の二つからなります。

　「授業実践に必要な英語力と知識」[15]では，児童に質の高いインプットを与え，意味のあるやりとりをし，授業で必要な基本的な英語表現を正確に運用する力を育成するために，教員が目標とする英語力として CEFR B1 レベル（英検２級）程度を提示しています。[16]英語特有の抑揚・強勢・リズムを身につけること，児童文学や子供向けの歌や詩に親しむこと，学習指導案や掲示物において正しい表記ができるようになることを目指します。「英語に関する背景的な知識」[17]では，英語の音声・語彙・文構造・文法・正書法等についての知識，第二言語習得に関する基本的な知識，児童文学，異文化理解を扱うことになっています。[18]

3 コア・カリキュラムの学びを生かす

　2020年現在の学生は，小学校時代に英語を教科として教えられた経験がないのに，コア・カリキュラムで学びます。それが他教科との大きな違いです。他教科の学生は，自分の先生がどのように教科書を使い，どのように教えたかを経験として知っていますが，英語は違います。

　コア・カリキュラムでは，全ての学習項目をわずか23回程度（３単位程度）の授業で学ばなければなりませんので，どの時間も貴重です。特に担当教員による授業の実演を児童の立場で体験することや授業映像の視聴は，指導の全体像をつかむために欠かすことができません。

　中学校英語との違いを知るためにも，子供の第二言語習得についての知識や指導技術などを学ぶことは必要です。指導に必要な英語力を高める努力も不可欠ですが，同時に，英語がどのような言語かを学び，授業実践に応用することも肝要です。これらは「英語に関する基本的な知識」に一括りにされていますが，特に，音声学を学び，英語の発音や強勢・リズム・イントネーションの特徴を知ることは，アルファベットの音から教える小学校では必須です。

　自分の学びの成果を試すには模擬授業があります。担当教員や児童役の人たちからのフィードバックが指導力向上に大きく貢献します。

　いずれも一朝一夕にはできないことばかりですが，教員になったときに必ず役に立つので，そのつもりで取り組んでください。　　　　　　　　（小川隆夫）

▷3　東京学芸大学（2017: 95頁）。

▷4　東京学芸大学（2017: 102頁）。

▷5　▷4に同じ。

▷6　「外国語の学習・教授・評価のためのヨーロッパ言語共通参照枠（CEFR: Common European Framework of Reference for Languages)」。欧州評議会によって開発されました（本書の第３部Ⅲ-④〜⑦（62-69頁）を参照）。

▷7　東京学芸大学（2017: 103頁）。

▷8　絵本，子供向けの歌や詩等。

おすすめ文献

村野井仁（2018）『コア・カリキュラム準拠――小学校英語教育の基礎知識』大修館書店。
中村典生監修／鈴木渉・巽徹・林裕子・矢野淳（2019）『コア・カリキュラム対応 小・中学校で英語を教えるための必携テキスト』東京書籍。

Ⅲ　日本の社会・文化における英語教育／b　社会制度としての英語教育

 10 英語教員免許に関連する制度

① 指導体制と指導方法

　小学生対象の英語教育を専門とする教員免許がないまま，小学校における教科としての「英語」が2020年度から始まりました。指導体制が未整備な中，文部科学省は当初，次のような対応策を発表しました。

　　学級担任の教師又は外国語活動を担当する教師が指導計画を作成し，授業を実施するに当たっては，ネイティブ・スピーカーや英語が堪能な地域人材などの協力を得る等，指導体制の充実を図るとともに，指導方法の工夫を行うこと[1]。

　文部科学省はその後，「認定講習」を各大学の教職課程に依頼する，ALTや地域人材などが「特別免許状」を取得し授業を単独で行えるようにする，専科教員を増やすなどの対策を実施しています。以下，順に紹介します。

② 小学校教員が「認定講習」で中学校二種免許状（英語）を取得

　現在の教育職員免許制度では，英語科の教員免許は中学校・高等学校だけで小学校は対象になっていません。本来なら教育職員免許法を改正し制度を変更すべきですが，現状では「認定講習」で代替しています。小学校で３年以上の実務経験がある現職教員が，研修を実施している大学で所定の単位を取得した後，免許状授与者（都道府県教育委員会）に免許取得申請をすることで，中学校二種免許状（英語）が授与されます。

③ 特別免許状制度

　特別免許状制度[3]とは，教員免許状をもっていなくても，担当教科に優れた人材を教員として学校に迎え入れるために教員免許状を授与する制度です。特別免許状を得るためには都道府県教育委員会か学校法人等の推薦を受け，都道府県教育委員会が行う教育職員検定（人物・学力・実務・身体）に合格する必要があります。授与要件としては担当する教科の専門的な知識・経験・技能，社会的信望・熱意と見識が求められます。特別免許状を授与されることによりALTや地域人材が「教諭」として単独で授業を行うことができるようになります。2018年度までの授与件数は小学校で28件，そのうち英語は13件（公立８件，私立５件）と制度の利用は低い状況です。理由として，特別免許状は雇用

▷１　文部科学省（2018）『小学校学習指導要領（平成29年度告示）解説　外国語活動・外国語編』開隆堂，48頁。

▷２　93頁の▷10を参照。

▷３　「特別免許状制度について」。
https://www.mext.go.jp/component/a_menu/education/detail/__icsFiles/afieldfile/2016/03/09/1348574_1_1.pdf

▷４　「特別免許状の授与件数」。
https://www.mext.go.jp/content/20200309-mxt_kyoikujinzai02-000005495_8.pdf

▷５　「特別非常勤制度」。
https://www.mext.go.jp/

が内定してから授与される上，有効期限があるので希望者が少ない，授与要件が限定され手続きが煩雑なので特別非常勤講師制度を活用する教育委員会が多いことなどがあります。[4]

④ 特別非常勤講師制度

特別非常勤講師制度[5]は，教員免許状をもたない地域人材や様々な専門分野の社会人を非常勤講師として採用し，学校現場に迎え入れるための制度です。任命・雇用しようとする者から都道府県教育委員会（授与権者）への届出が必要ですが，小学校の全教科，総合的な学習の時間，小学校のクラブ活動などを担当することができます。医師，看護師，調理師，スポーツ選手，芸術家など多岐にわたる分野の専門家に依頼することができます。

⑤ 教科担任制の本格導入

2020年8月，文部科学省中央教育審議会の特別部会は，2022年度をめどに小学校5・6学年で教科担任制の本格導入を目指し，既に専科教員が多い理科に加え，英語と算数を優先する案を提示しました。より高度化される中学校での学習を見通し，系統性と指導する際に必要な専門性を踏まえて3教科が選ばれたのです。[6]小学校では2020年度から英語が高学年で教科となり，英語専科教員のニーズが高まっています。

⑥ 英語支援要員（学習サポート要員，サポート要員）

自治体では ALT のほかに非常勤職員として英語支援要員を雇用しているところがあります。英語アドバイザー，英語支援員，英語サポーター，日本人英語指導者など名称は様々ですが，英語が堪能な地域人材が一般的です。初めはボランティアのような形で小学校の指導に携わる中で，次第にその実力と有用性が認められ，地域の小学校になくてはならない存在として雇用されるケースもあります。日本人支援要員については，その多くが英語指導の専門性をもつ地域に根ざした人材であり，日本の小学校の制度や実情を熟知し，小学校や自治体と長期的に関われること，担任や小学校と日本語でのきめ細かな意思疎通がとれることなどが，利点とされます。[7]

英語支援要員の募集や採用は通常，各自治体のウェブサイトに掲載されます。[8]例えば東京都足立区では「小学校外国語活動アドバイザー」として募集し，[9]英語力は実用英語技能検定準1級以上，TOEIC 730点以上，または同程度の技能を有する方（J-SHINE 資格や英語の教員免許等）[10]となっています。

（小川隆夫）

b_menu/shingi/chousa/
shotou/151/shiryo/__
icsFiles/afieldfile/2019/
08/27/1420580_07.pdf

▷6 朝日新聞デジタル「小5・6に教科担任制導入を3科目，中教審が答申へ」。https://www.asahi.com/articlesASN8N73YJN8NUTIL030.html

▷7 狩野晶子（2017）「ALT の役割について理解しよう」『小学校英語教科化への対応と実践プラン』教育開発研究所，83頁。

▷8 文部科学省は，新型コロナウイルス感染症拡大防止の休校による学習の遅れ対策として，検定教科書内容の2割を授業外で行うことを決め，学習支援要員やサポーターを増員しており，教職課程における教育実習の代替として認めるとしています（「学びの保障総合パッケージ」）。

▷9 「小学校外国語（英語）活動アドバイザー（非常勤職員）募集案内」。https://www.city.adachi.tokyo.jp/documents/49922/boshuuannai.pdf

▷10 J-SHINE は特定非営利活動法人・小学校英語指導者認定協議会の略称。民間主導で設立された英語教育指導者の資格認定を行う NPO 法人。https://www.j-shine.org/

おすすめ文献

鳥飼玖美子（2018）『英語教育の危機』筑摩書房。

鳥飼玖美子（2018）『子どもの英語にどう向き合うか』NHK 出版。

鳥飼玖美子・斎藤兆史（2020）『迷える英語好きたちへ』集英社インターナショナル。

Ⅲ　日本の社会・文化における英語教育／b　社会制度としての英語教育

11 教職課程　中学校・高等学校コア・カリキュラム(1)

1 中学校・高等学校教員養成課程　外国語（英語）コア・カリキュラムの位置付け

　学習指導要領の改訂及び免許法施行規則改正にあたり，大学の教員養成課程の改善及び取り組みの充実に活用するよう，中学校・高等学校教員養成課程外国語（英語）コア・カリキュラムが策定されました（図1）。

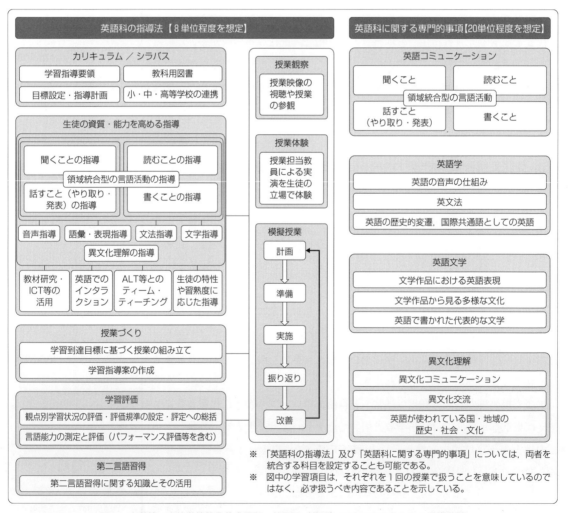

図1　中学校・高等学校教員養成課程　外国語（英語）コア・カリキュラムの構造図

出典：教員養成・研修　外国語（英語）コア・カリキュラム【ダイジェスト版】文部科学省委託英語教員の英語力・指導力強化のための調査研究事業」。
http://www.u-gakugei.ac.jp/~estudy/ より一部抜粋して掲載。

中学校・高等学校の外国語（英語）教員免許取得希望者が対象となります。示されている「英語科の指導法」及び「英語科に関する専門的事項」は必要最低限の項目で，これ以外の科目は各大学独自に設定できると記載されています。

2 中学校・高等学校教員養成課程　外国語（英語）コア・カリキュラムの構成

「英語科の指導法」は「英語科教育法Ⅰ・Ⅱ・Ⅲ・Ⅳ」などの授業名称が一般的です。中学校一種免許では8単位以上，高等学校一種免許では4単位以上の取得が必要となります。授業の形態は，知識を重視した講義形式から，学び・発見・省察を重視した学習者参加型の授業に変化している傾向にあります。英語の学習や指導に関する知識と，授業指導や学習評価の基礎を身につけることが「全体目標」となっています。

学習内容は「カリキュラム／シラバス」「生徒の資質・能力を高める指導」「授業づくり」「学習評価」，そして「第二言語習得」で構成されています。また，授業映像の視聴や授業を参観する「授業観察」，授業担当教員による実演を生徒の立場で体験する「授業体験」，1単位時間（50分）の授業や特定の言語活動を取り出して行う「模擬授業」を盛り込むことが求められています。実践的な指導力を養成することが「英語科の指導法」の中心となります。

「英語科に関する専門的事項」は20単位以上が必要です。英語で授業を行うための英語運用能力を身につけることを目標とした「英語コミュニケーション」の科目では，CEFR B2 レベル以上の英語運用能力を身につけ，生徒の理解可能なインプットや生徒の理解に応じたインタラクションを授業に取り入れることのできる柔軟な調整力を身につけることとなっています。「英語学」に関する科目では，英語の音声や仕組み，英文法，英語の歴史的変遷や国際共通語としての英語など，英語授業に資する英語学的知見を身につけることを目標とします。「英語文学」の科目では，英語で書かれた文学を学ぶ中で，英語による表現力への理解を深め，英語が使われている国・地域の文化について理解し，それを授業に生かすことが目標とされます。「異文化理解」に関する科目では，外国語やその背景にある文化の多様性，異文化コミュニケーションの現状や課題を学び，授業に生かすことを目標としています。「英語科に関する専門的事項」の科目をしっかり学び，実践面と融合させることが鍵となります。

（細井　健）

▷1　平成28年の免許法では「教科及び教科の指導法に関する科目」に該当します。

▷2　石田雅近・神保尚武・久村研・酒井志延（2011）『英語教師の成長──求められる専門性』大修館書店。

（おすすめ文献）

松村昌紀（2009）『英語教育を知る58の鍵』大修館書店。

佐藤臨太郎・笠原究・古賀功（2015）『日本人学習者に合った効果的英語教授法入門── EFL 環境での英語習得の理論と実践』明治図書出版。

中森誉之（2018）『技能を統合した英語学習のすすめ──小学校・中学校・高等学校での工夫と留意』ひつじ書房。

Ⅲ　日本の社会・文化における英語教育／b　社会制度としての英語教育

12 教職課程　中学校・高等学校コア・カリキュラム⑵

1 「授業は英語で」の取り組み

2017（平成29）年告示の学習指導要領では，高等学校のみならず中学校でも，「授業は英語で行うことを基本とする」ことが規定されました。生徒が授業で「英語に触れる機会」を確保し，授業を「実際のコミュニケーションの場面」とすることをねらいとしています。挨拶や指示などの「クラスルーム・イングリッシュ」のみならず，説明や発問，課題の提示などを生徒にわかる英語で話しかけることや，発話速度や明瞭さの調整，平易な表現への言い換えや具体的な例の提示など，英語使用の工夫をすることが求められています。

「英語コミュニケーション」に関する科目が，生徒の理解度に応じた英語で授業を行える英語運用能力を身につけることを目標としているのはそのためです。また，「英語科教育法」で模擬授業を実施する科目では，英語で題材や文法の導入を口頭で行う「オーラル・イントロダクション／インタラクション」に取り組んだりします。最初は緊張することも多いのですが，人前で英語を話すことに慣れ，生徒の前で授業をすることを意識することから始めます。また聴解や読解といった内容把握を促すために，英語でどのように発問すればよいかを考えるなど，「授業を英語で」行う指導技術を学んでいきます。

ただし，英語で授業をすることは，あくまでも「基本」であって，規則ではないので，英語で授業をすること自体が目的とならないよう注意が必要です。教員の発する英語が生徒に理解されているかどうかを十分に確認することが肝心で，生徒の様子を見ながら時に母語を使用するなど，適切な対応が求められます。

2 「語彙数の増加」への対応

新学習指導要領では語彙数が増加し，中学校では1600〜1800語，高等学校では1800〜2500語となります。小学校の600〜700語を含めれば合計4000〜5000語となり，旧学習指導要領の3000語を大きく上回ります。「語彙・表現指導」は「英語科教育法」において扱われますが，取り組むのは授業1回程度で，複数回の授業で取り上げる大学は多くはないと考えられます。語彙数の大幅な増加に対応するには，教職課程でも重点的な取り組みが必要となります。例えば中学校の初級段階では頻出度が高い語を優先し，基本語彙を十分に定着させ受容

▷1　本書の110頁の❶および142頁を参照。

▷2　鳥飼玖美子（2018）『英語教育の危機』筑摩書房。

▷3　吉田研作・柳瀬和明（2003）『日本語を活かした英語授業のすすめ』大修館書店。

▷4　本書の117頁▷8も参照。

▷5　本書の113頁の❸を参照。

語彙を増やし，場面に応じた練習で発信語彙を伸ばしていくことを学びます。また，模擬授業ではフラッシュカードを用いて新出単語を提示することや，導入のオーラル・イントロダクションで，最重要語句のいくつかを提示し，印象付けたり際立たせたりする手法を身につけます。

　実際の授業での語彙指導は，教科書の丸暗記になりがちですが，これは生徒が「英語は暗記科目」だと毛嫌いすることにつながります。単語を覚えることを目的とした「意図的」な学習は効率的ですが，弊害もあります。自然な文脈の中で単語を理解できるように工夫することは，内容理解を重視し単語を「付随的」に学習する内容重視指導法とも言えます。間隔をおいて学習項目を複数回繰り返す「分散学習」などもあり，理論を踏まえた実践がますます求められるでしょう。

❸ 「教育実習」で学ぶこと

　教職課程において「教育実習」は実践的な指導を経験する機会となります。中学校一種免許を取得するためには3〜4週間の教育実習が求められます。また高等学校一種免許の実習期間は2週間です。そして教育実習の前後には「教育実習事前・事後指導」を受講します。大学と実習校で体系的に実習生を指導していくことを目指します。

　「事前指導」では，教科書の題材内容を深く掘り下げて調べたり，文法事項の導入や，言語活動について考えたりします。指導案を作成し，単元や授業の目標とそれに応じた評価規準の設定について確認します。指導案に沿った模擬授業を実施し，実習に向けての準備とします。

　「教育実習」期間の前半は授業を参観することが比較的多く，参観した授業などを実習日誌に記録します。英語の授業を多く参観することや英語以外の教科を見学することも有益です。実習後半は指導教員の助言を受けながら，実習授業に取り組みます。指導教員の授業に倣った形になることが多いのですが，それは生徒たちが指導教員の授業に慣れていることも要因の一つかもしれません。通常の授業では簡単な指導案（略案）を作成し，研究授業では細案を作ります。「教育実習事前・事後指導」の担当者も研究授業を参観する場合があり，実施後は実習生と参観者たちで授業について話し合います。

　「事後指導」では，教育実習を終えた受講者たちが教育実習の報告をしたり，研究授業を実演したりして，教育実習を振り返り各自の課題を見出します。

　教育実習は，それまでに学んだことを踏まえ，教壇に立ったら，自分はどのような教員になり，どのように教育に取り組むかを考える貴重な機会なのです。

（細井　健）

▷6　受容語彙とは，文章を読んだり話を聞いたりしたときに理解できる単語です。

▷7　発信語彙とは，文章を書いたり，話したりする際に使う単語です。受容語彙の中から使用頻度の高い語彙が発信語彙となります。本を読むことで書く力が培われるという相関関係は，母語でも第二言語でも見られます。

▷8　中森誉之（2009）『学びのための英語学習理論──つまずきの克服と指導への提案』ひつじ書房。

▷9　▷1に同じ。

▷10　中田達也（2019）『英単語学習の科学』研究社。

▷11　新型コロナ禍では，教育実習の受け入れが困難な事態を受け，文部科学省は2020年度に限り，大学の授業を教育実習の代わりに単位として認める特例措置を発表。実習の実施を原則としつつも，「真にやむをえない場合」のみ，「教育実習なし」でも教員免許の取得を認めることになりました（2020年8月11日朝日新聞デジタル版）。

（おすすめ文献）

鳥飼玖美子（2018）『英語教育の危機』筑摩書房。
中田達也（2019）『英単語学習の科学』研究社。
石田雅近・神保尚武・久村研・酒井志延（2011）『英語教師の成長──求められる専門性』大修館書店。

13 大学入試改革（英語民間試験導入）

▷1　本書の「政治と経済主導の教育改革」（100-101頁）を参照。

▷2　石井洋二郎（2020）『危機に立つ東大——入試制度改革をめぐる葛藤と迷走』筑摩書房。

▷3　文部科学省は「外部・資格試験」「民間の資格・検定試験」などの用語を用いますが，最近では，民間事業者による英語試験は「英語民間試験」と総称されます。

▷4　2019年10月24日，BSフジの報道番組に生出演した萩生田文科大臣は，英語民間試験の不公平性を問われ「身の丈に合わせて［中略］頑張ってもらえれば」と発言。鳥飼玖美子（2020）『10代と語る英語教育——民間試験導入延期までの道のり』筑摩書房。

▷5　自民党「教育再生実行本部」，政府「教育再生実行会議」。

▷6　中央教育審議会「新しい時代にふさわしい高大接続の実現に向けた高等学校教育，大学教育，大学入学者選抜の一体改革について」答申。

▷7　「英語教育の在り方に関する有識者会議」（2014年），「英語力評価及び入学選抜における英語の資格・検定試験の活用促進に関する連絡協議会」（連絡協議，2014～15年），「高

1　30年前からあった「大学入試改革」案

　大学入試改革は，中曽根康弘首相（当時）による「臨時教育審議会」（臨教審 1984-87）提言を受けて進められてきました。[1]高校教育を改善するには大学との接点である入試を変えなければ実効が上がらない，大学入試改革は「高大接続」に不可欠だとされたのです。

　しかし，小学校から中学校，高等学校までは教育課程を積み上げての学びであるのに対し，大学は新たな知を創造する学問の府であり，高等学校までとは異質な研究教育機関です。したがって，高校教育を変えるために大学入試を変えるというのは「目的と手段の逆転」[2]ですが，その点を見過ごしたまま，高大接続を理由に大学入試改革は推進されました。

　その結果，従来の「センター試験」を廃止し，2020年から新たに「大学入学共通テスト」を開始する決定がなされ，国語と数学に記述式問題を導入すること，英語入試に，民間事業者による資格・検定試験[3]を活用することとなりました。

　ところが初の大学入学共通テストの実施（2021年1月）が迫った2019年11月1日，萩生田光一・文部科学大臣（当時）は，英語民間試験導入の「延期」を発表しました。導入案への反対が大きかったことに加え，大臣自身の失言[4]が引き金となりました。記述式問題導入（国語と数学）も「見送り」になりました。どうしてこのようなことになったのでしょうか。英語民間試験導入を中心に経緯を振り返ってみます。

2　英語民間試験を導入する案

　新大学入学共通テストに英語民間試験を導入する案は，2013年に政府と自民党とで検討を始めました。[5]その後，文部科学省の中央教育審議会[6]や有識者会議[7]などで審議が続き，文科省は2016年8月31日に「高大接続改革の進捗状況について」を公表し，「スピーキングとライティングを含む4技能評価の実現のためには，日程や体制等の観点から，民間の資格・検定試験を積極的に活用する必要」があり，将来的には「資格・検定試験の活用のみにより英語4技能を評価することを目指す」と踏み込みました。

　2017年5月16日には，実施へ向けて具体的な2案[8]が公表され，同年7月13日

には，「大学入学共通テスト実施方針」において，共通テストの英語試験を「平成三五年度までは実施」するB案を採用すると公表しました。

2017年11月8日になると「大学入試英語成績提供システム参加要件」が発表され，要件を満たしたとされる実用英語技能検定（英検），GTEC，ケンブリッジ英語検定，IELTS，TOEFL iBT テスト，TOEIC，TEAP，TEAP CBT など8試験が参加することになりました。ただし，この参加要件は「法的根拠に基づく認定制度ではない」ことも明記されました。当初，参加した TOEIC は2019年7月になって参加を取り下げました[9]。

❸ 破綻の原因

英語民間試験導入が挫折したのは主として2点の理由に集約できます。第一に，なぜ必要なのかというに理念が欠落していたこと，第二に，制度設計がずさんで公平・公正な入試にならないことに起因しています。以下に具体的な問題点を挙げます。

(1) 「英語4技能」を唱えるだけで教育理念が欠如

(2) 制度設計がずさん：7種類もの異なる試験を使うこと自体がテスト理論からは無理。CEFR を用いて各種試験を換算した対照表は非科学的

(3) 試験会場と試験監督の不足：50万人もの受験生への対応は最後まで未解決のまま

(4) 採点の不透明：民間業者に丸投げで採点の公正性を担保できない

(5) 経済格差が受験生を直撃：高額の民間試験受検料を複数回受けることの経済的負担

(6) 地域格差：地域によって受検できる試験が限られ，交通費・宿泊費などの負担も

(7) 出題・採点ミス，機器トラブルへの対応，障害者への配慮：全て民間試験事業者任せ[10]

(8) 利益相反の疑い：大学入試を請け負った民間業者が対策問題集や対策講座で収益

(9) 高校英語教育が民間試験対策に変質してしまう懸念

(10) 民間試験により英語4技能や話す力が向上する確証はない

これらの課題の多くは2015年に判明していましたが，「2020年の東京オリンピック・パラリンピック」に合わせるために無理を重ねて突っ走り土壇場で破綻しました。

2020年1月には「大学入試のあり方を検討する会議」が設けられ，なぜ英語民間試験導入が多くの専門家の反対にもかかわらず強行され失敗に至ったのかが議事録で明らかになっています。この検証を今後に活かせることを切に願います。

（鳥飼玖美子）

▷「大接続システム改革会議」（2015〜16年），「大学入学希望者学力評価テスト（仮称）検討・準備グループ」会議（2016年4月28日設置，2018年7月25日「大学入学共通テスト検討・準備グループ」に改称）。

▷8 A案「平成三二年度以降，共通テストの英語試験を実施しない。英語の入学者選抜に認定試験を活用する」。B案「共通テストの英語試験については，制度の大幅な変更による受検者・高校・大学への影響を考慮し，平成三五（二〇二三）年度までは実施し，各大学の判断で共通テストと認定試験のいずれか，又は双方を選択利用できることを可能とする」。

▷9 国際ビジネスコミュニケーション協会「『大学入試英語成績提供システム』への TOEIC Tests 参加申込取り下げのお知らせ」2019年7月2日。

▷10 文部科学省の見解は「民間事業者等の採点ミスについて，大学入試センターや大学が責任を負うことは基本的には想定されません」（鳥飼玖美子・苅谷夏子・苅谷剛彦（2019）『ことばの教育を問い直す──国語・英語の現在と未来』筑摩書房，207頁）。

おすすめ文献

鳥飼玖美子（2018）『英語教育の危機』筑摩書房。
南風原朝和編（2018）『検証 迷走する英語入試──スピーキング導入と民間委託』岩波書店。
鳥飼玖美子（2020）『10代と語る英語教育──民間試験導入延期までの道のり』筑摩書房。

Ⅲ　日本の社会・文化における英語教育／b　社会制度としての英語教育

 大学における英語教育

① 教養教育とは何か

　大学において，教養形成の役割は，「リベラル・アーツ」[1] (liberal arts) を核とする教養教育（liberal education）として概念化され，戦後の日本やアングロサクソン系の国々では専門教育と並んで大学教育の中核的要素とされてきました。一方で社会の複雑化と科学技術・研究開発の高度化・専門分化が進み，他方で大学教育の大衆化が進む中で，大学における教育・研究の在り方も教養教育の在り方も，揺らぎ問い直されてきました[2]。

　日本の大学における教養教育は，戦後の新制大学の発足に際し，米国の影響を受けて「民主的市民の育成」を目標として導入されたもので，人文科学・社会科学・自然科学からなる「一般教育科目」として制度化されました。やがて経済界から専門教育重視の要望が強まり，1991年には大学設置基準が大綱化されました。教養教育の「人文・社会・自然・外国語・体育」の5教科体制を廃止し，各大学が4年間のカリキュラムを自由に編成できるようにした改革です。その結果，全国の大学で「教養部」の解体が一気に進みました。しかし，この十数年，各種の答申において学生・卒業生の教養の低下が指摘され，「教養教育の重要性とその再構築」が繰り返し表明されるようになりました[3]。

② 大学における英語教育のゆくえ

　日本の英語教育は，1986年「臨時教育審議会」第二次答申で「極めて非効率であり，改善する必要がある」と抜本的な見直しを迫られました。従来の英語教育に対する批判は，中学校・高等学校だけでなく，大学の「一般教育」科目の英語へも向けられ「大学設置基準大綱化」が，この流れに拍車をかけました。

　結果として多くの大学における英語教育は「教養教育」というよりは，コミュニケーションに使えることを目指した「技能（スキル）教育」へと変貌しています。それは政策だけでなく，大衆化された大学に対する一般の要請も重なっています。教養に資する英語教育では志願者が集まらず，ネイティブ教員による英会話授業，海外研修や留学制度の充実などが求められ，大学英語教育は，その要望に沿うことを余儀なくされています。

　そのような中，英語で教える専門教育への流れも顕著になっています。政府の「グローバル人材育成」戦略に伴い，各学部での英語による授業の割合を高

▷1　リベラル・アーツとは，古代ギリシアに由来する概念で，人間が自律した存在であるために必要な学問であるとされてきました。中世ヨーロッパでは，「アルテス・リベラレス」（artes liberales）と呼ばれ，人が自由（リベラル）であるために学ぶ技芸（アーツ）を指していました（自由7科（文法，修辞学，論理学，算数，幾何，天文学，音楽））。
石井洋二郎（2020）「創造的リベラルアーツに向けて」石井洋二郎編『21世紀のリベラルアーツ』水声社，15-56頁。

▷2　日本学術会議「日本の展望──学術からの提言2010：21世紀の教養と教養教育」。

▷3　1997（平成9）年の大学審議会答申「高等教育の一層の改善について」，2002（平成14）年の中央教育審議会答申「新しい時代における教養教育の在り方について」など。

める方針を策定する大学もあれば，英語による授業を売りにする国際教養系の学部や大学も増えています。

これまでの日本は専門知識を母語で学べることで多くのノーベル賞受賞者を輩出するなど成果を上げてきました。しかし，外国語である英語でどれだけ専門知を得られるのかの議論はほとんどなされていないのが実態です。英語を外国語として学習してきた学生を対象に，専門科目を英語で講義することの是非は問われてしかるべきでしょう。

③ EAP

大学における英語教育の基本は，EAP（English for Academic Purposes：学術的な目的のための英語）で，日常生活で使用する英語に対して，高等教育で使用する英語を教えるアプローチを指します。学士課程初年次教育などで，文献検索の方法，リサーチの仕方，レポートの書き方といったアカデミック・スキルの習得と関連させ，同時に大学の講義で必要な英語の習得を目指します。具体的には，文献を批判的に読むクリティカル・リーディング（critical reading），学術的作法に従って書くアカデミック・ライティング（academic writing），プレゼンテーションなど個別技能への特化型もあれば，プロジェクト学習として最終的に成果物を作成する指導法もあります。

④ ESP

ESP（English for Specific Purposes：特定目的の英語）は，一般的な目的のための英語（English for General Purposes）に対する用語で，学習者に必要な特定の領域での言語知識及び運用スキルに焦点を当てたアプローチを指します。EOP（English for Occupational Purposes：職業的目的のための英語）も含みます。職業に関連した英語としては，ビジネス英語，観光英語，医学英語などがあります。

⑤ 大学英語教育の現状とこれから

最近の大学英語教育は，コミュニケーションという看板の下で，英会話スキルを磨き，TOEICなどのスコアを上げて就職につなげることが当面の目標となっています。そうなると，文学や異文化コミュニケーション学など多様な専門をもつ専任教員を増やすよりは，スキルとして英語を教えることを目的に英語教育の外注（アウトソーシング）も水面下で進んでいます。これは長期的には，大学教育から正規科目としての英語が消滅する流れにならないか，見極める必要があるでしょう。これからの時代は，人間を解き放って自由にするための「知」が求められます。大学英語教育が，そのような存在として認知されるかどうか，問われています。

（鳥飼玖美子）

おすすめ文献

石井洋二郎（2020）「創造的リベラルアーツに向けて」石井洋二郎編『21世紀のリベラルアーツ』水声社，15-56頁。
村上陽一郎（2004）『あらためて教養とは』新潮社。
吉見俊哉（2011）『大学とは何か』岩波書店。
広田照幸・吉田文他編（2013）『グローバリゼーション，社会変動と大学』（シリーズ「大学」第1巻）岩波書店。

第 5 部

指導上の課題

┌─ イントロダクション ─┐

　第5部「指導上の課題」では，小学校から大学までの英語教育の「接続」と国語教育との「連携」，授業を実践する際の課題，そして，よりよい授業を実践するための「振り返り」を扱います。

　「Ⅰ　接続と連携」では，まず，小学校と中学校，中学校と高等学校，高等学校と大学の「接続」の課題を取り上げます。小学校から大学までの一貫した英語教育のデザインが必要なのは確かですが，それを安易に「接続」という表現で済ませるわけにはいきません。小学校，中学校，高等学校にはそれぞれ教育目標があり，児童生徒の認知能力や学習意欲も異なるからです。また，最近よく耳にする「高大接続」も，教育の目的が異なる高校教育と大学教育を安易に「接続」してよいものではありません。

　英語教育と国語教育の「連携」についてはこれまでも課題として挙げられてきています。「教科」という壁が実現を阻んでいるようですが，「言語」を扱う教科として連携することは，生徒の「ことば」への気づきを促すという視点からも必要なことです。

　「Ⅱ　授業」では，教室での使用言語，言語活動における形式（文法や音声）への焦点化，授業形態としてのオンライン授業，英語授業での文学作品の活用について取り上げます。「使用言語」に関しては，「英語の授業は英語で」という方針が適切なものなのかどうかを再考する必要があります。

　「Ⅲ　授業を振り返る」では，授業を振り返ることの大切さを取り上げます。振り返りは生徒だけでなく教員もしなければなりません。また，フィードバックをどのように与えるのか，生徒の個人差をどう考慮するのかにも気を配る必要があります。そして，教育にあたって教員と学習者がもつべき「信条」についても認識を新たにする必要があります。

（鈴木希明）

I　接続と連携

 小中接続

▷1　文部科学省（2017）
『小学校学習指導要領（平成29年告示）解説　外国語活動・外国語編』開隆堂，168頁。
▷2　「外国語によるコミュニケーションにおける見方・考え方」は，「外国語で表現し伝え合うため，外国語やその背景にある文化を，社会や世界，他者との関わりに着目して捉え，コミュニケーションを行う目的や場面，状況等に応じて，情報を整理しながら考えなどを形成し，再構築すること」と定義されています。
▷3　言語活動の「話すこと［やり取り］」の(イ)には小学校第5・6学年で「日常生活に関する身近で簡単な事柄について，自分の考えや気持ちなどを伝えたり，簡単な質問をしたり質問に答えたりして伝え合う活動」とあり，中学校では「日常的な話題について，伝えようとする内容を整理し，自分で作成したメモなどを活用しながら相手と口頭で伝え合う活動」とあります。小中の活動が同一というわけにはいかないので，「内容を整理」「メモなどを活用」という文言を無理に加えていますが，逆にわかりにくくなり，活動が制御されて画一的なコミュニケーションになる可能性もあります。
▷4　文部科学省（2017：169頁）。

小中接続への視点

　小中接続については，『学習指導要領解説』の巻末に目標，言語材料，言語活動の「学校段階別一覧表」にまとめられています[1]。小学校第5・6学年と中学校の目標を比較すると，「外国語によるコミュニケーションにおける見方・考え方を働かせ，外国語による聞くこと，読むこと，話すこと，書くことの言語活動を通して，」という前半部と，後半部の「コミュニケーションを図る資質・能力を［中略］育成することを目指す」が全く同じ文面です[2]。小中の違いは，コミュニケーションにかかる修飾句「簡単な情報や考えなどを理解したり表現したり伝え合ったりする」があるかないかだけです。言語材料，言語活動も同様に[3]，小学校に中学校の内容を上乗せする方式が採られています[4]。

　学習項目をバラバラに切り分けて，それを「コピー・アンド・ペースト」でつなぎ合わせるという思考様式には，小中を貫く軸がありません。それは「対話的で深い学び」という抽象的なスローガンでもなければ，「卒業時に検定試験○級を取る」という到達目標を掲げることでもありません。小中接続の軸とは，本書で語られているような，言語やコミュニケーションに関わる原理や，社会や文化に対する見方や理解を深めるための概念や，指導の効果を高める教授法を具体的に示すことです。小中接続への視点が，学びに関わる要素の表面的な「切り貼り」と「積み上げ」に終始している限り，実践も実を結ばないかもしれません。

② 小中接続の実践を問う

　小中接続の移行期間として，文部科学省は中学入学後の4月に12コマを使って行う，"Hello! Junior High School Life !" と題した単元学習モデルを提示しています[5]。各時間の詳細な指導資料を作成・公開していることから，小中の円滑な橋渡しを重視していることがうかがわれます。小学校の復習と「話すこと［やり取り］」を中学校でも継続させようとする内容になっていて，教員と生徒（同士）が授業中に英語を積極的に使うことが推奨されています。

　しかし，何でも英語でやりとりしようとしているので，不自然な会話が散見されます。そのうちの一つを例に挙げると，第5時のアルファベットの大文字・小文字の指導案の中に次のような教員と生徒の会話があります（Tは教員，

・生徒の好きな色を英語で板書をする。その際、いくつかの単語をわざと間違える（大文字と小文字の混在、4線上の小文字の位置）ことにより、正しい文字・位置の確認をさせる。

```
green   Yellow   blacK
```

T：OK, let's practice reading these words aloud.
S1：先生、間違っています。
T：Really? Where? どの単語？
S1：グリーン。gの場所がおかしい。
T：Wow. Good! Thank you, S1.
S2：先生、他にも間違っています。
T：What? OK, everyone, let's find my mistakes. Talk to your friends.

S1・2は生徒1・2）[6]。わざと綴りの書き方を間違えた教員の誤りを、生徒の一人が指摘したのに、教員はとぼけて（"Really? Where?"「どの単語？」）、生徒がさらに突っ込んだら、教員は「褒めことば」（"Wow. Good!"）で「正しい知識」を実は知っていたことを明かすという会話です。これは一つの例にすぎませんが、小中接続の実践を考える上で示唆に富んでいます。生徒の発話を促す方法は適切か、教員の「子供だまし」は生徒にどのように解釈されるのか、それで「褒められた」生徒はどう感じるのか、文字の間違いを友人と話し合う必要があるのか、どのような問いかけで学びが深まるのかなど、問うべき点は多くあります。

　小学校で学んだことを中学校で復習・確認するなら、知識と技能を整理して指導すべきです。教室での会話の全てを英語でのコミュニケーションにしようとすると、上のような不自然な会話になりがちです。知識を教えるときに日本語と英語の切り替えが頻繁に起こるとわかりにくくなります。中学校で扱う英語は、小学校と比べてかなり複雑になるので、混乱を招かないために教員が使用する言語の選択には注意したいものです。[7]

③　広い視点で小中接続を捉え直す

　小中接続は重要な課題ですが、小学校と中学校を分けて考える視点をあわせもつことが大切です。そもそも初等教育と中等教育は、それぞれ期待されている役割や目標が大きく異なります。さらに小学生と中学生とでは、認知面や情緒面での発達段階にも明らかな違いがあります。したがって、小学校を中学校の「前倒し」にするのではなく、小学校にしかできない実践を行うべきです。そして、中学校は中学校のやり方を確立すべきです。例えば、小学校では国語と英語を教える学級担任が、日本語と英語の両方に共通する「ことばの力」を育む実践をすることが可能です。[8]ほかにも、絵本を使った指導、早口ことばや詩を扱う授業、地域との交流、演劇教育、理科と英語を融合させた授業も考えられます。[9]小中接続を考えるときには、小学校と中学校の独自性を守りながら、接続の軸を探求していくことが大切です。　　　　　（小川隆夫・綾部保志）

▷5　文部科学省（2017）『中学校外国語：移行期間における指導資料（小中接続・帯活動）』。https://www.mext.go.jp/a_menu/kokusai/gaikokugo/1414459.htm

▷6　文部科学省（2017）「第5時：大文字と小文字を正しく書き、アルファベットの名称と音の違いを理解する。」『中学校外国語：移行期間における指導資料（小中接続・帯活動）』。https://www.mext.go.jp/a_menu/kokusai/gaikokugo/1414459.htm

▷7　この会話の後には、次のように教員が説明します。「OK, 大文字 is easy. All of 大文字 is on the third line. But 小文字 is not easy. So let's review. 復習をしましょう。Do you know 一階建て小文字？ OK, open your textbook to page 00.（アルファベットのページ）」。このように日本語と英語が混在する説明は、学習者にとってわかりにくく混乱を生みます。

▷8　おすすめ文献の大津由紀雄・浦谷淳子・齋藤菊枝編（2019）。

▷9　おすすめ文献の綾部保志編（2019）。

おすすめ文献

小川隆夫（2019）『先生といっしょ！はじめての英語』フレーベル館。

大津由紀雄・浦谷淳子・齋藤菊枝編（2019）『日本語からはじめる小学校英語——ことばの力を育むためのマニュアル』開拓社。

綾部保志編（2019）『小学校英語への専門的アプローチ——ことばの世界を拓く』春風社。

Ⅰ　接続と連携

 中高接続

1　公立高校からみた中高接続の現状

　公立中学校から公立高校に進学する場合，公立高校を設置する地方自治体が行う，学力検査を受検します。中学生は受験勉強をしますから，単語を覚えたり，文法を復習したり，作文の練習をしたりするので，英語の勉強への呼び水にはなっていることは確かです。ただし，一つの単語を一つの意味で丸暗記をしようとするなど弊害もあります。

　学力検査問題は，原則として自治体の教育委員会が作成しますが，一部では，学校ごとの問題作成を認めている場合もあります。問題を見れば，自治体の中の中高で一貫させたい方向性がある程度わかります。例えば，埼玉県の場合，リスニングの比重の増加，読解問題の長文化，課題英作文の導入などの変化が，この10年の間にみられました。このような変化は，教育課程の内容を反映しつつ，大学入試の出題傾向予測の影響も受けます。

　学習内容としては，公立中学校の使用教科書は校区ごとに選定されており，公立高校へは複数の中学校校区から進学し，中学校の頃に使っていた教科書が違う人たちが集まります。高等学校の教員はそれらの複数の教科書を毎年丁寧に調べているわけではなく，例えば単語については，高等学校用検定教科書は，全ての中学校用検定教科書で既出の語彙以外は新出としているので，その情報を参考にしています。

　公立の中高の接続は，学力検査という関門をとおして行われているのが実態ですが，指導内容については，必ずしも一貫性が保たれていないのが現状です。

2　私立の一貫校での中高接続の現状

　中高一貫校の特徴として公立校と大きく異なる点は，一貫性のあるカリキュラムと同じ環境によって 6 年間を見据えて継続的な指導ができることです。学校によって様々なので一概には言えませんが，私学は公立と違って，教員の人事異動と生徒の入れ替わりがそれほど多くはありません。また，中学校から高等学校へ進学する際に学力検査による入学試験を実施しないことが多いので，6 年間の学校生活で自らのテーマを探求できることや，一貫性のあるカリキュラムで資質や能力をじっくり育成させることが可能です。

　他方，学力検査がないため，英語だけでなく，学習そのものへの意欲が低く

▷ 1　中学生が高等学校の入学試験を受けることを，一般には「受験」と言いますが，行政的には，高等学校が実施するのは学力検査であるので，「受検」と表記されることがあります。

▷ 2　意味を考えようとせずに，ひたすら覚えようとすること。英語の学習で特に弊害が大きいのは，単語の意味の広がりには意識を向けずに，日本語と英語の意味を 1 対 1 対応で覚えようとしたり，極端な場合には単語のつづりをローマ字読みで覚えようとしたりすることです。

136

なる状況もあります。ただし，「一定の英語力」を有することを大学推薦の要件としたり，テーマ探究学習の一環として「卒業研究論文」を課す取り組みをしたりする学校もあります。

③　「聞くこと，話すこと，書くこと，読むこと」の統合に向けて

　新しい学習指導要領が求める4技能統合型の指導[3]を高等学校で進めていくためには，中学校の指導内容についてよくわかっていることが必要です。例えば，時制が現在形から過去形へと変化するのに対応した疑問文の作り方がよくわかっていなければ，相手の予定を詳しく尋ねたり，映画の感想を尋ねたり，相手の発話の真意を尋ねたりすることもできません。一方，知っている単語の数が増えていれば，聞いたり読んだりしたことについて，自分の感想や意見を書くというような活動も取り入れやすくなります。

　英語の単位数が保障されていれば，中学校の復習から始めても，次第に技能統合型の英語の授業を取り入れることができます。学習者が自信をもって英語が使えるようになるためには，例えばディベートの演習時間も，ゆとりをもって計画することが必要です。一つひとつの活動の振り返り[4]をすることも，「自律した学習者の育成[5]」のために必要です。

　一方で，単位数が限られている場合には，動機付けや目標設定が難しく，機械的・反復的な学習になりがちな状況です。学習意欲の持続も難しい状態です。基礎・基本の徹底が大切だということは，多くの指導者が共通して実感していますが，何をもって基礎・基本の徹底がなされたのかという共通理解があるとは言えません。例を挙げると，文字の指導，発音の指導，「語彙サイズ[6]」，文の構造などを，分析的に捉えて基礎・基本を定義しようとする考え方もあります。

　他方では，実際のコミュニケーション（言語使用）で「使えること」「できること」まで達成させてこそ，はじめて基礎・基本ができたと言える，とする考え方もあります。ただし，言語使用者（発話者）が「使えた」「できた」と思ったとしても，実際のコミュニケーションでは，言語使用者の「使えた」「できた」という解釈は，その出来事に関わる一つの解釈にすぎません。コミュニケーションの理解には，そこに関わる「相手（参加者）」「（発話の）調子」「目的（と効果）」「規範」「ジャンル」などの要素を含めた「コミュニケーションについての再解釈」をすることが必要となります[7]。

　生徒が「英語を口に出して言える（た）／相手もそれに何か反応する（した）／英語を話して通じる（た）」と自己評価できるレベルを基礎・基本と考えて，中学校ではそれでよしとするならば，基礎・基本の徹底を「使える」「できる」レベルに設定することはそれなりに「正しい」と言えるかもしれません。しかし，ずっとそれでよいのか，異なる見方は本当にできないのか，についての議論は，また別にしなければなりません。　　　　（小河園子・綾部保志）

▷3　本書の「『4技能』とは何か」（56-57頁），「『4技能』の総合的な指導」（58-59頁）を参照。

▷4　本書の「リフレクション（省察）」（152-153頁）を参照。

▷5　鳥飼玖美子（2016）『本物の英語力』講談社。

▷6　望月正道・相澤一美・投野由紀夫（2003）『英語語彙の指導マニュアル』大修館書店。「理解語彙」と「使用語彙」に分けて，測定しようということが提案されました。

▷7　小山亘（2012）『コミュニケーション論のまなざし』三元社。

（おすすめ文献）

太田洋・小菅敦子・金谷憲・日蓋滋之（2002）『英語力はどのように伸びてゆくか』大修館書店。

金谷憲（2015）『中学校英語いつ卒業？』三省堂。

鳥飼玖美子（2016）『本物の英語力』講談社。

Ⅰ　接続と連携

高大接続

▷1　「学力の3要素」とは，「知能・技能」「思考力・判断力・表現力」「学びに向かう力，人間性等」のことを指しますが，これを小学校から大学教育にまで押し付けることへの問題点が指摘されています（南風原朝和「大学入試は何を問うべきか　『学力の三要素』を批判的に検討」『Journal-ism』2020年3月号）。

▷2　文部科学省「『高大接続改革』とはどのような改革ですか」（https://www.mext.go.jp/a_menu/koutou/koudai/detail/1402115.htm）による。

▷3　大学教育の目的は学校教育法第83条に「学術の中心として，広く知識を授けるとともに，深く専門の学芸を教授研究し，知的，道徳的及び応用的能力を展開させること」とあります。

▷4　帝国大学は，東京，京都，東北，九州，北海道，大阪，名古屋，京城（ソウル），台北に設置された旧制高等教育機関の名称です。1949年に廃止され国内の7大学は新制大学に移行しました。

▷5　荒井克弘大学入試センター名誉教授の講演録「高大接続改革——大学入試・学習指導要領・新テスト」による（中央教育研究所（2018）『自律した学習者を育てる言語教育の探求10』）。新井克弘（2018）

❶　「高大接続」とは

　高等学校（以下，高校）における英語教育と大学における英語教育の「接続」は，文部科学省が唱える「高大接続改革」の下で行われようとしています。これは「義務教育段階から一貫した理念の下，『学力の3要素』[1]を高校教育で確実に育成し，大学教育で更なる伸長を図るため，それをつなぐ大学入学者選抜においても，多面的・総合的に評価するという一体的な改革」[2]です。しかし，そもそも高校教育と大学教育とでは目的が全く違うのですから，大学教育が高校教育の延長であるかのように安易に「接続」できると捉えることは慎重を期すべきです。

❷　高校と大学の教育目的

　高校の教育は，学習指導要領に準拠した形で小学校・中学校の延長に教育内容を積み上げる「普通教育」です。その目的は，社会で生きていくのに必要な基礎的な知識・技能の習得を目指すことにあります。一方，大学教育は学術の中心として教育研究を行う場で，学習指導要領のような基準に従って教育を行うわけではなく，学問の探求によって得られる知見を教授することが目的です[3]。

　歴史をさかのぼってみると，約70年前に日本の学校制度は大きく変わりました。戦前の旧帝国大学がエリート層に偏っていたのに対し，戦後の「新制大学」は機会均等の原則に基づいて設立されました[4]。国公立大学の一期校（旧帝大など）と二期校という区別も，1979年に始まった「共通一次試験」において制度上なくなりました。5教科7科目が課されていた「共通一次試験」は，受験科目の軽減が可能な「大学入試センター試験」へと1990年に移行しました（2021年からは「大学入学共通テスト」へと移行）。大学入試センター試験について荒井克弘は，「高校で学んだ知識・能力のうちから大学教育に必要なものを抜き出して試験します。試験問題になったところで，高校科目の知識・能力は大学教育に必要な内容に変換されます」[5]と述べています。高校教育から大学教育への質的転換が，試験問題の中で意識されていたのです。

❸　高大教育改革の問題点

　そもそも教育目的を異にする高校と大学の在り方を根底から変えようとする

「高大接続改革」には，様々な問題点があります。石井洋二郎は，高大の一貫性を強調するあまり，大学の自治と学問の自律性を歪める危険性を指摘しています。[6]

大学入試選抜改革については，「英語民間試験導入」が2019年に延期が発表され，[7]大学入学共通テストへの「記述式問題の導入」も見送られ，大学入試改革そのものへの不信感が高まりました。高校教育改革での「高校生のための学びの基礎診断」[8]も民間業者に委託されるので学校教育の市場化という点で根本は同じ問題です。主体性の評価として，推薦入試で大きな比重を占める調査書の記載を裏付けるために「eポートフォリオ」の導入が推進されていましたが，これも委託業者との関係で問題が生じ，頓挫した形です。

教員養成・採用・研修の改革では，「教職課程コア・カリキュラム」[9]による教員養成の一元的な成長モデルが示されています。このモデルに基づいて各都道府県でも広く教員研修が行われますが，学問的な見識を深める目的というよりも，即効性のある顕在的なスキルの習得に終始するとの懸念があります。[10]以上のように，教育改革の問題は，教育そのものに対する見方の浅薄さと教育の市場化を進める政策決定にあると考えられます。

④ 英語教育の「高大接続」の難しさ

英語教育の「高大接続」の危うさについては，寺崎昌男が「グローバル化というスローガンは，多義的なためにどのようにも利用され，あいまいなためにいかなる概念内包も受け入れ，多肢的な外延を通じてどのような政治的利害にも適合するものとして利用されます」と警告しています。[11]

大学進学後に必要となる英語のレベルは，専門書を英語で読み，自分の研究の成果を英語で発表することができ，その過程で英語による質疑応答ができるようになることだと想定した場合，そのような学力の養成に必須なのは，辞書を使いながら英文を読んで解釈したり，日本語で考えた内容を英語で表現したりするような，日本語と英語を往還する思考過程だと考えられます。例えば，高校で英語の文章の要約の技術を教えたからといって，大学で専門書を読破できるとは限りません。専門の内容に関する理解とともに，英語による抽象概念の構築と操作が必要となるからです。

知の創造を担う大学教育に必要となる英語力の養成を高校でいかに行うかについて，「入試に力を持たせて高校教育に影響を与えるやり方は健全ではない」という意見も「大学入試のあり方に関する検討会議」の委員から出ています。[12]大学側も「教養教育・専門教育」ではなく「一般教養」としての英語を，TOEICなどの資格試験のための講座にしていることや，資格試験で一定のスコアを取得している学生に単位を付与する制度については，大学教育の観点から見直す必要があるでしょう。　　　　　　　（小河園子・綾部保志・鈴木希明）

「高大接続改革・再考」『名古屋高等教育研究』第18号，5-21頁も参照。

▷6　石井洋二郎（2020）『危機に立つ東大──入試制度改革をめぐる葛藤と迷走』筑摩書房。

▷7　本書の「大学入試改革（英語民間試験導入）」（128-129頁）を参照。

▷8　「高等学校段階における生徒の基礎学力の定着度合いを測定する民間の試験等を文部科学省が認定する仕組みのことです。

▷9　本書の第4部Ⅲbにあるコア・カリキュラムを参照。

▷10　広田照幸（2019）『教育改革のやめ方──考える教師，頼れる行政のための視点』岩波書店。

▷11　寺崎昌男（2015）「英語教育における一貫性と学校間連携──その困難と課題をめぐって」鳥飼玖美子編著『一貫連携英語教育をどう構築するか──「道具」としての英語観を超えて』東信堂。

▷12　鳥飼玖美子（2020）『10代と語る英語教育──民間試験導入延期までの道のり』筑摩書房。

【おすすめ文献】

大内裕和（2020）『教育，権力，社会──ゆとり教育から入試改革問題まで』青土社。

石井洋二郎（2020）『危機に立つ東大──入試制度改革をめぐる葛藤と迷走』筑摩書房。

鳥飼玖美子（2020）『10代と語る英語教育──民間試験導入延期までの道のり』筑摩書房。筑摩書房。

Ⅰ　接続と連携

 国語教育との連携

▷1　柾木貴之（2018）『国語教育と英語教育の連携——その歴史，目的，方法，実践』2018年東京大学大学院教育学研究科に提出された博士論文。国語科と英語科の連携の歴史が丹念に検証されています。

▷2　山口誠（2001）『英語講座の誕生』講談社。

▷3　本書の「メディア英語講座と英語教育」（102-103頁）を参照。

▷4　山口（2001：62-83頁）。

▷5　岡倉由三郎（1894）『外国語教授新論』私家版。

① 国語教育との連携への模索

英語教育と国語教育は，歴史的に見ると「乖離」の時代が続いていますが，「今日の我々が想定するほどには，かつての『英語』と『国語』は分離した二つの知ではなかった」との見方もあります。例えば，英語教育の中心的存在であった岡倉由三郎は，東京帝国大学で，チェンバレン（Chamberlain, B. H.）から博言学（philology）を学び，「国語」の構築作業に取り組む上田万年とともに「国語」学の立ち上げに尽力していました。一時は英語と国語の併任教員として各地の学校で教えていた経歴から，外国語教授法の欠点は，国語・漢文との「連絡」がないことだと指摘しています。

英語教育と国語教育の「連携」が本格的に議論されるようになったのは，1960〜70年代で，「言語教育」という概念が提唱されました。1980〜2000年代には，「共通の基盤」を模索するようになり，「メタ言語能力」「言語技術」「共通基底能力」「コミュニケーション能力」が共通基盤の要素として挙げられました。

2000年になると，少ないながらも実践が始まります。高校段階の試みでは，「メタ言語能力」「論理的思考力・表現力」の育成が連携の共通目標となる事例が出てきました。今後の可能性としては「コミュニケーション能力」育成も模索されています。

大学では，昭和女子大学が2005〜07年の3年間，文部科学省「国語力向上モデル事業」の研究指定を受け，研究課題の「論理的な思考力や表現力を高める指導と評価の工夫」に「英語科との連携」を取り入れました。国語力と英語力を総合的な「言葉の力」と捉え，共通の枠組みとして「欧米型の論理」に着目しました。具体的には「英語のパラグラフ・リーディングとパラグラフ・ライティング」論理構成を国語科でも導入し，「論理的思考力」育成を目指したのです。

英語の論理構成はインターネットなどグローバルなコミュニケーションの場で求められるので，教科を越えて学ぶことに意義はありますが，日本語独自の論理とどう折り合いをつけていくのかが，今後の課題でしょう。

② 学習指導要領に見る「国語科と英語科の連携」

　2020年度から小・中学校・高等学校で順次施行されている新学習指導要領では，教科横断的に「言語力」育成を求めています。「教科等を越えたすべての学習の基盤として育まれ活用される資質・能力」という位置付けにあるからです。

　そのため，国語科は「言語力育成の中核を担う教科」とされているだけでなく，英語科との「関連」を要請されています。

　　「国語」指導にあたっては，外国語活動及び外国語科における指導との関連を図り，相互に指導の効果を高めることが考えられる。

　英語科の学習指導要領においても同様に，国語科との「関連」の重要性が指摘されています。

③ なぜ連携が必要なのか

　母語教育である国語教育と外国語である英語教育の連携について，ことばの認知科学を専門にする大津由紀雄・慶應義塾大学名誉教授によれば，「ことばは人間にだけ与えられた宝物」です。その認識のもと，「直感が利く母語について，その仕組みと働きについて理解すること」が重要であり，それは「母語以外の言語を学ぶこと」に関係してくると説いています。そして外国語を理解することは「母語の理解をより深め，母語の効果的な運用を可能にする」と説明しています。

　この視点が大切なのは，外国語習得に母語の力が大きく作用するだけでなく，母語である国語にとっても外国語を学ぶことが有効だとしている点です。母語は誰もが意識しないで獲得しているため，客観的に分析することはまれです。国語教育にあっても，既に知っている母語である日本語をもとに学習するのですが，そこに外国語が入ると自らの母語を相対化することが可能になります。つまり外国語習得に母語力が必須であると同時に，母語である国語教育において英語教育と連携することで，これまでとは異なる視点を導入して学ぶことができるのです。

　国語教育と英語教育の連携を考えるにあたっては，「母語」としての国語と外国語としての英語を多角的に考え，何が本質的な「ことばの学び」になるのか，母語と英語の双方で「言語コミュニケーション力」をつけるには何が必要なのかを再考することが肝心です。さらに言えば，言語学習の基盤となる「自律性」涵養を，国語と英語との連携を通して，どのように実現するかの探求も欠かせません。

（鳥飼玖美子）

▷6　大津由紀雄・浦谷淳子・齋藤菊枝編（2019）『日本語からはじめる小学校英語──ことばの力を育むためのマニュアル』開拓社。

▷7　▷6に同じ。

おすすめ文献

大津由紀雄・浦谷淳子・齋藤菊枝編（2019）『日本語からはじめる小学校英語──ことばの力を育むためのマニュアル』開拓社。
鳥飼玖美子・苅谷夏子・苅谷剛彦（2019）『ことばの教育を問い直す──国語・英語の現在と未来』筑摩書房。

Ⅱ　授　業

教室内での使用言語

1 「英語の授業は英語で」の流れ

　2009（平成21）年に告示された「高等学校学習指導要領」では，高等学校（以下，高校）の英語の授業に関して，「生徒が英語に触れる機会を充実するとともに，授業を実際のコミュニケーションの場面とするため，授業は英語で行うことを基本とする」（下線は筆者による）という規定が示されました。『高等学校学習指導要領解説』で「言語活動を行うことが授業の中心となっていれば，文法の説明などは日本語を交えて行うことも考えられる」「授業のすべてを必ず英語で行わなければならないということを意味するものではない[1]」という説明が加えられたものの，「英語の授業は英語で」という文言は高校の英語教員に大きな衝撃を与えました。この方針は2017（平成29）年に告示された「中学校学習指導要領」でも示され，2021年度から中学校の英語教育の現場にも適用されることになりました。

2 「英語の授業は英語で」の背景と問題点

　文部科学省が「英語の授業は英語で」という方向に舵を切ったのは，生徒が授業の中で「英語に触れる機会」を最大限に確保することと，授業全体を英語を使った「実際のコミュニケーションの場面」とすることがねらいとされています[2]。これが実現されることによって生徒の英語力が上がるのであればよいのですが，そのようなデータはありませんし[3]，英語教育の専門家を交えた十分な議論もされていないようです[4]。「素人による素人のための提案[5]」と言われる所以です。

　では，「英語の授業は英語で」の何が問題なのでしょうか。まず，授業を英語で行うことができる教員が少ないことがあげられます。2019年の「英語教育実施状況調査」によると，高校の英語教員でCEFR B2レベル相当以上[6]の英語力を有している割合は72.0%，中学校ではわずか38.1%にすぎません。B2レベルに届いた程度の英語力の教員にとって，英語で授業をするのは容易ではありません。そのため，「英語で授業をする」ことが目的となってしまい，「英語で何を教えるか」という視点が欠けてしまうおそれがあります。

　生徒側からすれば，教員の英語による指示や説明が聞き取れず，授業についていけなくなる可能性があります。「英語に触れる機会」が増えたとしても，

▷1　文部科学省（2010）『高等学校学習指導要領解説　外国語編・英語編』。

▷2　文部科学省（2017）『中学校学習指導要領解説　外国語編』による。

▷3　文部科学省の「令和元年度英語教育実施状況調査」には，CEFR A2レベル（英検準2級）を取得している生徒及び相当の英語力を有すると思われる生徒の割合が31.0%（2013年）から43.6%（2019年）になったとありますが，これが英語で授業をした結果であるとは言えません。

▷4　鳥飼玖美子（2018）『英語教育の危機』筑摩書房，92-93頁を参照。

▷5　安井稔（2010）『「そうだったのか」の言語学──生活空間の中の「ことば学」』開拓社，210頁。「英語の授業は英語で」の背景には，英語を「使う」ことができる「グローバル人材」を育ててほしいという産業界からの働きかけもありました。

▷6　英検準1級以上，TOEIC（L&R）730点以上とされています。

その英語が間違っていたとしたら，生徒は間違った英語に「触れる」ことになってしまいます。

　そもそも，英語の授業で日本語を使うことによる効果を無視してはいけません。英語と日本語ということばの違いに目を向けさせたり，教科書で扱われる題材に関する様々な情報を与えたりするときは，母語である日本語のほうがむいています。生徒が英文の意味を理解しているかどうかは日本語でなければ確認できません。コミュニケーションが行われる状況や伝わる意味について説明するときも日本語が役立ちます。「文法の説明など」以上に，英語の授業で日本語を使うメリットはあるのです。[7]

❸ 「英語の授業は英語で」の実態

　高校では2013年度から「英語の授業は英語で」行われることになりましたが，実際には2019年の調査で，「発話を概ね英語で行っている（75％以上）」割合が[8]全体の16.4％，「発話の半分以上を英語で行っている（50％程度以上〜75％未満）」割合が37.7％，合わせても全体の54.1％にとどまっていることが明らかになっています。

　文部科学省の思惑に反して高校で英語の授業を英語で行っている割合は低いようですが，これは英語の授業で日本語を使うメリットを英語教員が認識していることに加え，大学受験に必要な知識を教えなければならないことによるものと考えられます（英語で授業をする英語力の問題ももちろんありますが）。本来は言語活動を多く扱うはずの「英語表現」の授業で「発話の半分以上を英語で行っている」割合が50.9％と低いのも，文法シラバスの授業を展開しているためです。[9]

❹ 英語と日本語を併用する柔軟な発想を

　もちろん，英語の授業を全て日本語ですることを推奨しているわけではありません。英語ですべきところは英語で，日本語ですべきところは日本語ですればよいのです。

　英語を日本語に「訳す」ことが「使える英語」の妨げになっているかのように言われることもありますが，クック（Cook, G.）らの研究によって，ある程[10]度の母語の使用が語学学習に効果的であることがわかっています。

　文部科学省が「国際的な基準」としてさかんに援用するCEFRでは，「複言語・複文化主義」がその理念となっていますし，最近ではトランスランゲージング（translanguaging）という「言語横断」的な視点からの研究も進んでいます。英語で意味を伝えられるところは英語で，それが無理な場合は日本語を使[11]いながら内容のある言語活動をしていくことが大切なのです。　　（鈴木希明）

▷7　2018年の『高等学校学習指導要領解説　外国語編・英語編』には，「必要に応じて補助的に日本語を用いることも考えられる」（下線は筆者による）とありますが，英語の授業における日本語の必要性の認識が欠けていることがわかります。

▷8　文部科学省「令和元年度英語教育実施状況調査」による。https://www.mext.go.jp/content/20200715-mxt_kyoiku01-000008761_2.pdf

▷9　本書の「検定教科書 高等学校」（118-119頁）を参照。

▷10　本書の「文法訳読法」（38-39頁），「言語教育における通訳翻訳の役割」（54-55頁）を参照。

▷11　韓国の英語教育における研究（Rabbidge, M. (2019) *Translanguaging in EFL Contexts ― A Call for Change.* Routledge）や，日本の英語教育における研究（佐野愛子（2019）「第二言語作文のためのプレライティング・ディスカッションにおける母語の活用とその効果――バイリンガル・アプローチの見地から」北海道大学博士論文）があります。

　おすすめ文献
鳥飼玖美子・大津由紀雄・江利川春雄・斎藤兆史（2017）『英語だけの外国語教育は失敗する――複言語主義のすすめ』ひつじ書房。

鳥飼玖美子（2018）『英語教育の危機』筑摩書房。

クック，G.／斎藤兆史・北和丈訳（2012）『英語教育と「訳」の効用』研究社。

II　授　業

 2 「形式」への焦点化(1)

① 学校英語教育における文法指導

　言語学習では，言語の「形式」(form)，「内容」(content)，「使用」(use) について学ぶ必要があります[1]。「形式」には「語」「文法」「音声」が含まれますが[2]，日本の学校英語教育で指導上の課題として常に議論の対象となってきたのは「文法」です。1978 (昭和53) 年告示の学習指導要領において文法の検定教科書はなくなり[3]，「コミュニケーション」重視・文法軽視の風潮が高まりました。しかし，文法の知識なくして言語によるコミュニケーションが成り立つわけがなく，2008 (平成20) 年の中学校学習指導要領，翌年の高等学校学習指導要領では「文法についてはコミュニケーションを支えるものであることを踏まえ，言語活動と効果的に関連付けて指導すること」とされ，文法指導が見直されることになりました[4]。学習指導要領には生徒が学ぶべき「文法事項」が明記され，「全ての事項を適切に取り扱うこと」とされています。

　では，文法指導はどのように行われてきたのでしょうか。また，どのような課題があるのでしょうか。

② PPP での文法指導

　オーディオリンガル・メソッド[5]が全盛だった頃から行われているのが，PPP (Presentation-Practice-Production) という指導方法です。学習する文法事項を提示し (presentation)，それが身につくように練習し (practice)，さらにその文法事項を使用して産出活動をする (production) という流れで，当該文法事項の習得を目指すものです。

　学習する文法事項を母語で明示的に説明するのが従来の提示方法でしたが，コンテクストから切り離された文法説明のための例文 (おもに単文) をいくら覚えても，理解や使用には結びつきません。最近では，会話や文章の中でその文法事項がどのように使われているかを示しながら説明する方法もとられるようになっています。

　練習方法としては，パターン・プラクティスを中心とする従来型が綿々と行われていますが，これでは意味に注意を向けない機械的な練習に終始することになってしまいます。教科書や問題集を使って行われる練習は単文がほとんどで，「形式」だけで問題を解くという作業になりかねません。意味やコンテク

▷1　Bloom, L. & Lahey, M. (1978). *Language Development and Language Disorders*. John Wiley and Sons による。和泉伸一 (2016) 『フォーカス・オン・フォームと CLIL の英語授業』アルク，も参照 (「言語形式」(form)，「意味内容」(meaning)，「言語機能」(function) としています)。

▷2　Bloom & Lahey (1978) では，language form の構成要素を phonology, morphology, syntax としています。

▷3　高等学校の英語に「英文法」という科目はなく，「英語 B」という科目で「リーダー」「グラマー」「コンポジション」の教科書が使用されました。

▷4　高等学校で英文法指導がなかったわけではなく，「副教材」を使って「オーラル・コミュニケーション」の授業時間に行う学校もありました。

▷5　本書の「オーディオリンガル・メソッド」(42-43頁) を参照。

ストにも注目させながら練習させる工夫が必要です。

　産出として多くの教育現場で行われているのは「英作文」です。学習した文法事項を使って行う「和文英訳」をPPPの最後に置くことで，一通りの学習が完結します。この場合も，コンテクストのない単文であることや，使用すべき文法事項が指定されていることから，実際の使用につながらないという批判があります。

③　TBLTでの文法指導

　コミュニケイティブ・アプローチ[6]の隆盛に伴い，TBLT（Task-Based Language Teaching）と呼ばれるタスク[7]中心の指導方法も試みられるようになりました。言語形式の学習や習得を目指したものではなく，タスクを遂行することが目的となっています[8]。文法はコミュニケーションを通して習得されるという立場のため，タスクの前に「形式」に関する説明をすることはありません。意味が伝わりタスクが完了することが目的ですから，文法知識が曖昧なまま学習が進んでしまう可能性があります。そのため，タスクの前，またはタスク中に文法事項の説明を行う場合もあります[9]。

④　効果的な指導方法とフォーカス・オン・フォーム

　文法習得を重視するPPPとコミュニケーションを重視するTBLTのどちらかを選ばなければならないわけではありません。文法シラバスにはPPPがむいていますが，TBLTの手法を取り入れることもできます。タスクの前に文法の説明を行い，タスクを補助的に取り入れるというTSLT（Task-Supported Language Teaching）という方法も提案されています[10]。PPPのどの段階にもタスクを入れることは可能ですから，意味のある活動を積極的に取り入れたいところです。特に産出（production）の段階で実際のコミュニケーションを想定したタスクを取り入れるのは効果的です。

　エリス（Ellis, R.）がconsciousness-raisingと呼ぶように[11]，「形式」への気づきを意味のあるコミュニケーション活動の中で与えることは大切です。このような視点は「フォーカス・オン・フォーム」（Focus on Form）と呼ばれ，ロング（Long, M.）によって1980年代後半から1990年代前半にかけて提唱されました[12]。フォーカス・オン・フォームは，意味またはコミュニケーションを重視する活動の中で，必要に応じて学習者の注意を「形式」に向けさせる指導方法です。「形式」と「意味」，「正確さ」と「流暢さ」のような二項対立で指導方針をとらえるのではなく，コンテクストの中で形式への気づきを与えることを指導理念とし，「形式」「内容」「使用」が結びつくような言語習得を目指しています。文法シラバスの学習にフォーカス・オン・フォームの視点を取り入れる試みは，一考に値すると考えられます。　　　　　　　　　　　　（鈴木希明）

▷6　本書の「コミュニカティブ・アプローチ」（46-47頁）を参照。

▷7　「タスク」は実際のコミュニケーションの場面を想定した活動です。

▷8　タスクベースのシラバスで言語形式の説明をしないため，日本の学校英語教育ではあまり行われていません。

▷9　このような指導はTBLTの「弱い立場」と呼ばれています。

▷10　Ellis, R. (2003). *Task-Based Language Learning and Teaching.* Oxford University Press.

▷11　▷10に同じ。

▷12　Long, M. (1991). Focus on form: A design feature in language teaching methodology. In K. de Bot, C. Kramsch & R. Ginsberg (Eds.). *Foreign language research in cross-cultural perspective.* John Benjamins. pp. 39-52を参照。形式重視の指導はフォーカス・オン・フォームズ（Focus on FormS），意味重視の指導はフォーカス・オン・ミーニング（Focus on Meaning）と呼ばれています。

おすすめ文献

和泉伸一（2009）『「フォーカス・オン・フォーム」を取り入れた新しい英語教育』大修館書店。

高島英幸編著（2011）『英文法導入のための「フォーカス・オン・フォーム」アプローチ』大修館書店。

大津由紀雄編（2012）『学習英文法を見直したい』大修館書店。

Ⅱ　授　業

3 「形式」への焦点化(2)

1 フォーカス・オン・フォームによる音声とリスニング指導

「音声」も言語形式（form）の一つであるにもかかわらず，音声をフォーカス・オン・フォームという視点で捉えた研究や実践報告はあまりありません[1]。そもそも，中学校や高等学校では音声指導が十分に行われていないのが現状で，「カタカナ発音」のまま高等学校を卒業する生徒は相当数に上ります。その要因としては，授業時間数が少ないため音声指導まで教員の手が回らないことと，それにより生徒の音声に対する意識が低いままであることがあげられます。加えて，音声学の知識がない教員や音声の指導法を学んでいない教員が多いことも，音声指導がおろそかになる要因と考えられます[3]。

「情報や考えなどを的確に理解したり伝えたりするためには，英語の音声的な特徴や英語特有のリズムを習得することが重要」[4]とされるように，音声は「伝える」という面で不可欠であることは明らかです。コミュニケーション重視なのに音声を軽視するという認識は改めなければなりません。

音声指導がなおざりになると，生徒のリスニング力を伸ばすこともできなくなります。きちんとした発音・アクセントで語を覚えていないと，耳から入ってくる音と知っているはずの語が結びつかなくなるのです。2006年から大学入試センター試験にリスニングが導入されましたが，配点が50点（筆記は200点）であること，問題がそれほど難しいものではないことから，リスニング指導を促進するには至りませんでした[5]。

では，学校英語教育ではどのような音声・リスニング指導が求められているのでしょうか。

2 発音と文強勢の指導

音声指導では，どのような発音を目指すのかを教員が決めておく必要があります。「ネイティブのように」という「ネイティブ信仰」ではなく，どのような発音が通じるのか・通じないのかを，コミュニケーションを阻害する要因は何かという視点から見極めることが大切です。発音の違いで意味が変わるようなもの（例えば think と sink）や，強勢の位置の誤りによって意味が伝わらなくなるようなものは意識的に習得させるべきですし，「カタカナ発音」の改善も必要です。教員は教える立場として，音声学の最低限の知識はもち合わせて

▷ 1　草野遥・大和知史（2011）「Forms and Meaning-Focused Instruction の効果——日本人英語学習者への語強勢の指導を通して」『神戸大学国際コミュニケーションセンター論集』8，25-36頁などがあります。

▷ 2　本書の「音声に関わる研究」（188-189頁）を参照。

▷ 3　現在の教職課程では英語音声学は選択科目扱いです。そのため，音声学を受講していない英語教員もいますし，音声学を受講していても知識だけにとどまっている教員も多いようです。教職課程では音声学の知識とともに，指導法の教授も必要です。

▷ 4　文部科学省（2018）『高等学校学習指導要領解説　外国語編・英語編』による。

▷ 5　2021年から始まる大学入学共通テストでは，リスニングの配点が筆記と同じ100点になります。試行調査ではかなり難易度の高い問題もありました。

おきたいものです[▷6]。

実際のコミュニケーションの場面では「文強勢」に注意を向ける必要もあります。2018（平成30）年の『高等学校学習指導要領解説』では，「高等学校では，中学校までに学んだ基本的な内容を踏まえた上で，文における強勢の位置は固定的なものではなく，話し手の意図やメッセージの重点と密接に関係していることを改めて理解」させるという，かなり踏み込んだ内容となっていて，次の会話が具体例としてあげられています[▷7]。

  A: Here you are.（店員が1杯のコーヒーを渡しながら）

  B: Thanks, but I asked for <u>two</u> coffees.

伝えたいことが何なのかをコンテクストの中で読み取る必要があり，これこそ，活動の中で「気づき」を与えるというフォーカス・オン・フォームの指導にあてはまると考えられます。

③ リスニングの指導

英語のリスニングが苦手だと感じている生徒や学生はかなり多いようです。日本人の英語学習者が「英語が聞き取れない」最大の原因は，英語の強勢リズムに慣れていないことにあります[▷8]（語彙や文法の知識がある程度備わっていることが前提です）。英語のリズムに慣れると同時に，語がどのように発音されているのか，文がどのようなイントネーションで話されているのかに生徒の注意を向けさせるフォーカス・オン・フォームの指導は効果的と言えます。

リスニングの指導は，ただ何度も聞かせるだけではなく，何に焦点を当てるのかを意識して行うことが大切です。まずは，語や音，語のつながりに集中させる Intensive Listening から始めます[▷9]。ここでは，発音・アクセント，音の連続（音の結合，脱落，同化など）に注意を向けさせます。次に，主題は何なのかを聞き取る Selective Listening を行い，重要な情報を聞き取ることに集中させます。この二つのリスニング練習は，同じ題材を使って行うこともできます。ほかにも，グループでタスクに取り組む Interactive Listening があります。生徒は与えられた課題に話し合いながら取り組み，教員は形式や意味に関するフィードバックを与えます。ここでは，ディクトグロス（dictogloss）と呼ばれるタスクも有効です。短い文章をメモを取りながら聞き，グループで助け合いながら元の文章を復元するというタスクです。

リスニング練習では，全てを聞き取ろうとしないことも大切です[▷10]。全て聞き取ろうとすると，結局何もわからなかったことになりかねません。聞き取れた語をつなぎ合わせ，何を話しているのか推測させるのです。また，スクリプトを与えて音声を聞きながら読ませることも効果的です。ブレスの位置や，切れ目に注目させることで，スピーキングとリスニングの両方の力を伸ばすことができます。

               （鈴木希明）

▷6 大学で音声学を履修しない場合は，牧野武彦（2005）『日本人のための英語音声学レッスン』大修館書店；竹林滋・清水あつ子・斎藤弘子（2013）『改訂新版 初級英語音声学』大修館書店，が参考になります。

▷7 大学入試センター試験で文強勢問題が出題されていたこともありました。2021年から始まる大学入学共通テストからは語強勢問題も外されました。語強勢の誤りはコミュニケーションの阻害要因になりますから，筆記試験で問う意義は十分あります。

▷8 日本語はモーラリズムです。本書の「幼児はどうやって言語を学ぶのか」（18-19頁）も参照。

▷9 リスニング指導については，Rost, M. (2016). *Teaching and Researching Listening* (3rd ed.). Routledge. pp. 169-190を参照。

▷10 リスニングの練習では，全てを聞き取ろうとする完璧主義を捨てる，背景知識と想像力を駆使して予測したり推測したりする，語彙を増やす必要があります。鳥飼玖美子（2017）『話すための英語力』講談社を参照。

（おすすめ文献）

鈴木渉編（2017）『実践例で学ぶ 第二言語習得研究に基づく英語指導』大修館書店。

阿部公彦（2020）『理想のリスニング──「人間的モヤモヤ」を聞きとる英語の世界』東京大学出版会。

Rost, M. (2016). *Teaching and Researching Listening* (3rd ed.). Routledge.

Ⅱ　授 業

 オンライン授業

1　オンライン授業とは

　オンライン授業とは，インターネットを介して行われる遠隔授業の一形態です。[1] 2020年度は新型コロナウィルスの感染拡大により，オンライン授業が公教育の現場で広く行われるようになりました。遠隔授業に関しては，高等学校では2015年度から可能となっており，「この制度は，対面により行う授業が原則である全日制・定時制課程の高等学校において，高等学校が，対面により行う授業と同等の教育効果を有すると認めるとき，同時双方向型の遠隔授業を行えることとする」と規定されています。[2] 遠隔授業においては「授業中，教員と生徒が，互いに映像・音声等によるやりとりを行うこと」「生徒の教員に対する質問の機会を確保すること」が求められています。[3]

　オンライン授業には，教員がウェブ会議システム等を利用して授業を生中継で行う同時双方向（ライブ）配信型授業と，教員があらかじめ録画した授業（教材）を生徒が見たいときに視聴できるオンデマンド配信型授業があります。遠隔授業を行う場合は，どちらの形態で授業を行うべきなのか，また，どのような授業をすべきなのかを，教員は主体的に考えていかなければなりません。オンライン授業だからこそできることを生徒に提供することが求められているのです。

2　オンライン授業だからこそできること

　オンライン授業を行っている教員からは，生徒の反応を直接見ることができない，生徒同士が向かい合ってペアワークをしたり，グループワークをしたりすることができない，といった声が聞こえてきます。「遠隔」ですから，対面授業と全く同じというわけにはいきませんが，Zoom のようなウェブ会議システムを使えばコンピュータの画面上で生徒の顔を見ることはできますし，ペアワークやグループワークを可能にする機能を使うこともできます。また，黒板の文字が読みにくいという場合は，ホワイトボード機能を使えば解決できます。[4]

　では，オンライン授業だからこそできることは何でしょう。まず，オンデマンド配信型の授業であれば，生徒は自分のペースで学習を進めることができます。わからないところをそのままにせず，確実に理解できるまで授業を受けることができます。生徒が質問しやすいことも大きなメリットです。実際の教室

▷１　オンライン授業は1990年代にインターネットが世界中に普及した頃から行われるようになりました。その後，インターネットの高速化に伴い，様々な学習管理システム（Learning Management System）が開発されるようになりました。

▷２　遠隔授業は「先進的な内容の学校設定科目や相当免許状を有する教師が少ない科目（第二外国語等）の開設，小規模校等における幅広い選択科目の開設等，生徒の多様な科目選択を可能とすること等により，生徒の学習機会の充実を図る」ことが目的でした。文部科学省「全日制・定時制課程の高等学校の遠隔授業」を参照。
https://www.mext.go.jp/a_menu/shotou/kaikaku/1358056.htm

▷３　文部科学省「高等学校における遠隔教育の導入（資料３）」を参照。
https://www.mext.go.jp/b_menu/shingi/chousa/shotou/136/shiryo/__icsFiles/afieldfile/2018/02/22/1401443_2.pdf

▷４　アメリカの Zoom Video Communications 社が提供するサービスです。

で手を挙げて質問をすることをためらう生徒はたくさんいます。オンライン授業であれば，チャット機能やメールを使ってほかの生徒の目を気にせずに質問することができます。

英語の授業では，インターネット上にある様々な素材を生徒に提供し，生徒はそれを何度も見たり聞いたりすることができます。発音の練習も自分のペースで教員の説明や見本をまねながらじっくり取り組むことができます。教室では小さな声になりがちの音読も，自宅であれば大きな声で内容を確認しながら行うことができます。インターネットで調べたことをまとめ，簡単なプレゼンテーションをビデオ録画させて提出させるというのも一つのアイデアです。

③ オンライン授業で気をつけること

オンライン授業では生徒が授業を受ける環境に十分配慮する必要があります。インターネットへの接続状況は家庭によって違いがありますし，一人で授業を受ける部屋がない，常に家人がいるため授業に集中できないという声もあります。

また，オンライン授業を行うには入念な準備が必要なため，教員の負担が激増することも想像できます。教育効果を常に考えながらワーク・ライフ・バランスを崩さないようにすることも大切です。

同時に，生徒の負担も考慮しなければなりません。2020年度の大学の春学期にはほとんどの大学でオンライン授業が行われましたが，学生からは「課題地獄」などという悲痛な叫びが起こりました。教科内，そして学校内で生徒や学生の負担が過度にならないようにする必要があります。

英語の授業においては，4技能統合型の授業にこだわらず，オンライン授業の形態に最も合う授業を設計することが，オンライン授業の特性を最大限引き出すことになります。スピーキングを中心とするのであればライブ配信型で，リスニングやリーディング，ライティングであればオンデマンド配信型で行うのがよいでしょう。オンデマンド配信型の場合も，生徒の理解を確認するために，ライブ配信型の授業を併用するのも効果的です。

④ オンライン授業の今後

2020年度の秋学期には，対面授業のよさとオンライン授業のよさを組み合わせるハイブリッド型の授業を行う大学も増えました。また，同じ授業を学校の教室で受ける生徒と，自宅で受ける生徒が存在するという授業形態も行われています。オンライン授業の形態はどんどん進化していきますので，常に情報収集をすることが必要です。

(鈴木希明)

▷5 インターネット上の素材を使用する際は，著作権に十分注意する必要があります。

▷6 音声認識ソフトが格段の進歩をとげていて，発音を判定してくれるものもあります。

▷7 使用している機器や，デジタル機器の扱いの得手不得手がありますから，生徒の個人差に留意する必要があります。

▷8 「仕事と生活の調和」のことです。内閣府の男女共同参画局には仕事と生活の調和推進室が設置されています(http://wwwa.cao.go.jp/wlb/index.html)。

▷9 オンライン授業のほうが対面授業よりも生徒の学習成果はよく，オンラインと対面を組み合わせた授業にすると，オンライン授業だけよりも学習成果が上がるという報告があります。U. S. Department of Education (2010) Evaluation of Evidence-Based Practices in Online Learning: A Meta-Analysis and Review of Online Learning Studies (https://www2.ed.gov/rschstat/eval/tech/evidence-based-practices/finalreport.pdf).

おすすめ文献
赤堀侃司著・監修（2020）『オンライン学習・授業のデザインと実践』ジャムハウス。

Ⅱ　授　業

文学作品の活用

▷1　本書の「幕末―明治―大正―昭和初期」(94-95頁) を参照。

▷2　齋藤一 (2006)『帝国日本の英文学』人文書院。

▷3　このような当時の英語教育の一端を今の価値観を基準にして評価することがないよう，注意してください。

▷4　文字どおり，船に乗ってやって来た，外国のリーダー (読本) のこと。

▷5　江利川春雄 (2008)『日本人は英語をどう学んできたか――英語教育の社会文化史』研究社。

▷6　江利川春雄 (2011)『受験英語と日本人――入試問題と参考書からみる英語学習史』研究社。

1　日本人の英語学習と文学

　明治期の日本人の英語学習，また，明治末期から昭和初期にかけて成立した「英語教育」においては，欧米の文学作品がその中核を担っていた，と言っても過言ではありません。文学作品は，日本よりもはるかに進んだ「西洋」の文化への窓であり，西洋の近代的な人格を備えた日本人を育てるものとして理解されていました。

　もちろん，当時は国民国家を中心とする「ナショナリズム」全盛の時代です。文学作品の中には，帝国主義的，人種差別的な世界観が色濃く反映されているものもありました。英語を読むことで得たそのような世界観 (色眼鏡) を通じて非西洋，すなわち，アジア諸国を見てしまえば，それは植民地主義的な発想 (及び，その正当化) につながってしまいかねません。

2　文学作品の受難時代？

　明治期，文学作品は，ナショナル，ユニオン，スウィントンなどの舶来リーダーや副読本を通じて盛んに読まれていました。また，帝国大学の教養部であった旧制高等学校では，文学や哲学書を原書で読むのが伝統とされていました。さらに，文学作品はしばしば入試にも登場し，その難問難句が求める高度な読解力は，多くの受験生たちを悩ませていたようです。

　ところが，戦後，特に1970年頃から，入試で文学作品が扱われなくなっていきます。その背景には，高度経済成長を経て人々が文学を読まなくなったこと，また，決定的な要素として，1979年度からの「国公立大学共通第一次学力試験」の導入があります。大学のいわゆる「一般教養科目」としての英語科目で使われる教科書の状況を見ると，大学設置基準大綱化で教養教育課程の解体が本格化する1991年以降，文学を扱ったものが減っていき，その代わりに，英会話や時事英語，資格試験のための教材が増えていきます。

　学習指導要領に目を転じても，『中学校・高等学校学習指導要領 外国語科英語編 (試案) 昭和26年 (1951) 改訂版』以降，財界からの要請，文法や語彙の制限，時間数の影響を受けながら，原作が書き換えられたり，ひいては，文学作品を活用した教材そのものが後景化していったりします。そして，2017 (平成29) 年告示の中学校学習指導要領，2018 (平成30) 年告示の高等学校学習指

導要領では,「日常的な話題」や「社会的な話題」が前面に押し出され,文学作品は「完全に」と言ってよいほど姿を潜めています[7]。

日本の英語教育おいて文学作品の扱いは今も昔も問題となってきましたが[8],かつて咲き誇っていた文学作品は,時を経て,「コミュニケーション」や「4技能」が叫ばれる英語教育において,不遇の時を迎えていると言えます[9]。

③ 「読む」というコミュニケーション

しかし,文学をコミュニケーションの対極に置き,あたかも英語教育の「目の敵」であるかのように扱う発想は,極めて貧弱で狭隘なコミュニケーション観のなせる業である,と言わざるを得ません[10]。

普通に考えてみてください。どんな文学作品にも作者があり,それは特定の時代背景や社会状況の中で書かれ,様々に読まれるものです。作品にどのようなメッセージや世界観が込められているのか。作者は世界や社会の状況をどのように見ており,作品の中で何・誰をどのような言葉で,どのように描写することで,それを表現しているのか。登場人物はなぜ,どのような気持ちで,特定の言動に走ってしまうのか。

これらの問いは全て,コンテクストの中に文学作品を置き,コンテクストの中でそれを読むことと密接に関わっています。こうした問いと向き合いながら,言葉にこだわって,文学作品を読んだり多様な解釈を(英語で)共有したりすることは,特定の時代の中で生きることにまとわりつく苦しみやつらさを直視し,身の周りで起きていることに対する拭いきれない違和感に言葉を与えることにつながります。そのようにして徐々に育まれる,人・出来事・言葉に対する感覚は,コミュニケーションの足かせどころか,他者とのコミュニケーションを生み出す源泉ではないでしょうか[12]。

④ 日常に潜む文学的な言葉

さらに,明治から昭和の時代と令和の時代を比べて決して無視できないのが,インターネットの発達,及び,SNSの発展です。今日,世界中の多くの人々がSNSに写真や短いメッセージを投稿していますが,その中には,巧みな言葉遊びや皮肉,機知に富んだ言い回しで社会を風刺するようなものもあります。また,現代の作家や詩人が,自らのSNSアカウントを通じて言葉を発信していることもあります。

このような状況に鑑みれば,今の時代だからこそ,文学的な言葉はいっそう身近にあるのかもしれません。「文学は著名な作家が書いた本の中にしかない」という先入観から自由になればきっと,英語教育の中でもより創造的に文学(作品)を活用できるでしょう。
(榎本剛士)

[7] かろうじて「物語」が出てきます。なお,文学作品の扱いをめぐる問題は,英語教育だけでなく国語教育にもあてはまります。紅野謙介(2018)『国語教育の危機——大学入学共通テストと新学習指導要領』筑摩書房。

[8] 本書の「メディア英語講座と英語教育」(102-103頁)を参照。

[9] このセクションは,江利川春雄(2008)に依拠しています。

[10] 鳥飼玖美子・斎藤兆史(2020)『迷える英語好きたちへ』集英社。

[11] 阿部公彦・沼野充義・納富信留・大西克也・安藤宏(2020)『ことばの危機——大学入試改革・教育政策を問う』集英社。

[12] 久世恭子(2019)『文学教材を用いた英語授業の事例研究』ひつじ書房では,文学教材を使った英語教育の歴史から実践までが包括的に扱われています。

おすすめ文献

ジェイムソン,F./大橋洋一・木村茂雄・太田耕人訳(2010)『政治的無意識——社会的象徴行為としての物語』平凡社。

久世恭子(2019)『文学教材を用いた英語授業の事例研究』ひつじ書房。

齋藤一(2006)『帝国日本の英文学』人文書院。

Ⅲ　授業を振り返る

リフレクション（省察）

 リフレクションがなぜ必要か

　日々の教育活動に従事していく中で，教員が英語や教育に関する理論的な知識や専門的な技能を豊富に身につけていたとしても，それだけでよい教育ができるとは限りません。理論や知識自体が「正しい」としても，それを身にまとった個々の教員の言動や実践によって効果は左右されるからです。理論や知識が必須であることに間違いはありませんが，それだけでは捉えきれない現実の複雑な場面が多くあります。教育活動では毎日いくつもの想定外の事態に直面しながら，その場その場で臨機応変に対応することが求められます。1990年代以降，教育界で「リフレクション」（reflection, reflective practice：省察）という概念が重視されてきましたが，これは教員という一人の人間が直面する困難な事態に対して，自らの実践行動を振り返りながら，よりよく対処しようとする再帰的なまなざしの表れと受け止めることができます。

2　教職＝専門職という職業イメージ

　英語教員のみならず，一般的に教員という職業に求められる理想的な資質・能力には，幅広い教養や専門的な知識・技能，社会的な規範や文化的なマナーに加えて，豊かな人間性や強い使命感，教育的愛情や人間に関する深い理解など，全人的な教育をするために必要なあらゆる要素が含まれます[1]。さらに近年では，地球的視野に立って行動するための資質・能力や[2]，地域や家庭との連携を担うキーパーソン[3]など，教員に期待・要求される役割や能力は高まるばかりです。

　元来，教員という職業は医師や弁護士と同じように，職責の重要性と高度な専門性に鑑み，免許制度による自律性の権限や身分保障が認められた「専門職」と考えられていました。ところが1970年代以降，専門職志向の強い教員（集団）に対して社会的な批判が高まりました。自分たちの既得権益を守ろうとする団体，競争がなく安定した身分からくる職業観や倫理観の欠如，知識を押し付けて子供たちを見下す冷淡なまなざし，学級王国で権威的に振る舞う抑圧的な態度など，次第に専門職としての教員の社会的な地位は揺らぎ始めます[4]。

3　省察的実践とは

　専門職としての教員像に対する批判として，1980年代に従来とは異なる新し

▷ 1　文部科学省「魅力ある教員を求めて」。
https://www.mext.go.jp/a_menu/shotou/miryoku/__icsFiles/afieldfile/2016/11/18/1222327_001.pdf

▷ 2　中央教育審議会答申（2006）「今後の教員養成・免許制度の在り方について」。

▷ 3　中央教育審議会答申（2013）「今後の地方教育行政の在り方について」。

▷ 4　三品陽平（2017）『省察的実践は教育組織を変革するか』ミネルヴァ書房。

い実践モデルがショーン（Schön, D. A.）によって提唱されました。それが，医療，経営，芸術，スポーツなど，教育の分野以外でも頻繁に引用される「省察的実践」（reflective practice）という概念です。これは，単に専門的知識を授ける実践ではなく，実践の中で思考しながら知識を再解釈・再構築することを目的とした実践です。これまでの専門職としての教員像が，体系的な知識や専門的な技能の習得と適用を重視していたのに対して，省察的実践は現実の中で理論と実践を省察して往還することを目指しているのです。このような実践をする人物こそが真の専門家であり，これを「省察的実践家」（reflective practitioner）と呼んでいます。

　ここで注記しておくべきことは，「省察的実践」が現実の状況や実践の効果を重視しているからといって，教育現場ですぐに役に立つ知識や使えるスキルに重きを置いているわけではない，ということです。すぐに役立つ知識やスキルは，目の前で起こる未知の状況を見ずに，それらに先立って単純化したノウハウに焦点化します。例えば，「相手の話を聞くときには，否定や肯定などの評価はせずに，相槌を打ってそのまま受け止めるようにする」「口角を上げて笑顔をつくり出すと児童生徒をひきつけられる」などです。これらの前提的な意識は，「はじめに結論ありき」「現実を捨象している」「複雑な実態に目を向けていない」という点で省察的実践とは言えません。

④ 省察的実践を英語教育に採り入れる

　省察的実践を英語教育に採り入れるとすれば，授業に関しては，(1)指導日誌，(2)授業記録，(3)実地調査やアンケート調査，(4)録音やビデオ記録，(5)観察，(6)アクション・リサーチ，などの授業研究法が挙げられます。これらによって授業後に，「何かいつもと違うことをしたか」「授業案から離れたことをしたか。その理由は何か」「授業のどの部分がうまくいったか（いかなかったか）」「生徒は授業で何を学んだか」などについて思考することです。さらに問いを深めれば，「言語指導に関する自分の信条は何か」「言語教員としてどのように成長しているか」「現在の私の限界は何か」など，より根源的な問いを自らに投げかけることも可能です。このような省察的実践を教育活動に組み込むことによって，意識化しにくい指導の効果や暗黙の前提を再考するきっかけとなります。省察的実践とは，「こうすればこうなる」というような固定的・断定的な見方ではなく，教員個々人の深い内省によって実践の在り方を探求する思考法です。正解はありませんし，これをしたからといって劇的な変化を遂げるわけではありません。しかし，教員は問い続けることによって，学び続けることが可能となるので，このプロセスに大きな意味があります。　　　　（綾部保志・榎本剛士）

▷5　Richards, J. C. & Lockhart, C. (1994). *Reflective teaching in second language classrooms*. Cambridge University Press（新里眞男訳（2000）『英語教育のアクション・リサーチ』研究社出版）.

おすすめ文献

Schön, D. A. (1983). *The reflective practitioner: How professionals think in action*. Basic Books（柳澤晶一・三輪健司二監訳（2007）『省察的実践とは何か——プロフェッショナルの行為と思考』鳳書房）.

玉井健・渡辺敦子・浅岡千利世（2019）『リフレクティブ・プラクティス入門』ひつじ書房。

吉田達弘・横溝紳一郎・今井裕之・玉井健・柳瀬陽介編（2009）『リフレクティブな英語教育をめざして——教師の語りが拓く授業研究』ひつじ書房。

Ⅲ　授業を振り返る

2　どうフィードバックを与えるか

1　フィードバックの意義

　教育におけるフィードバックは，「学習の成果や理解の状況に関して，教員，仲間，本などによって与えられる情報」です。教員からは誤りを正すための情報を得ることができますし，仲間（peer）からは授業での言語活動を通して学習に関する様々な情報を得ることができます。また，参考書などの本からは理解を明確にするための情報を得ることができます。その中でも，教員から与えられるフィードバックは，学習や学業成績に最も影響を及ぼすものと言ってよいでしょう。

　教員は児童生徒（以下，生徒）の授業中の反応や提出された課題の成果を見ながら，適切なフィードバックを与えることを求められます。フィードバックを与える際は，生徒の学習面はもちろん，情意面も考慮する必要があります。生徒の学習成果に対して「ほめる」だけでは学習面での進歩はそれほど期待できませんし，間違えたところを指摘するだけだとやる気がそがれてしまいます。フィードバックがないことは生徒を不安にさせますが，多く与えればよいというものでもありません。生徒の学習に影響を与える質の高いフィードバックが求められているのです。

　フィードバックがその効果を発揮するには，与えられる側の生徒の意識や能力も考えなければなりません。フィードバックを受け入れるのも受け入れないのもその生徒次第です。フィードバックを与えながら，そこから学ぼうとする意識やそこから学ぶ力が生徒にあるかどうかを確かめることも必要です。フィードバックを意義あるものにできるかどうかは，この「引き出す力」にかかっているからです。フィードバックを与え，それを生徒が理解してこそ，意義のあるフィードバックとなるのです。

2　生徒への訂正フィードバック

　授業中の生徒の発話などに対しては，訂正フィードバック（corrective feedback）がよく行われます。訂正フィードバックには次のような種類があります。
・リキャスト（recast）：生徒の誤りを教員が訂正して言い直す方法。
・明示的訂正（explicit correction）：生徒の誤りを明示して正しい形を示す方法。
・明確化要求（clarification request）：誤りを含む発話をもう一度言わせる方法。

▷1　Hattie, J. & Timperley, H. (2007). The Power of Feedback. *Review of Educational Research*, 77(1)：81-112.

▷2　ほかの生徒からのフィードバックは正しくないものも多いため，どのような情報が与えられているか教員は注意する必要があります。

▷3　教員からのフィードバックがないと，自分のしていることが正しいかどうかわからず不安になるようです。

▷4　ストーン, D.・ヒーン, S.／花塚恵訳（2016）『ハーバード　あなたを成長させるフィードバックの授業』東洋経済新報社，5頁。「引き出す力」とは「自ら学ぼうとするときに必要となる力」としています。

▷5　Lyster, R. & Ranta, L. (1997). Corrective feedback and learner uptake: Negotiation of form in communicative classroom. *Studies in Second Language Acquisition*, 19：37-66 を参考にしています。

・繰り返し（repetition）：誤りを含む発話を教員がそのまま繰り返す方法。

・誘導（elicitation）：教員が誤りの前までを繰り返して生徒に続けさせる方法。

・メタ言語的フィードバック（metalinguistic feedback）：誤りに対するメタ言語的な知識を与える方法。[6]

　訂正フィードバックには，リキャストのように暗示的に与えるものと，明示的訂正のように誤りをはっきり示すものがあります。暗示的なフィードバックは生徒にどこが間違っているかを自ら気づくように仕向けるものです。その誤りへの意識が高くなり，同じ誤りをしないようになります（生徒がその誤りに気づかないという可能性もあります）。一方，明示的フィードバックは生徒にどこが誤りなのかを直接的に伝えるものです。生徒はすぐにその誤りに気づき訂正しますが，その場だけの訂正で終わってしまう可能性があります。活動の内容や生徒の状況を見ながら，適切なフィードバックを臨機応変に与えていくのが理想的です。

　また，訂正フィードバックを与える際は，活動の邪魔をしないようにすることも大切です。コミュニケーションに支障をきたすような誤り（音声も含む）に対してはフィードバックを与えるべきですが，全ての誤りを対象とするのは逆効果です。

　エッセイのようなライティング活動に対しても訂正フィードバックは行われます。書かれた内容に対するフィードバックも大切ですが，教員が正しく添削してしまうと，それをまる写しにするだけの生徒がいますから，生徒が自ら誤りに気づくようにする工夫が必要です。[7]

❸　「振り返り」とフィードバック

　フィードバックは，生徒だけでなく教員が授業を振り返る機会を与えてくれるものです。[8] 生徒は自分の学習成果や学習方法を見つめ直し次の学習へとつなげることができますし，教員は生徒がどのような学習をしているのかを把握することで次の授業へとつなげることができます。

　「振り返り」を可能にする手段として，リアクション・ペーパー[9]やフィードバック・シートのようなものがあります。小さな用紙に学習したことや学習で気づいたこと，質問などを生徒に記入してもらうものです。また，学習成果を生徒が記録していく「ポートフォリオ」も有効です。[10] 学習成果をまとめるフォーマットを作ることで，生徒全員の学習状況を把握しやすくなります。どのような手段を使うにしても，生徒と教員がコミュニケーションをとれるようにすることが大切です。

　フィードバックには完璧なやり方はありません。生徒の個性を意識しながら試行錯誤を重ねることが必要です。

（鈴木希明）

> 6　「メタ言語」は，言語について記述するために使う言語のことです。「メタ言語的フィードバック」は文法や語法に関する用語を使って行うフィードバックで，例えば "You have to use the past tense." のような示し方で誤りを気づかせる方法です。

> 7　時制の誤りを気づかせようと下線を引いて tense と記すと，その動詞を消して tense と訂正するような生徒もいます。

> 8　玉井健・渡辺敦子・浅岡千利世（2019）『リフレクティブ・プラクティス入門』ひつじ書房。

> 9　ミニット・ペーパーと呼ばれることもあります。

> 10　毎授業時に行うのは生徒にも教員にも負担になりますから，学習の進み具合を見ながら適切なタイミングで行うのがよいでしょう。

おすすめ文献

ハッティ，J.／山森光陽監訳（2018）『教育の効果──メタ分析による学力に影響を与える要因の効果の可視化』図書文化社。
大関浩美編著（2015）『フィードバック研究への招待──第二言語習得とフィードバック』くろしお出版。

Ⅲ　授業を振り返る

---

3 学習者の個人差

▷1　Skehan, Peter. (1989). *Individual differences in second-language learning.* Edward Arnold.

▷2　Lightbown, Patsy M. & Spada, Nina. (1999). *How languages are learned,* 2nd edition. Oxford University Press.「年齢」については，本書の「第二言語習得の年齢」(26-27頁)，「学習者信条」については次項を参照。

▷3　Gardner, Robert C. & Lambert, Wallace E. (1972). *Attitudes and motivation in second-language learning.* Newbury House.

▷4　Dörnyei, Zoltán & Ushioda, Ema. (Eds). (2009). *Motivation, language identity and the L2 self.* Multilingual Matters.

▷5　Norton, Bonny. (2009). *Identity and language learning: gender, ethnicity and educational change.* Pearson Education.

1 第二言語習得における個人差の研究

「英語が好き」と「英語は苦手」の両極端からその中間まで，英語学習には個人の違いが関わってきます。第二言語習得研究が盛んになった当初は，学習者の共通項に着目する研究が多かったのですが，やがて「個人差」に関心を抱く研究者が出てきました。スキーハン (Skehan, P.) もその一人で，「適性」(language aptitude)，「動機付け」(motivation)，「学習方略」(language learning strategies)，「認知的・情動的影響」(cognitive and affective influences) に分類して考察しています。[1]

その後の研究では，「知能」(intelligence)，「性格」(personality)，「学習者の好み」(learner preferences)，「学習者信条」(learner beliefs)，「年齢」(age) 等の要素が加わりました。[2]「知能」との関連は多くが知能 (IQ) テストを用いており，読み書きには高い IQ が必要であるなどの結果が出ています。「適性」については(1)新語を覚える，(2)センテンスの中で単語の機能を理解する，(3)文法規則を用例から理解する等の要素を測定していましたが，コミュニカティブ・アプローチの普及により，最近ではあまり取り上げられなくなりました。

今日に至るまで重要な要素として研究が続けられているのが，「動機付け」です。「統合的 (integrative) 動機」「道具的 (instrumental) 動機」などの違い[3]は外国語教育に大きな影響を与えました。ただ2000年代に入ると，「動機付け」は極めて複雑な要素から成り立っていること，アイデンティティや権力関係などの社会的環境を無視できないことが指摘されています。[4]言語学習に「アイデンティティ」が深く関わっている実態についてノートン (Norton, B.) は，「個人と世界との関わりを本人がどう理解し将来の可能性を考えているか」がアイデンティティであり，それは「不平等な社会的構造の中で理解するべき」であり「動的で変化する」ことを前提に指導するよう求めています。[5]

2 教室内での「個人差」と対応

かつて英語は知的訓練とされ，構文や単語は難しくても，読み解けば作者の精神世界や教養の源泉に触れられるような英文読解を通し，「英語力と同時に論理力のような能力も鍛えられた」時代もありました。今でも，日本語との比較対照を確認しないと納得しないタイプの学習者もいます。そこで，まず日本

語と英語の言語間距離[6] (linguistic distance) について説明し，言語文化が違え
ば等価はありえないので単語の意味を1対1で置き換えるのは厳密には無理な
ことを説明します。日本語と英語の構造や表現の差異に自分で気がつき質問す
るのは，本質的な学習基盤を築くきっかけとなるので，真摯に対応し一緒に考
えたいものです。

　他方，英語で会話をすることに抵抗感がなく，意欲的に発話するけれど正確
さに欠ける学習者もいます。そのような学習者の誤りをあえて直す (error cor-
rection) 場合は，日本語でも話し言葉と書き言葉が違い，友だちと話すときと
目上の人と話すときでは話し方が違うことを具体例とともに教えます。

　最近は個人差の要素に，よくわからないことを容認する「曖昧さへの耐性」[7]
(ambiguity tolerance) を入れることが多くなりました。小学校から英語の学習
が始まると，様々な面での個人差がますます顕在化するでしょう。英語が苦手
そうな子供にも得意そうな子供にも，注意深い観察と丁寧な対応が必要となり
ます。

❸ 個人差と協同学習 (cooperative learning)

　このような学習者の個人差を，教室の活性化のために生かそうという教育実
践も行われています。協同学習[8]を通して，学習者がそれぞれの特性を活かしつ
つ，協力して取り組む「建設的な相互作用」[9] (constructive interaction) を促すこ
とが目的です。

　授業でのペアワークやグループワークの際に，同じ組み合わせのメンバーで
繰り返していると，それぞれの学習課題達成への違いが固定化され，特定の学
習者が常にリードして，他の学習者は依存してしまう状況も生まれます。

　そこで有効なのが，グループの組み換えです。ペアワークの際に立ち上がっ
てぐるぐる回りながら相手を変えていく「ローテーションプラクティス」[10]，グ
ループの中の一人ずつが次のグループに順次移っていく「ワールドカフェ方
式」[11]，ある課題についていくつかの視点に分けて考えをまとめた後にグループ
を組み替えて異なった視点を意図的に交錯させる「知識構成型ジグソー法によ
る協同学習」[11] などが提案されています。

　グループを組み替えることで，学習者の役割が劇的なほどに変化し，普段は
目立たない生徒が活躍する様子が観察される事例が多く報告されています。[12] 協
同学習においては，教員が観察者となることで，学習者の個人差とその発達的
な変容に気付く機会が増えます。これを実証することは難しいのですが，録音
データの解析なども進んでいます。[13]

　1クラスの人数が多いと個々の生徒の様子を把握するのは容易ではありませ
ん。しかし英語学習に個人差が大きく関わることを忘れずに，指導方法を工夫
し，一人ひとりの学習者に目を向けたいものです。　（小河園子・鳥飼玖美子）

▷6　言語間距離とは言語
の構造や音韻規則が似てい
れば言語間の距離は近く，
異なりが大きければ遠く，
学習しようとする目標言語
と母語の言語間距離が遠け
れば，その外国語の習得が
困難になるとされます。

▷7　Brown, H. Douglas
(2014). *Principles of lan-
guage learning and teach-
ing* (6th Ed.). Longman.

▷8　本書の「協同学習」
(52-53頁) を参照。

▷9　Miyake, Naomi
(1986). Constructive inter-
action and the process of
understanding. *Cognitive
Science*, 10(2)：151-177.

▷10　藤井昌子・バーケル,
イヴァン (1998)『日本
語・英語解説による言語活
動成功事例集』開隆堂。

▷11　国立大学法人山梨大学
教育学部付属中学校ウェブサ
イト (wgr.yamanashi.ac.jp)。

▷12　小河園子 (2011)
「協調学習とは何か──理
念とその実践」『Unicorn
Journal』文英堂。

▷13　東京大学大学発教育
支援コンソーシアム推進機
構 (2014)『協調が生む学
びの多様性　第5集──学
び続ける授業者へ』。

おすすめ文献

竹内理 (2003)『よりよい
外国語学習法を求めて──
外国語学習成功者の研究』
松柏社。

ゾルタン・ドルニェイ／米山
朝二・関昭典訳 (2005)『動
機づけを高める英語指導ス
トラテジー35』大修館書店。

Skehan, Peter. (1989). *In-
dividual differences in
second language learning.*
Arnold.

Ⅲ　授業を振り返る

 教員の信条，学習者の信条

信条とは

　「教育は人なり」という格言があるように，教育の効果は，教員の資質や能力によって大きく左右されます。どんなによい教育環境が整っていても，どんなによい教材が与えられても，それを生かすも殺すも教員の力量次第だからです。教育の質を高めるためには，教員の指導力を向上させる研修に参加させればよいと考えがちですが，話はそう単純ではありません。教員一人ひとりが独自の信条をもっており，それが教員の実践を形づくる基軸となっているからです。したがって，教員の実践，及び，教員の研修による変化を捉えるためには，教員が置かれている状況と，そこで教員が何を考え，何を感じて，どのように行動するのか，に目を向けなければなりません。教員の表面的な行動を外側から観察するだけではなく，教員がどのようなことを意識して行動しているのか，その内面について踏み込んだ分析をする必要があるのです。

　そこで重要となってくるのが「信条」（belief）という概念です。教員の信条とは，教員が教育活動で意思決定をするときに参照する考えのことを指しています。教員の職務は教科教育だけではなく，学級経営や学校行事やクラブ活動など多岐にわたります。教員を取り巻く複雑な状況を十分に考慮した上で，教員が自身の教育実践をどのように位置付けて捉えているのかという，教員の信条を質的に掘り下げる教員認知の研究が，近年になって重要性を帯びています。[1]

2 教員と学習者の多様な信条

　キンズヴァッター（Kindsvatter, R.）らは教員信条の由来を，(1)言語学習者としての自らの経験，(2)過去の授業でうまくいった経験，(3)集団的に確立した好まれる習慣，(4)個人的な特性に合ったスタイル，(5)教育学や研究に基づいた原理，の五つに分類しています。[2]これらは教員自身の体験や適性に由来する主観的なミクロの次元から，学校文化の習慣や学問的な見解など，抽象的でマクロの次元にまで及びます。様々な調査によって教員の信条は，個人の何らかの直接的・間接的な経験によって形成されることが明らかにされています。[3]教員が授業で意思決定を行う際に，どのような次元の経験を参照するのかは当人にはあまり意識化されにくく，その引き出し（参照先）が多ければ多いほど臨機応変で適切な対応がとれると考えられています。

▷1　笹島茂・ボーグ, B.
(2009)『言語教師認知の研究』開拓社。

▷2　Kindsvatter, R.,
Willen, W. & Ishler, M.
(1988). *Dynamics of effective teaching.* Longman.

▷3　笹島茂・西野孝子・江原美明・長峰寿宣編
(2014)『言語教師認知の動向』開拓社。

リチャーズ（Richards, J. C.）らは教員信条の種類を，(1)英語についての信条，(2)学習についての信条，(3)指導の信条，(4)プログラムやカリキュラムについての信条，(5)専門職としての語学指導の信条，の五つに分類しています[4]。また，教員と同様に，学習者も(1)英語についての信条，(2)英語話者に対する信条，(3)４技能についての信条，(4)指導についての信条，(5)言語学習についての信条，(6)教室での適切な行動に関する信条，(7)自分自身についての信条，(8)目標についての信条，の八つをもつと指摘しています。

　教員と学習者にはそれぞれ多様な信条があり，それらは過去の様々な経験を経て緩やかに形成され，教育活動の場で相互の意思決定や意味交渉を行う際に，解釈の拠り所として潜在的に機能すると考えられます。したがって，実践を考えるときには，教員や学習者の深層に潜む信条に対しても注意を払い，上記で列挙した項目について，授業に関わる参加者たちがどのような解釈をしているかについても意識化しようとすることが重要です。

③　個々の信条を探る目的

　信条を探ることは実践を考える上で大きな意味があります。例えば，ある教員はコミュニカティブな指導こそが真に正しいと考え，自らの指示も英語で行い，学習者に英語を話す機会を増やし，ペアワークを多く採り入れ，沈黙を否定的に評価するとします。教科書を扱うことはあまりせず，教科書のトピックについての話し合いを中心に授業を組み立て，学習者が英語を話す姿を素晴らしいと思い，主体的な態度を育てることに誇りと信念をもっていると仮定します。その指導力は，同僚や管理職からも称賛され，組織の中でも主導的な役割を果たしています。この教員は学習者中心主義を貫き，学習内容よりも学習過程を重視する点で，特定の強い信条をもっています。

　このような教員の信条が，学習者の信条と噛み合わない例を挙げてみます。学習者の中には，学習過程よりも学習内容を重視して，教員中心の授業を望む者もいて，教員に対して，教科書を中心に扱って，学習内容の説明を重点的にしてほしいと望むかもしれません。さらに，ペアワークよりも一人で思考することが好きなので，沈黙しても否定的に評価しないでほしいと要望するかもしれません。こうした多様な学習者信条は質問紙調査では浮かび上がりにくいので，教員にはあまり認知されないかもしれません。

　以上の例から言えることは，教員が特定の信条をもつということは，教育活動を行う上で必要不可欠なことですが，学習者たちも同様に多様な信条をもっていることを認識すべきだということです。教員が確固とした思想や信条をもつことは大切ですが，それを絶対視せずに，それ以外の多様な見方を許容できる視野の広さをもちたいものです。そうすれば教員の信条は，柔軟さを備えた様々な場面で応用可能なものになります。　　　　　　　（綾部保志）

▷4　Richards, J. C. & Lockhart, C. (1994). *Reflective teaching in second language classrooms.* Cambridge University Press（新里眞男訳（2000）『英語教育のアクション・リサーチ』研究社出版）.

おすすめ文献

笹島茂・ボーグ, B.（2009）『言語教師認知の研究』開拓社。

笹島茂・西野孝子・江原美明・長峰寿宣編（2014）『言語教師認知の動向』開拓社。

Richards, J. C. & Lockhart, C. (1994). *Reflective teaching in second language classrooms.* Cambridge University Press（新里眞男訳（2000）『英語教育のアクション・リサーチ』研究社出版）.

第 **6** 部

これからの英語教育

イントロダクション

　「これから」という表現は相対的で，いつの時代においても「これから」を想像することができます。様々な時代の中で英語を学び，教えてきた先人たちが見据えた「これから」は，文明開化後の日本だったのでしょうか，あるいは，国民国家が群雄割拠する戦争に彩られた世界だったのでしょうか。第 6 部「これからの英語教育」では，「わたしたちは，今・ここから，英語教育の『これから』をどのように望むのか」と問います。

　やはり，（制度的な英語教育の要・不要の問題にも関わるかもしれない）AI は無視できません。ユヴァル・ノア・ハラリは，*21 Lessons for the 21st Century* という著書の中で，AI が今後，我々の社会に実質的な大変革を確実にもたらすことを論じています。AI の発達，AI ビジネスの発展，AI を駆使したサービスの社会への浸透は，わたしたちの「コミュニケーション」や「言語」の在り方だけでなく，「人間」の定義そのものにまで，大きな変更を迫るようになるかもしれません。

　そのような状況の中で極めて重要なものの一つが，お手軽な「ノウハウ」を超えた，体系的で相互に連関した「知」です。言うまでもなく，英語教育（学）は，それだけで閉じている分野ではありません。他分野からよりよく学び，それらとのつながりの中に英語教育を常に位置付け直す思考と実践が，どのレベルにおいても求められていくでしょう。

　わたしたちの眼前には，非常に複雑な現実が横たわっています。しかし，現実の複雑さから目を逸らすことなく，それでもなお，希望をもって「これから」を語り合う。このような姿勢が，これからの英語教員にきっと求められるのではないでしょうか。

（榎本剛士）

AI と英語教育

1　AI と自然言語処理

　インターネットやスマートフォンで，音声認識や機械翻訳を使ったことがありますか。このようなテクノロジーには AI（人工知能）が使われています。近年，AI が飛躍的な進化を遂げている背景に，深層学習の実用化があります。深層学習とは，コンピュータが，人間の脳の仕組みに似た多層のニューラルネットワークを使って機械学習する方法です。大量のデータを用意して，それをコンピュータに学ばせることができます。この技術は，機械翻訳などの自然言語処理の分野に応用されており，英語学習に関わる機能を提供します。

2　AI の 4 技能と実力

　では代表的な自然言語処理の機能を，英語学習の 4 技能に対応付けて考えてみましょう。まず，「音声認識」は，英語で話しかけるとディクテーションをして文字に変換してくれる「speech to text」という機能です。これは，4 技能のリスニングに対応していると考えることができます。ネイティブ・スピーカーの話す英語を集めた大量の音声データを使って深層学習をした AI の実力（認識率）は99％以上に達し，もはや人間の上級英語学習者のリスニング力よりも優れていると言えます。もちろん，AI は言葉の意味を理解できているわけではないので，あくまでディクテーションのみの実力の話です。

　「読み上げ」機能は，英語を文字入力すると読み上げてくれる「text to speech」です。4 技能のスピーキングに対応します。高精度のものになると，ネイティブ・スピーカーのようにきれいな発音で英語を読み上げてくれますから，わたしたちよりもよほど上手に英語を話せてしまうというわけです。既に学習者用のリスニング問題を作成するために活用する英語教員もいるくらいの実力です。

　リーディングとライティングは，言葉の意味を理解できないコンピュータが扱うのは難しいのですが，「機械翻訳」の機能がこれらに対応すると考えられます。リーディングが英→日の翻訳，逆にライティングが日→英の翻訳です。とはいえ，英語を学ぶことと翻訳をすることは違うという議論もありますから，あくまでリーディングとライティングは翻訳と重なる部分があるという話にすぎません。

▷ 1　自然言語処理（Natural Language Processing ＝ NLP）は，人間が日常的に使う自然言語をコンピュータに処理させる技術です。

▷ 2　ニューラル機械翻訳（Neural Machine Translation ＝ NMT）は，AI の技術であるニューラルネットワークや深層学習を活用して品質の高い翻訳を行います。Google 翻訳，DeepL，みんなの自動翻訳などに用いられています。

▷ 3　株式会社みらい翻訳（2017）「TOEIC900点以上の英作文能力を持つ深層学習による機械翻訳エンジンをリリース」（オンライン）。https://miraitranslate.com/uploads/2017/06/2d5778dcdee47e4197468bc922352179.pdf

他方で，AIを使ったニューラル機械翻訳[*2]は，人間の翻訳者による翻訳コーパスを基に学習しているため，非常に流暢な英語へと翻訳することができます。つまり，今の機械翻訳の訳文は，一語一句，直訳ではなく，英語らしい表現を使って訳してくれるのです。ビジネス文書の英語への翻訳の実力を比較した調査によれば，機械翻訳はTOEIC 900点相当のライティング力があるという結果が示されています[*3]。また，別の調査では，機械翻訳が原文を読み間違えて日本語に翻訳した訳文に誤訳が含まれていても，大学4年生の英語力では，そのエラーを検出できないと言われます[*4]。換言すると，機械翻訳と大学4年生のリーディング力は，ほぼ同等であると言えるわけです。それでも，英語と日本語は言語距離が離れているため，機械翻訳は，まだまだ完璧とは言い難いのですが，他言語の組み合わせ，例えば英語とスペイン語間の翻訳などでは，もはや機械翻訳は，プロ翻訳者に近い実力があるとも言われます。

③ 機械翻訳と英語教育

機械翻訳の存在は，英語教育そのものに疑問を投げかけはじめています。「機械翻訳があれば，英語を学ぶ必要はない？」という問いです。日本においては，義務教育から大学まで続く英語の勉強ですから，そもそも「なぜ英語を学ばなければならないのか」という議論と関係します。

かつて「教養英語 vs. 実用英語」の論争がありました[*5]。「教養英語」の立場からは，英語教育は，機械翻訳があろうとなかろうと，数学などの他の科目を学ぶのと同じように大事な教養となりうるのですが，「実用英語」の立場からは，機械翻訳の実力がTOEIC 900点以上に達したとなると，たとえテストで高得点を得ることだけが英語学習の目的の全てではないとはいえ，その意義が薄れてしまうわけです。

そこで，実用的な観点からは，機械翻訳の存在をあえて意識することで，英語学習を再考してみようという動きが高まっています。例えば，機械翻訳にできない部分を人間が補えるような英語力を身につけるとか，機械翻訳を上手に活用できるような英語力をマスターするといった考え方です。ここで参照されるのが，TILT（翻訳の外国語教育への応用）[*6]であったり，通訳翻訳訓練法であったりします。産業翻訳の現場でも機械翻訳を使ったプリエディットやポストエディット[*7]という手法が活用されていますから，それを英語教育に応用するのです。具体例を示すと，プリエディットは機械翻訳に入れる前の原文を翻訳しやすい形に修正するという手法で，「婚活中です」と機械翻訳に入れると「I'm married」と誤訳されますが，「私は結婚相手を探しています」と書き換えると正しく訳されます。このように，母語である日本語を見つめ直し，英語を学習します。機械翻訳の弱点を補い，上手に活用できる手法にもつながります。

（山田　優）

▷4 Yamada, M. (2019). The impact of Google neural machine translation on post-editing by student translators. *Journal of Specialised Translation*, 31(11): 87-106.

▷5 1970年代におきた論争で，当時の自民党参議院議員・平泉渉と上智大学教授・渡部昇一による「英語教育大論争」「平泉・渡部論争」としても知られています。本書の「学校英語教育改革への動き」（98-99頁）を参照。

▷6 Cook, G. (2010). *Translation in language teaching: An argument for reassessment*. Oxford University Press（齋藤兆史・北和丈訳（2012）『英語教育と「訳」の効用』研究社）. 本書の「言語教育における通訳翻訳の役割」（54-55頁）を参照。

▷7 プリエディット（前編集）は，機械翻訳に入れる前の原文を修正すること。ポストエディット（後編集）は，機械翻訳が訳した訳文を修正すること。以下の文献では具体的な実践方法にも触れています。坂西優・山田優（2020）『自動翻訳大全』三才ブックス。

〔おすすめ文献〕

中村哲（2018）『音声言語の自動翻訳——コンピューターによる自動翻訳を目指して』音響サイエンスシリーズ，コロナ社。

新井紀子（2019）『AI vs. 教科書が読めない子どもたち』東洋経済新報社。

長尾真（1992）『人工知能と人間』岩波書店。

Ⅰ　AI 時代に必要な力

2 「読む力」と「コミュニケーション力」

▷1　https://www.apple.com/jp/siri/ より。Siri はアップル社が提供する音声認識アシスタント機能です。

▷2　Frey, C. B. & Osborne, M. A. (2013). *The future of employment: how susceptible are jobs to computerization?* https://www.oxfordmartin.ox.ac.uk/downloads/academic/future-of-employment.pdf

▷3　岩本晃一（2019）「人工知能（AI）等と『雇用の未来』」『人材育成・働き方』『京都大学電気関係教室技術情報誌』41, 10-20頁による。

▷4　新井紀子(2018)『AI vs. 教科書が読めない子どもたち』東洋経済新報社。

▷5　PISA（Programme for International Student Assessment）は2000年から3年ごとに行われているOECD による学力到達度調査で，読解力，数学的リテラシー，科学的リテラシーという3分野の学力を調査の対象としています。2000年に8位だった読解力は2003年には14位，2006年には15位へと順位を下げ，その後順位を上げたものの，2018年には再び15位へと後退しました。

▷6　PISA に関しては，チョムスキー（Chomsky, N.）など世界の多くの学者

1　「Hey Siri，私が好きそうな曲を流して」

　こう声をかけるだけで，あなたの好きな80年代のロックの名曲が流れ始めます。部屋では掃除ロボットが猫が見つめるそばを通り過ぎ，エアコンは心地よい温度を保ってくれています。インターネット通販サイトで本を探そうとすると，あなたにおすすめの本を紹介してくれます。わたしたちの身近にはもう，人工知能（AI）が当たり前のように存在しているのです。

　2013年，オックスフォード大学の研究者たちは，「アメリカにおいて10年から20年内に労働人口の47％が機械に代替されるリスクは70％以上」という衝撃的な論文を発表しました。しかし，それからずいぶん経った今，まわりを見てもそれほどの危機感は感じられません。実際，その後の研究によると，この論文で示された数値は極端なもので，約1割が代替されるという OECD（経済協力開発機構）の推計値が専門家の間では妥当と思われているようです。

2　「教科書が読めない子どもたち」の衝撃

　2018年にベストセラーとなった『AI vs. 教科書が読めない子どもたち』のカバーには「多くの仕事が AI に代替される将来，読解力のない人間は失業するしかない」とあり，人々の不安をかきたてました。日本の子供たち（15歳児）の読解力の世界順位が急落したという，2003年のいわゆる「PISA ショック」の報道以来，人々の「読解力」への関心が高まっていましたが，それに追い打ちをかけたかたちです。

　書店には様々な「読解力」を向上させるための学習書が並び，「読解力」を上げると謳う学習塾も増えています。人は不安にかられると「何かしないと」と思いがちですが（特に教育がからむ場合は），「読解力がないと仕事がなくなる」「読解力がなくて教科書が読めない」とする「読解力」が，実は多くの人が思い浮かべる「文章を読む力」とは異なるものであることをまず認識しておく必要があります。

3　「読解力」は何を読み解く力なのか

　PISA で問われている「読解力」は，「自らの目標を達成し，自らの知識と可能性を発達させ，効果的に社会に参加するために，テキストを理解し，利用

し，評価し，熟考し，これに取り組む」能力とされています。その能力は「情報の取り出し」「解釈」「熟考」「評価」という点から測定され，使用されるテキストは「物語」「解説」「記述」などの文章のほか，「図・グラフ」「表」「地図」「宣伝・広告」など多岐にわたっています。また，問題の約4割が記述式となっていて，日本人の受験者は「情報の質と信ぴょう性を評価し自分ならどう対処するか，根拠を示して説明する」というような自由記述問題に対応できない傾向にあります。これは，小学校・中学校で自分の頭で考える・その考えを記述するという練習をしていないからでしょう。国語科だけでなく，教科横断的な視点と指導が必要ですし，「読む」という点では，英語と国語が連携することで，ことばのしくみと意味への気づきを生徒に与えることができます。

一方，『AI vs. 教科書が読めない子どもたち』で紹介されているリーディングスキルテスト（RST）では，「読解力」は「文章の意味内容を理解する」こととされ，自然言語処理の研究をもとに「係り受け解析」「照応解決」などの六つの分野で「読解力」を測定しています。教科書や小中学生向けの新聞記事から取り出した200字程度の文を問題文として取り上げ，記述式問題はありません。問題文は文脈から切り離されているため，その文だけを「読み解く」ことが困難な場合もあります。わたしたちが文を「読み解く」のはコンテクストの中であり，既存の知識などを動員しながら読み解くという行為をしているのです。テストの得点が低いからといって，「生きる力」が劣っていると考えるのは短絡的です。

このような「読解力」に対する危機感は，英語教育にも影響を与えています。大学入学共通テストの試行調査からは文学作品が姿を消し，より身近で日常的な設定の問題となっています。文学作品を「読む」ことで感性を育てることも教育には必要です。英語教育が実利的なものへ流れているのだとしたら，それこそ「読解力」の危機なのではないでしょうか。

④ AI の時代を生き抜くための「読む力」と「コミュニケーション力」

AI の時代に求められる能力として有識者によって挙げられたのは，「チャレンジ精神や主体性，行動力，洞察力などの人間的資質」「企画発想力や創造性」「コミュニケーション能力やコーチングなどの対人関係能力」でした。どれもAI にはない「人間らしい」能力ですが，これらの根底には「読む力」があることを忘れてはいけません。文章を読む，意図を読む，背景を読む，時代を読む力が，創造力やコミュニケーション力などに生きてくるのです。

「読む」という行為は，それを発信した他者の存在を意識して行われる「コミュニケーション」でもあります。そこには1つに決まる答えが存在しないことも当然あります。世の中に溢れている情報を「読み解き」，自分で考え判断する力こそ，今を生きるわたしたちに求められているのです。　　　（鈴木希明）

が，「教育の伝統や文化がもつ多様性を，偏った尺度で測定している」と批判しています。

▷7　実際の問題は「2018年調査問題例」を参照（https://www.nier.go.jp/kokusai/pisa/pdf/2018/04_example.pdf）。同じ問題の英語版，フランス語版は http://www.oecd.org/pisa/test/ 内の Try PISA 2018 Test Questions で閲覧できます。日本人の受験者は日本語に翻訳された問題文を読むことになっていますから，テストの成績には翻訳の影響もあるという指摘があります。

▷8　RST で測る「読解力」は国語教育学の研究や実践で捉えようとしてきた「読解力」とは異なるという批判や，RST の設問文に出典の教科書の文を改変したものがあり，それが「読解」を困難にしているという批判があります。

▷9　本書の「文学作品の活用」（150-151頁）を参照。

▷10　総務省（2016）「ICTの進化が雇用と働き方に及ぼす影響に関する調査研究」。

おすすめ文献

阿部公彦・沼野充義・納富信留・大西克也・安藤宏／東京大学文学部広報委員会編（2020）『ことばの危機――大学入試改革・教育政策を問う』集英社。

Ⅰ　AI時代に必要な力

③ 主体性

①「主体的な学び」とは

　2016年の中央教育審議会の答申では，「人工知能がいかに進化しようとも，それが行っているのは与えられた目的の中での処理である。一方で人間は，感性を豊かに働かせながら，どのような未来を創っていくのか，どのように社会や人生をよりよいものにしていくのかという目的を自ら考え出すことができる。」「このために必要な力を成長の中で育んでいるのが，人間の学習である」とし，さらに「子供たち一人一人が，予測できない変化に受け身で対処するのではなく，主体的に向き合って関わり合い，その過程を通して，自らの可能性を発揮し，よりよい社会と幸福な人生の創り手となっていけるようにすることが重要である」（下線は筆者による）と続けています。この答申を受けて改訂された小学校と中学校の学習指導要領（平成29年告示）の解説では，「我が国の優れた教育実践に見られる普遍的な視点である『主体的・対話的で深い学び』の実現に向けた授業改善（アクティブ・ラーニングの視点に立った授業改善）を推進することが求められる」とされています。ここで言う「主体的な学び」とは，「学ぶことに興味や関心を持ち，自己のキャリア形成の方向性と関連付けながら，見通しを持って粘り強く取り組み，自己の学習活動をふり返って次につなげる」ことと定義されています。ここでは，「主体的な学び」を推進する流れを概観し，そもそも「主体性」とは何なのかを考えてみることにします。

②「主体的な学び」の推進

　「主体的な学び」を学校教育で推進するために，文部科学省は高大接続改革の一環として，主体性の評価を大学入学者選抜に組み込もうとしました。高校生が自分の学習や課外活動などで主体的に行った取り組みを「eポートフォリオ」と呼ばれる電子ファイルに記載し，それを大学側が評価対象にするというものです。この取り組みは，運営上の問題や，海外留学やボランティア活動などが評価の対象となることへの不公平感などが指摘されたことで，暗礁に乗り上げました。

　「主体的な学び」は英語科においても導入され始めていて，学習指導要領に記載されたのを機に，検定教科書ではアクティブ・ラーニングの視点を取り入れたタスクが導入されるようになっています。しかし，そのようなタスクに取

サイドノート：

▷1　「幼稚園，小学校，中学校，高等学校及び特別支援学校の学習指導要領等の改善及び必要な方策等について（答申）」（平成28年12月21日）。

▷2　英語の民間試験導入，国語と数学の記述式問題導入とともに，改革の3本柱と言われていました。

▷3　2019年からJAPAN e-Portfolioは文部科学省の運営許可のもと事業を行っていましたが，2020年8月に運営許可が取り消されたことにより運営停止となりました。

▷4　家庭の経済格差が「主体的な学び」の評価に反映されるとの批判がありました。

り組むだけで生徒が主体的に学ぶようになるわけではありません。生徒の主体性をどうやって涵養していけばよいのか，生徒の個々の特性に目を向けながら試行錯誤を重ねるのが教員の役割と考えられます。

③ 主体についての思想史

　主体性とは何であり，どうして価値をもつのでしょうか。学習指導要領は，本当に価値のある学びの主体性を言い当てていると言えるのでしょうか。

　「主体」は "subject" の訳語ですが，この言葉は「主観」とも訳されます。「主観」という言葉は，認識論[5]の文脈で用いられる傾向にあり，対をなす客観（対象）（object）を認識する側を指します。近代認識論の創始者デカルト[6]（Descartes, R.）が，「私はある」という自我の存在の確実性を客観的世界に対する認識の基礎に据えたことで，他者から孤立した自我こそが主観であるという構図ができあがります。

　一方で，「主体」という言葉は主に行為[7]の文脈で用いられます。実存主義[8]の祖であるキルケゴール（Kirkegaard, S.）は「主体性が真理である」と主張しましたが，その含意は，真理は自分の外にある世界ではなく，絶えず生成していく自己自身の在り方にある，というものです。さらにサルトル[9]（Sartre, J. P.）は，人間は世界に投げ出されて存在し，そのような世界の中で自由に生きる存在であると論じました。ここにおいて，人間が行為主体として自由を与えられ，責任をもって能動的に行為する存在者と捉えられることになります。

④ 主体性批判と，価値のある学びの主体性

　フーコー[10]（Foucault, M.）は "subject" に「臣民」や「服従者」という意味があることに着目し，近代的意味での主体が実は権力によって巧妙に構成されたものであることを喝破しました。例えば，キリスト教における真実の告白は，信徒が自分の内面を自ら内省する主体であると認められます。その一方でこの主体化を通じて，個人が権力をもった教会制度に取り込まれることになります。フェミニズムもまた，近代の主体概念を批判してきた思想の一つです。フランス革命後，人間は自由で平等であることが高らかに宣言された後も，多くの女性は「母性」の名のもとに育児や家事を押し付けられ，社会で声を挙げる自由を奪われ，ときに売買春やポルノグラフィーなどで性的客体化（モノ化）されてきました。こうしてフェミニズムは，自由で自己充足している主体という人間像が実は男性中心の偏った見方であると批判し，人間が生きる上で不可避な依存や傷つきやすさといった，主体の新たな側面に目を向けています[11]。

　以上から主体性は手放しで称揚できるものではないことがわかります。では，あらためて価値のある学びの主体性とは何でしょうか。この問いを考え抜くことで，実り豊かな英語教育の姿が見えてくるはずです。(鈴木希明・佐藤邦政)

▷5　正当化や知識の本性や，知識獲得の在り方について問う哲学分野です。

▷6　ルネ・デカルト（1596-1650）。近代最大の哲学者であると同時に，当時のヨーロッパを代表する科学者でもあり，彼の認識論は諸学の基礎を与える目的がありました。

▷7　道端で腕を挙げてタクシーを拾うのは行為ですが，起きて背伸びをして腕が挙がるのは行為でしょうか。「行為とは何か」は行為論で議論されています。

▷8　実存主義とは，生きる価値の拠り所は人間の外部に存在せず，人は価値観を自ら構築していく必要があるという考え方です。

▷9　ジャン・ポール・サルトル（1905-80）。フランスの実存主義者で，無神論の立場から人間の存在（実存）が本質に先立つと主張しました。

▷10　ミシェル・フーコー（1926-84）。主体が構築されたものであることを具体例の分析を通じて論じるフランス哲学思想家です。

▷11　ケア倫理学では，人間関係の中で他者に依存し，相互に応答しながら変容する側面から人間を捉えます。

（おすすめ文献）

後藤文彦（2018）『主体性育成の観点からアクティブ・ラーニングを考え直す』ナカニシヤ出版。
ブラックバーン, S. ／熊野純彦監修（2020）『図鑑 世界の哲学者』東京書籍。

I　AI 時代に必要な力

 # 日本人に適した英語教育の創造

 ## 他者理解のための英語教育

　日本における英語教育は，時代によって揺れ動きながらも，日本人の「英語を話せるようになりたい」という夢に突き動かされて改革を重ねてきた感があります。しかし結局はさしたる効果を上げていない現実を，そろそろ直視するときがきています。

　まずは，日本人にとって英語が必要なのかを問う必要があります。コロナ禍で世界は一変し，留学や人的交流が従来のようにいかなくなっている中でも，英語は必要なのか。インターネットで繋がるには国際共通語としての英語がやはり必要だとして，では日本人がこれまで固執してきた「話すこと」の重要性は，「読み書き」と比べて，どうなのか。それは，わたしたちが何のために英語を学ぶのか，という目的にかかってきます。

　これからなすべきは，日本人が何の目的で，どのような英語を習得すべきかを見極めることでしょう。その上で，教育のどの段階に時間と予算をかけるべきかを判断することになります。機械翻訳や自動通訳が当たり前の時代にあって，AI（人工知能）に任せられる程度の英語を学ぶのに小・中学校・高等学校・大学と16年間も費やす必要があるのでしょうか。

　AI には無理で，人間しかできないのは，異なる文化的背景をもつ人々と言語を使って相互に理解しあうことでしょう。それが読み書きであれ，やりとりであれ，異文化コミュニケーションを目指す英語教育が求められるのは必至です。英語という外国語を学ぶことで異質性を認識し他者に対して開かれた心を涵養することが，日本人にとっての英語教育の目的だと考えています。

（鳥飼玖美子）

② 新しい視点を得るための英語教育

　英語の学習を始めるとすぐに，日本人の英語学習者は母語である日本語と英語の違いに気づきます。文字，単語，発音など，違うところばかりです。やがて語順の違いに気づき，ものごとの表し方の違いに気づくようになります。

　「英語を話せるようになりたい」という英語学習者のほぼ全員がもつ願望は，英語を話す状況がなければ達成されません。年に１度あるかないかの海外旅行のために，また，海外からの観光客に道案内をするという稀有な状況のために

おすすめ文献

苅谷剛彦（2020）『コロナ後の教育へ──オックスフォードからの提唱』中央公論新社。
石井洋二郎（2020）「創造的リベラルアーツに向けて」石井洋二郎編『21世紀のリベラルアーツ』水声社，15-56頁。
鶴見俊輔（2013）「言葉のお守り的使用法について」黒川創編『鶴見俊輔コレクション④　ことばと創造』河出書房新社，131-157頁（初出『思想の科学』1946年５月）。

おすすめ文献

大津由紀雄（2007）『英語学習７つの誤解』NHK 出版。

英語を学習するのではもったいなさすぎます。

　新しいことばを学ぶことは，新しい視点を得ることでもあります。日本語と英語とでものごとの表し方が違うということに気づくと，英語を話す人がどのように事態を捉えているのかを理解することにもなります。そのためには，学習者が興味をもちそうな英語に翻訳されたアニメやマンガ，小説などを題材にしてみるとよいでしょう。どうして日本語では主語が示されていないのか，どうして英語では日本語で表していないところまで説明しているのか。このような気づきによって，英語学習への興味も持続し，英語を学習する意義も理解できるようになると考えています。　　　　　　　　　　　　　　（鈴木希明）

❸　「英語教育」を超えた英語の教育

　明治期以降の近代化の流れの中で，学校教育や入試という社会制度とも密接に絡み合いながら，日本では「英語教育」という概念が生まれ，「英語一辺倒」が当たり前のようになってしまいました。このような状況が生み出している大きな問題は，「日本語が通じる日本」と「英語が通じる国際（グローバル）社会」という極めて大雑把で，多様性への志向性を極度に欠いた発想に，英語学習者がもつ常識的なイメージが染まりやすいことではないでしょうか。

　日本における「他者のことばの教育」が，歴史の中で，「英語教育」という姿をまとったにすぎないのであれば，それを変えていく努力もまた，可能であるはずです。英語がその一部にすぎないようなことばの教育，やさしい日本語や地域に住む外国人の母語，手話も含めた，もっとわたしたちの近くにいるはずの他者も想うことばの教育。このような「他者のことばの教育」の実践が，「英語教育」ではない，どのような名前を獲得するのか，見届けたいです。（榎本剛士）

❹　分野の枠を超えた英語教育の創造

　「英語教育」の分野では，様々な分野の研究が行われています。英語教育を狭く捉えて，単なる「スキル」「道具」「社会上昇の手段」「グローバル人材の能力」などと決めつけてしまってはもったいないことです。英語教育者が「英語教育」という知に対して，どれだけ開かれた眼と心をもっているのかによって，学習者が「英語教育」から受ける印象や影響，つまり，教育の効果は大きく変わります。言語は，実用や実利目的以上の機能や効果があり，知識，感性，認知，関係性，談話言説，行為，出来事，文芸，社会文化，歴史，自然観，概念・抽象世界，これら全ての局面に関わります。英語教育者がこうした認識をもって，英語教育に向き合うことが大切だと考えます。「英語教育」という営為を，狭い枠組みによる学習者と教場の効率的／合理的な管理とするのではなく，人間存在と現実構成の結節点に言語を位置付けて，包括的な視点から捉えようとするときに真の「英語教育」が創造されると考えます。　　　　（綾部保志）

ひつじ書房より『英語学習7つの誤解（新版）』として近刊予定。

池上嘉彦（2006）『英語の感覚・日本語の感覚』NHK出版。

ニスベット，R. E.／村本由紀子訳（2004）『木を見る西洋人　森を見る東洋人──思考の違いはいかにして生まれるか』ダイヤモンド社。

（おすすめ文献）

小山亘（2008）「第3章　メタ言語学としての史的社会記号論──社会，教育，言語理論の近現代，あるいは，言語帝国主義と言語ナショナリズムの系譜学」『記号の系譜──社会記号論系言語人類学の射程』三元社。

García, O. & Wei, L. (2014). *Translanguaging : Language, bilingualism and education.* Palgrave Macmillan.

金子奨（2008）『学びをつむぐ──〈協働〉が育む教室の絆』大月書店。

（おすすめ文献）

佐藤臨太郎・笠原究・古賀功（2015）『日本人学習者に合った効果的英語教授法入門──EFL 環境での英語習得の理論と実践』明治図書出版。

Risager, K. (2007). *Language and culture pedagogy : From a national to a transnational paradigm.* Multilingual Matters.

Scollon, R. & Scollon, S. W. (2001). *Intercultural communication : A discourse approach* (2nd edition). Blackwell Publishing.

Ⅱ　理論研究から学ぶ

言語に関わる研究（1）

▷1　ソシュール（1857-1913）没後の1916年，大学での講義を受けた弟子らによって『一般言語学講義』が刊行されました。
▷2　当時のヨーロッパで盛んに行われていたのは比較言語学です。比較言語学は，系統的な関係のある言語同士を比較してその相違点や類似点を明らかにし，両言語共通の祖語を再建することを目指す学問です。系統的な関係のない言語同士を比較する研究は「対照言語学」と呼ばれています。
▷3　日本語の場合，日本語話者が共有している「日本語」の知識が「ラング」です。
▷4　ソシュールの考えは言語学者だけでなく多くの人々に影響を与え，人類学者レヴィ＝ストロース（Lévi-Strauss, C.）は親族関係など人間社会の構造を言語学をモデルに分析しました。

▷5　本書の「オーディオリンガル・メソッド」（42-43頁）を参照。

▷6　高見健一「機能的構

1　ソシュールと構造言語学

　近代言語学はスイスの言語学者ソシュール（Saussure, F. de）に始まります。ソシュールは言語研究を時間軸上の動態や変化を明らかにする「通時言語学」と，一時点（多くは現時点）における言語の実相を明らかにする「共時言語学」に分けました（通時言語学は19世紀にピークを迎え，20世紀には共時言語学に研究の重点が移っていきます）。そして，個人が実際に使用している言語の側面を「パロール」，言語共同体の話者が共有している言語に関する知識を「ラング」と呼び，言語学の分析対象は「ラング」だと提唱したのです。

　ソシュールを先駆者として20世紀に展開された「構造（主義）言語学」では，わたしたちが話している言葉は単なる単語の集合ではなく，言葉を構成する要素（音素や単語）は体系をなし，要素の並び方には構造があると考えました。そして，この体系や構造を解明することを目標としたのです。

2　アメリカ構造言語学とオーディオリンガル・メソッド

　ヨーロッパでは，ヤコブソン（Jakobson, R.）らが活躍したプラーグ学派やイェルムスレウ（Hjelmslev, L.）らが活躍したコペンハーゲン学派などで構造言語学の研究が展開されましたが，その流れとは別の構造言語学がアメリカで誕生しました。客観的に観察可能な構造を分析する立場から北米先住民族の言語分析を行ったボアズ（Boas, F.）やサピア（Sapir, E.）に始まり，ブルームフィールド（Bloomfield, L.）らによって展開されたアメリカ構造言語学です。

　ミシガン大学のフリーズ（Fries, C. C.）はアメリカ構造言語学と行動心理学の影響を受け，言語の本質は音声にあり，外国語の学習には構造の理解が必要だと考えました。そして，音声と構造の理解を重視する外国語教授法，オーディオリンガル・メソッドを確立したのです。

3　機能言語学と英語教育

　構造言語学の流れをくむロンドン学派では，ファース（Firth, J. R.）が人類学者マリノフスキー（Malinowski, B. K.）の「状況のコンテクスト」（context of situation）という概念を取り入れ，実際の言語使用を機能面から捉えようとしました。

この考えを「選択体系機能言語学」(Systemic Functional Linguistics) としてまとめたのがハリデー (Halliday, M. A. K.) です。ハリデーは，社会の中で言語がどのように機能しているのかを，目的や状況に応じた表現の選択という観点から捉えました。例えば，お礼を言う場合には Thanks./Thank you./Thank you very much./I appreciate ... のような表現があり，依頼をする場合には Will you ... ?/Could you ... ?/Would you mind if ... ? のような表現があります。わたしたちはこのような複数の表現の中から，目的や状況に応じた適切な表現を選択して使用しているというわけです。

プラーグ学派の「機能的文眺望」(functional sentence perspective) という考えを受け継いだのが「機能的構文論」です。久野暲が中心となって提唱している言語理論で，「文の構造やその文法性・適格性をその文の意味や伝達機能，情報構造などの観点から分析するもの[6]」です。例えば「情報の流れの原則」では，「強調ストレスや形態的にマークされた焦点要素を含まない文中の要素は，通例，より重要でない情報からより重要な情報へと配置される[7]」としています。「この原則により，ある要素が文末に後置された場合，その要素が文中で最も重要な情報を伝達することになる」というわけです。受動態で by を使って動作主を示す場合や，二重目的語構文で間接目的語を to や for を使って後置するときに，この原則があてはまることがあります。

④ コーパス言語学と英語教育

コーパスとは「言語研究の目的のために収集されたテキストの集合体[8]」のことです。電子化されたコーパスを用いて言語の分析を行うコーパス言語学は，言語研究[9]だけでなく英語教育にも多大な貢献をしています。

コーパスと英語教育というと真っ先に辞書の編纂が思い浮かびます。コーパスを使うことで頻度や分布[10]を分析することが可能となり，その成果を辞書に取り入れているのです。語の意味のリストを頻度順にしたり，用例やコロケーションを示したりすることで，学習者は頻度が高く実際に使用されている表現を学ぶことができます。文法に関しても，コーパス・ベースの文法書を使えば[11]，母語話者でもうまく説明できないような文法の使用状況がわかります[12]。

英語教材にもコーパスが反映されています。日常会話で使われている語彙や表現を分析することで，基本的で高頻度のものを取り入れた教材を作成することができるのです。

英語教育の現場では，学習者コーパスを構築して，英作文などの指導に生かすこともできます。どのような間違いを生徒がするのかを蓄積し，教員間で共有することで，効果的な指導が可能になるでしょう。また，BNC (British National Corpus) のようなコーパスを個人的に使用することもできますから，自身の英語研究にコーパスを役立ててみるのもよいでしょう[13]。　　　　　（鈴木希明）

文論」による。斎藤純男・田口義久・西村義樹編 (2015)『明解言語学辞典』三省堂，44頁。

▷7　神尾昭雄・高見健一 (1998)『談話と情報構造』研究社，162-164頁を参照。

▷8　投野由紀夫 (2015)「コーパスの英語教育への応用」(おすすめ文献の堀・赤野監修／投野編 (2015：1頁))。

▷9　コーパスは実際の用例を重視する機能言語学や認知言語学などの研究で使用されています。

▷10　どのような文脈で使われているかを分析します。

▷11　例えば，Biber, D., Johansson, S., Leech, G., Conrad, S. & Finegan, E. (1999). *Longman grammar of spoken and written Enligsh*. Pearson Education Limited。

▷12　例えば，関係代名詞の who/which/that がどのように使われているかを調べることができます。

▷13　コーパスは実際の言語のサンプルですから，例外的な用法が含まれていることもあります。

おすすめ文献

佐久間淳一 (2013)『フシギなくらい見えてくる！本当にわかる言語学』日本実業出版社。

町田健 (2004)『ソシュールと言語学——コトバはなぜ通じるのか』講談社。

窪薗晴夫編著 (2019)『よくわかる言語学』ミネルヴァ書房。

堀正広・赤野一郎監修／投野由紀夫編 (2015)『コーパスと英語教育』(英語コーパス研究シリーズ第2巻) ひつじ書房。

Ⅱ　理論研究から学ぶ

 # 言語に関わる研究 (2)

▷1　メイ，J. L.／小山亘 訳（2005）『批判的社会語用論入門——社会と文化の言語』三元社。

▷2　本書の「行為としてのことば／ことばとコンテクスト」（84-85頁）を参照。

▷3　東照二（2009）『社会言語学入門（改訂版）』研究社。

▷4　Blommaert, J. (2010). *The sociolinguistics of globalization*. Cambridge University Press.

1　語用論

　語用論は，「メッセージが言語使用者に対して持つ関係の研究」として定義することができます。語用論が焦点を当てるのは，コンテクストから取り出して研究することができる「言語」ではなく，「言語を使用する人間」です。さらに敷衍（ふえん）すれば，語用論の核心には，「人は言語を使って何をしているのか」という問い，すなわち，「行為としてのことば」があります。

　語用論の分野で大きな影響力をもっている理論的枠組みとしては，オースティン（Austin, J. L.）の「遂行的発話」，サール（Searle, J. R.）の「発話行為」，グライス（Grice, H. P.）の「推意」と「協調の原理」，スペルベル（Sperber, D.）とウィルソン（Wilson, D.）の「関連性」，ブラウン（Brown, P.）とレビンソン（Levinson, S. C.）の「ポライトネス」などがあります。これらは，どちらかと言えば，「メッセージが言語使用者に対して持つ関係」にミクロ・レベルで，つまり，「話し手と聞き手の間で起きていること」という視点からアプローチする枠組みであり，よりマクロな社会的コンテクストを見落としがちでした。最近では，メイ（Mey, J. L.）の「社会語用論」のように，言語使用に関わる権力関係や政治性をより射程に収めた研究も盛んに行われるようになっています。

2　社会言語学，言語人類学

　もともと哲学から出てきた（及び，言語学の下位範疇（にすぎないもの）として位置付けられていた）語用論とは異なり，社会言語学と言語人類学は，言語を社会・文化的なコンテクストの中で捉える志向性が当初から鮮明に打ち出された分野です。社会言語学でしばしば研究されるのは，言葉のバリエーション，言い換えれば，民族，階級，人種，ジェンダー，年齢，地域，（職業集団などの）コミュニティ，国民国家といったカテゴリーによって異なるような，社会の中での（不均衡な）言葉のあり様（及び，その変化）です。このような研究には，一定のカテゴリー（階級やジェンダーなど）と特定の言語的特徴（文法や発音など）とを結びつける，やや「静的」な側面もありましたが，「グローバル化」の時代の中で，様々な場所を移動する「動きの中の言語」を研究する「動的」な社会言語学も出てきています。

　特に米国において，社会言語学と言語人類学は，もともと「コミュニケーシ

ョンの民族誌」と呼ばれる文化人類学的プロジェクトの下で，明確に分かれて[▷5]
はいませんでした。言語人類学も，上に示したような社会・文化的要素と言語
との関わりを探究する分野ですが，その大きな特徴は，コミュニケーションの
中で，より動的な「プロセス」として，そのような関わりを捉えようとする姿
勢です。簡潔にまとめると，特定の社会・文化的カテゴリーに結びつけられた[▷6]
言語（の断片）が，具体的なコンテクストにおいて使用されたとき，そのよう
な行為はどのようなコンテクストを前提としながら，どのようなコンテクスト
を（新たに）生み出し，そのようなプロセスに巻き込まれるコミュニケーショ
ン参加者のアイデンティティや権力関係の変化が，より大きなコミュニケーシ
ョンの場や社会の変容にどのように結びついていくか，という視座が言語人類
学の多くの研究を貫く特徴と言えます。[▷7]

❸ 会話分析

　会話分析は，ガーフィンケル（Garfinkel, H.）やゴフマン（Goffman, E.）とい
った（ミクロ）社会学者の理論を背景としており，「人はどのようにして相互行
為を達成するのか」を問います。ここで言う「相互行為」とは，日常会話，お[▷8]
店での注文，電話での会話など，まさに日常の相互行為のことです。

　これらの相互行為がどのように「組織化」されているかを丁寧にあぶり出し
ながら，会話分析は相互行為の「秩序」を発見していきます。例えば，「質問」
と「応答」のように，別の話者によって発せられる，順序付けられた二つの発
話があります。会話分析では，このような発話のペアを「隣接対」と呼びます。
ほかにも，「修復」「順番交代」「成員カテゴリー」など，相互行為の組織化に
貢献する様々な要素が特定されています。[▷9]

❹ コミュニケーションを志向した英語教育にとって不可欠な知

　ここに紹介した語用論，社会言語学，言語人類学，会話分析は，言語をなる
べくコンテクストから取り出さずに研究する分野です。力点や主な着眼点はそ
れぞれ異なりますが，「使用・行為・コンテクスト（社会・文化）」との関連で
言語を考える，という点では共通しています。

　文法や語彙に関する知識がなければ，そもそも言語を使うことはできません。
しかし，ハイムズ（Hymes, D.）が指摘したとおり，それだけでは，コミュニケ
ーションはできません。コミュニケーションにはコミュニケーションのルール[▷10]
があり，「文法」はそのうちの一つにすぎません。その意味では，コミュニケ
ーションのルールや秩序を扱う語用論，社会言語学，言語人類学，会話分析は，
「コミュニケーション」を志向した英語教育にとって，極めて重要な知の源泉
となる分野であると言えます。　　　　　　　　　　　　（榎本剛士・綾部保志）

▷5　本書の「ハイムズの
『コミュニケーション能
力』」（86-87頁）を参照。

▷6　特定の言語を話すこ
とが，言語使用者の認知や
思考にどのような影響を及
ぼすかを研究する言語人類
学者もいます。井上京子
（1998）『もし「右」や「左」
がなかったら──言語人類
学への招待』大修館書店を
参照。

▷7　井出里咲子・砂川千
穂・山口征孝（2019）『言
語人類学への招待──ディ
スコースから文化を読む』
ひつじ書房。

▷8　「相互行為」（inter-
action）は外国語教育では
「やりとり」として扱われ
ています。

▷9　串田秀也・平本毅・
林誠（2017）『会話分析入
門』勁草書房。

▷10　▷5に同じ。

おすすめ文献

井出里咲子・砂川千穂・山
口征孝（2019）『言語人類
学への招待──ディスコー
スから文化を読む』ひつじ
書房。
串田秀也・平本毅・林誠
（2017）『会話分析入門』勁
草書房。
ゼンフト，G.／石崎雅人・
野呂幾久子訳（2017）『語
用論の基礎を理解する』開
拓社。

Ⅱ　理論研究から学ぶ

認知に関わる研究

① 認知に関わる研究の流れ

　言語の研究における「認知」とは，「人間の脳と心のはたらき」のことです。「言語」と「認知」から「認知言語学」を思い浮かべる人が最近では多いようですが，言語を脳と心のはたらきによるものと最初に考えたのは1950年代に生成文法[1]（generative grammar）を提唱したチョムスキー（Chomsky, N.）です。ここから言語に関する認知科学的研究が始まりました。

　チョムスキーは人間の言語能力を研究対象として，人間は普遍文法[2]（Universal Grammar＝UG）と呼ばれる言語知識を生得的にもっていると考えました。そして，母語話者に備わっている個別の言語知識[3]と普遍文法の実態を解明しようとしたのです。生成文法理論は「標準理論」「拡大標準理論」「GB 理論」「ミニマリスト・プログラム」と変遷し，現在も研究が続けられています。

　生成文法は，言語機能は様々な認知機能全体の中で自律したまとまり（モジュール）をなしていると考えます。そして，文法を意味から自律したものと捉え，統語論[4]（syntax）を研究の中心としています。「統語論の自律性」（autonomy of syntax）を示す例として有名なのは，チョムスキーによる Colorless green ideas sleep furiously. という文です。意味を成さない文ではありますが（日本語にすれば「色のない緑色の概念が猛烈に眠る」となります），「文法的」には正しい文なのです。

　このような生成文法の考えに対し，言語機能はほかの認知機能と密接に結びついているため不可分であり，文法も意味から切り離すことはできないとする考えが出てきました。ラネカー（Langacker, R. W.）の認知文法，レイコフ（Lakoff, G.）のメタファー理論に始まる認知言語学[5]です。

　認知言語学では文法と意味を結びつけて「形が違えば意味も違う」と考えます。例えば Terry painted the wall. という能動態の文と The wall was painted by Terry. という受動態の文には，意味に違いがあるとします。言語機能はほかの認知機能と結びついているため，事態把握の違いが文法構造の違いに表れているという考えです。Terry painted the wall. という能動態の文は主語の「テリー」が何をしたのかに注目しているのに対し，The wall was painted by Terry. という受動態の文は「壁」が何をされたのかに注目しているのです。

▷1　生成文法は，「言語知識としての文法は，有限数の原理や規則によりその言語の文法的な文をすべて，そして，それらのみを生成（generate）するようにできている」（大津由紀雄・池内正幸・今西典子・水光雅則編（2002）『言語研究入門──生成文法を学ぶ人のために』研究社，20頁）としています。

▷2　普遍文法は言語能力（Faculty of Language）の初期状態と仮定されています。本書の「言語の生得性と学習」（16-17頁）も参照。

▷3　「内部言語」「I 言語」と呼ばれています。

▷4　生成文法では「統語論（syntax）の自律性」と言います。

▷5　1987年にラネカーの *Foundations of Cognitive Grammar* とレイコフの *Women, Fire, and Dangerous Things* が出版されたのが，認知言語学の始まりとされています。

認知言語学は，メタファー，メトニミー，イメージ形成，プロトタイプ効果，カテゴリー化のような言語現象に関する研究を中心に展開されていて，用法基盤モデルに基づく言語獲得研究も行われています。[6]

② 言語研究と英語教育

生成文法や認知言語学のような理論的な言語研究は，科学であって教育のためにされているものではありません。提唱されている理論に共鳴したからといって，それを英語教育に応用することで必ず効果が出るとは限りませんし，逆に学習者を混乱させることにもなりかねません。英語教育への応用に関しては，学習者を第一に考え，利用できるものは利用するという立場からあまり深追いしないことが大切です。

③ 生成文法と英語教育

文を構成するいくつかの語の組み合わせを生成文法では「句構造規則」と呼んでいます。英語の句構造規則をわかりやすく記述すると次のようになります。[7]

S → NP Aux VP	（S：文，Aux：助動詞，VP：動詞句）
NP → Det N（PP）	（NP：名詞句，Det：限定詞，PP：前置詞句）
VP → V NP（PP）	（V：動詞）
PP → P NP	（P：前置詞）

学習英文法でも「句」については学習者に意識させるようにしています。このような語の組み合わせを早い時期に指導することで，学習者は文の構造を「句」の結合として捉えることができるようになります。

また，wh 疑問文では，次のような「移動」があると考えるとわかりやすくなります。[8]

What do you think Terry bought ___ ?

④ 認知言語学と英語教育

認知言語学の研究からは，カテゴリー化という観点を援用できます。[9] 例えば，日本人の英語学習者が苦手とする可算名詞と不可算名詞の区別は，英語話者が名詞をどのように捉えているかを知ることで理解できるようになります。[10]

また，様々な状況で使われる前置詞も，抽象化されたイメージで捉えることでわかりやすくなります。in は容器の内部のイメージ，on は平面への接触というイメージ，といった具合です。動名詞と不定詞の使い方の違いも，不定詞が「達成すること」を意識するのに対し，動名詞は一時的な状況を表し「達成」までは意識しないというイメージで理解できるようになります。[11]

このように，認知言語学の観点からの文法説明は，項目によっては学習者が感覚的に納得できる場合があります。[12] （鈴木希明）

▷6 本書の「言語の生得性と学習」(16-17頁)を参照。

▷7 拡大標準理論の頃の記述方法です。

▷8 関係詞も「移動」で説明することができます。
the bike **which** Terry bought ___

▷9 カテゴリー化とは，対象となるいくつかの事物を比較して，それらの共通性や一般性をもとに，あるまとまりに分類するという認知活動のことです。

▷10 可算名詞は，はっきりとした輪郭をもった形が意識される「個体」，不可算名詞は，はっきりとした輪郭をもたない「連続体」を基本と考えます。

▷11 鈴木希明 (2019)『学校では教えてくれない！ 英文法の新常識』NHK 出版，16-19頁を参照。

▷12 全てをイメージで捉えようとすると無理がありますし，イメージを学習者に伝えようとして「トップダウン」の指導になることは避けなければなりません。

おすすめ文献
渡辺明 (2009)『生成文法』東京大学出版会。
西村義樹・野矢茂樹 (2013)『言語学の教室』中央公論新社。
ウンゲラー，F.・シュミット，H.-J.／池上嘉彦ほか訳 (1998)『認知言語学入門』大修館書店。

II　理論研究から学ぶ

 ## 意味に関わる研究

① 「文法的 (grammatical) な意味」と「語彙的 (lexical) な意味」

「意味」といえば，「単語の意味」が想起され，「文法」に「意味」などあるのか，と考えてしまいがちです。しかし，これは大きな誤解であり，「コミュニケーションに文法など必要ない」といった誤った考えの元にもなります。

言語学的にいう「文法」とは，「意味を（形態素や統語といった）形式に従ってコード化した体系」のことです。例えば，「"liked" は "like" の過去形」などとしばしば言われますが，"-ed" という「形式」（形態素）には，「過去時制」（past tense）という「文法的な意味」がコード化されています。よって，"like" と "liked" については，「好き」という「語彙的な意味」は同じだけれども，「時制」という「文法的な意味」が異なる，と言えます。

このような「文法的な意味」はコミュニケーションに不要，などと言いきれるでしょうか。「好き」なのか「好きだった」のか，「盗んだ」のか「盗まれた」のかで，その後の話の展開が大きく左右され得ることを想像すればわかるとおり，文法的な意味は，コミュニケーションに大きな影響を及ぼします。「文法用語」を過度に使った説明は不適切かもしれませんが，少なくとも「文法には意味がある」ことをしっかりと認識しておくことが大切です。

② 「意義」と「意味」の区別

「宵の明星」と「明けの明星」という言葉があります。両方が「金星という惑星」を指しますが，このことから，「宵の明星」と「明けの明星」は同じ意味である，と言えるかというと，明らかにそれは違うように思えます。

この問題は，論理学者・数学者・（言語）哲学者であるフレーゲ（Frege, G.）によって提示されました。フレーゲは，「宵の明星」と「明けの明星」について，「意味」は同じだが，「意義」は異なる，と考えました。ここでいう「意味」は，「（金星という）対象」のことです。そして，前者の「意義」は「日没後西の空に見える金星」，後者のそれは「明け方東の空に見える金星」となります。

この区別は，言語学における "reference"（言葉が指す対象）と "denotation"（体系の一部としての言葉の意味）の区別とも重なります。様々な場面で「ペン」と言うとき，「ペン」の "denotation" は変わりません。しかし，「ペン」の "reference" は個々の場面ごとに異なることが考えられます。これは，英語教

▷1　本書の「言語に関わる研究(1)」（170-171頁）を参照。

▷2　このように，疑問や命令などの「法」，進行や完了などの「相」，受動態などの「態」，主格・目的格などの「格」といった意味論的範疇が，英語ではどのような形式に従ってコード化されているか，という発想で考えてみてください。

▷3　フレーゲ，G.／野本和幸訳（2013）「意義と意味について」松阪陽一編訳『言語哲学重要論文集』春秋社，5-58頁。

▷4　Lyons, J. (1995). *Linguistic semantics: An introduction.* Cambridge University Press.

育において極めて重要な区別です。例えば，児童生徒たちが特定の文を教員の
あとについて言っている状況（いわゆる "Repeat after me." の活動）を想像し
てみてください。このとき，文の「意義」（denotation）に関する理解は得られ
ていても，文の「意味」（reference）は不在である可能性があります。

③　「プロトタイプ」と「言語的分業」

　「プロトタイプ」とは，「あるカテゴリーの典型的な事例」のことです。「鳥」
を想像してみると，日本に住んでいれば，スズメ，ハト，カラスあたりがだい
たい真っ先に思い浮かぶのではないでしょうか。コンドルやワライカワセミを
まず思い浮かべる人は，いないとは言わないまでも，多くはないと思われます。

　このように，わたしたちの「鳥」の理解は，「典型的」なものから，そうで
ないものに向かって「グラデーション」をなしている（よって，その境界は曖
昧），ということが認知言語学で指摘されています。[5] このことは当然，身の周
りでどのような鳥が生息しているか，ということにも関連します。

　同様に，「同じ言語を話している」と思われている人々は，本当に「同じ意
味で言葉を用いている」と言えるでしょうか。「水」を例にとりましょう。喉
の渇きを潤す透明な液体，空から降ってくる恵み，H_2O という化学式で示さ
れる化合物など，社会において「水」は異なる人々によって異なる意味で使わ
れている可能性があります。哲学者のパトナム（Putnam, H.）は，このような
言語のあり様を「言語的分業」（division of linguistic labor）と呼びました。[6] すな
わち，「言葉の意味が通じるかどうか」は，「同じ言語を話しているかどうか」
という軸だけでは，実際は判断しきれないのです。

④　実践に向けて――「意味」の意味

　ここまで，言語学が扱う「文法的な意味」と「語彙的な意味」，認知言語学
のプロトタイプ，言語哲学の古典的な問題のごく一部を取り上げました。これ
らの分野に限っても，「意味」に関する研究の射程は広範です。さらに，言語
が実際に使用されたときには，「コンテクスト」が一挙に入り込んできます。[7]
「コンテクスト」をより考慮に入れた「意味」は，語用論や社会言語学，言語
人類学，会話分析で扱われますが，[8] その地平もまた，限りなく広大です。

　英語の文を日本語に置き換えることができることと，（コミュニケーション
の中での）その意味をしっかりと説明できることは大きく異なります。様々な
「『意味』の意味」があることを理解し，どの意味における「意味」がここでは
重要なのか，と問える視座は，「コミュニケーション」を志向する英語教育を
実践する教員にとって必要不可欠と言えるでしょう。　　　　　（榎本剛士）

▷5　ウンゲラー，F. &
シュミット，H.-J.／池上
嘉彦ほか訳（1998）『認知
言語学入門』大修館書店。

▷6　Putnam, H. (1975).
The meaning of 'mean-
ing'. In *Philosophical pa-
pers, Vol. 2: Mind, lan-
guage, and reality.*
Cambridge University
Press. pp. 215–271.

▷7　本書の「行為として
のことば／ことばとコンテ
クスト」（84-85頁）を参照。

▷8　本書の「言語に関わ
る研究(2)」（172-173頁）を
参照。

おすすめ文献

小山亘（2012）『コミュニ
ケーション論のまなざし』
三元社。
Lyons, J. (1995). *Linguis-
tic semantics: An intro-
duction.* Cambridge Uni-
versity Press.
冨田恭彦（1998）『哲学の
最前線――ハーバードより
愛をこめて』講談社。

文化に関わる研究

1 英語教育と「文化」

　小・中学校・高等学校学習指導要領では，外国語活動，及び，外国語科の目標の一つとして，「背景にある文化」に対する関心や理解が明記されています[1]。また，英語教員を目指す場合，教科に関わる専門的な事項の一部として，「英語文学」と「異文化理解」に関する科目を履修することが教育職員免許法施行規則で定められています[2]。

　このように，文化は英語教員が備えるべき専門的な知識として位置付けられますが，「文化」について定義の一致をみることは，実は極めて困難です。また，一口に「文化」といっても，そもそもどのように文化を捉えるのか，どのように文化にアプローチするのか，という問題をめぐっては様々な可能性が考えられます。ここでは，あくまで今後の探究のきっかけとして，それらの可能性を簡潔に整理しながら，三つの学問分野を紹介します。

2 文化を記述する

　「文化とは何か」「他者をいかに理解するのか」という問いに向き合い続けてきた分野として真っ先に挙げられるのが，「文化人類学」です。文化人類学の基本的な考え方の一つとして，「文化相対主義」があります。それぞれの文化にはそれぞれの原理があり，よって，文化に「優劣」をつけることはできない，とする考え方です[3]。

　ここで重要となるのが，「内在的視点」です。文化人類学者たちは，自分が生まれ育った文化の色眼鏡（外側の視点）を通じてではなく，自らが理解しようとする他者（文化）の視点に立つことで，他者が経験している世界を内側から理解しようとします。そのために，現地の言語を学び，現地に長期間滞在して，その土地の人々と暮らしを共にします[4]。そのようにして得られた経験と膨大な記録をもとにした研究は，「民族誌（エスノグラフィー）」と呼ばれる書物となり，世に送り出されます[5]。

3 異なる文化的背景をもった者同士の接触のメカニズムを解明する

　文化人類学と学問的な背景をある程度共有しつつ，独自の展開を見せている分野として「異文化コミュニケーション学」が挙げられます。異文化コミュニ

▷1　本書の第4部Ⅲ b–①〜⑤（104-113頁）を参照。

▷2　本書の第4部Ⅲ b–⑪〜⑫（124-127頁）を参照。

▷3　綾部恒雄編（2006）『文化人類学の20の理論』弘文堂。

▷4　奥野克巳（2018）『ありがとうもごめんなさいもいらない森の民と暮らして人類学者が考えたこと』亜紀書房。

▷5　綾部恒雄・桑山敬己編（2010）『よくわかる文化人類学（第2版）』ミネルヴァ書房を参照。

ケーション学は，戦後の米国で始まりました。第二次世界大戦の戦勝国となった米国からは，多くの専門家，技術者，教育者が海外に派遣されるようになりましたが，このような人々の現地での生活は，しばしば大きな困難を伴うものでした。

こうした背景の中から生まれた異文化コミュニケーション学では，対人コミュニケーション，組織内・外コミュニケーション，ビジネス・コミュニケーション，外交交渉など，文化的な背景が異なる者同士のコミュニケーションの内実が詳細に研究されています。また，カルチャー・ショックや，異文化への適応パターンなど，異文化に接した際に生じる個人の心理的なメカニズムの解明も，大きな研究の焦点の一つとなっています。

❹ 文化を問題化する

文化に批判的なまなざしを向ける学問分野が，「カルチュラル・スタディーズ」です。カルチュラル・スタディーズは，文化を「既にある，固有のもの」として扱いません。この分野では，映画，音楽，漫画などの「ポピュラー文化」が主に取り上げられますが，これらは生産され，消費されるものとして理解されます。そして，そのような生産・消費プロセスの中で作用している権力関係を明らかにすることが目指されます。つまり，カルチュラル・スタディーズは，中立的なものというよりもむしろ，様々なアイデンティティが多層的に関わる「政治的な抗争の場」として，「文化」をみます。

英語教育においても，日本文化を含む様々な「文化」が扱われますが，そこでの特定の人々の描かれ方や文化の扱われ方そのものが，特定の政治的立場を基盤としているかもしれない，と問うことは可能です。

❺ 文化に関する知見を実践に活かす

ここまでに紹介してきた文化人類学，異文化コミュニケーション学，カルチュラル・スタディーズは，特定の文化に関する知識だけでなく，そもそも文化をどのように考えるのか，という問題について考察するためのきっかけを与えてくれます。文化に関する専門的な知識が求められる英語教員にとって，これらの学問分野に触れることは極めて有益です。

また，これらの分野は，教室や授業それ自体をそのような枠組みで，一歩引いた視点から見る，という実践に活かすこともできます。英語のみならず，学校，教室，授業でのコミュニケーションの全てが，社会・文化の中にあります。教室や学級にいる生徒たちの「内側の視点」，「異文化コミュニケーション」としての教員・児童・生徒間コミュニケーション，英語教育に潜む文化政治，といったこれらの学問から導かれる視座は，英語教員が自らの実践を省みる際にもきっと強力な味方となってくれるはずです。

(榎本剛士)

▷6　ホール，E. T./國弘正雄・長井善見・斎藤美津子訳（1966）『沈黙のことば──文化・行動・思考』南雲堂。

▷7　久米昭元（2011）「異文化コミュニケーション研究の歩みと展望──個人的体験と回想を中心に」鳥飼玖美子・野田研一・平賀正子・小山亘編『異文化コミュニケーション学への招待』みすず書房，47-69頁を参照。

▷8　本書の「英語教育と異文化コミュニケーション」（10-11頁）を参照。

▷9　吉見俊哉（2000）『カルチュラル・スタディーズ』岩波書店。

▷10　本書の「リフレクション（省察）」（152-153頁）を参照。

おすすめ文献
石井敏・久米昭元・長谷川典子・桜木俊行・石黒武人（2013）『はじめて学ぶ異文化コミュニケーション──多文化共生と平和構築に向けて』有斐閣。
前川啓治・箭内匡・深川宏樹・浜田明範ほか（2018）『21世紀の文化人類学──世界の新しい捉え方』新曜社。
吉見俊哉（2000）『カルチュラル・スタディーズ』岩波書店。

Ⅱ　理論研究から学ぶ

6 コミュニケーションに関わる研究

▷ 1　本書の「コミュニケ
ーションの定義」(82-83
頁) を参照。

▷ 2　長谷正人・奥村隆編
(2009)『コミュニケーショ
ンの社会学』有斐閣；板場
良久・池田理知子編著
(2011)『よくわかるコミュ
ニケーション学』ミネルヴ
ァ書房；大石裕 (2016)
『コミュニケーション研究
──社会の中のメディア
(第 4 版)』慶應義塾大学出
版会；末田清子・福田浩子
(2011)『コミュニケーショ
ン学──その展望と視点
(増補版)』松柏社などを参
照。

1　「コミュニケーション」を研究することの難しさ

　コミュニケーションは，様々な状況で，様々な要素が，様々な記号に媒介さ
れながら相互作用する，極めて動的で複雑なプロセスです。このことは，異な
る視点から，コミュニケーションの多様な側面に関わる研究を行うことが可能
であることを示唆しています[1]。

　コミュニケーションに関する入門書を紐解いてみると，(非) 言語コミュニ
ケーション，対人コミュニケーション，組織内コミュニケーション，異文化
(間) コミュニケーション，マス (メディア)・コミュニケーション，スピーチ・
コミュニケーション，ヘルス・コミュニケーション，政治コミュニケーション，
開発コミュニケーション，科学コミュニケーション，リスク・コミュニケーシ
ョンなど，多岐にわたる「〇〇コミュニケーション」があることがわかります[2]。

　また，言語学のみならず，文化人類学，心理学，社会学，教育学，経済学，
哲学，認知科学，生物学など，コミュニケーションは多くの学問分野において
探究の対象となっています。さらに，2020年の新型コロナウイルスはわたした
ちのコミュニケーションの形にも大きな影響を及ぼしましたが，今後，オンラ
イン・コミュニケーション，AI やロボットを介したコミュニケーションに関
する研究も，ますます盛んになっていくでしょう。

2　翻訳通訳学

　例えば，翻訳や通訳の研究は，AI による機械翻訳や，そこに音声変換技術
を組み込んだ自動音声通訳などの開発に貢献しています。最近では小型の多言
語通訳機が市販されており，スマートフォンのアプリとして取り入れられる日
も遠くありません。新型コロナウイルスの影響で対面コミュニケーションや海
外との往来が自由にできなくなった現在，オンライン・コミュニケーションに
おける即時訳出も喫緊の課題です。

　それだけでなく，異なる言語を訳出する翻訳と通訳は，コミュニケーション
の根源を扱うとも考えられ，その学問的究明は言語コミュニケーション研究に
必須です。一つの言語を他の言語に訳出すると，厳密には「等価」(equiva-
lent) とはならず，ズレ (shift) が起きます。それは言語が文化を内包している
からであり，コミュニケーションに言葉を使うこと自体が文化の溝を意識せざ

るをえないことになります。実際の訳出方略には，著者（話者）をそのままにして，読者や聞き手を異言語の世界に旅させる「異質化」（foreignization）と，読者の言語世界に著者を連れてきてしまう「受容化」（domestication）と2種類の方法があります。異質化方略をとれば，原文に忠実ですが，ゴツゴツした翻訳調になります。受容化方略をとれば，「超訳」のように非常に読みやすい訳になりますが，実は原文を裏切っている可能性があります。この永遠の命題を突き詰めていくと，言語とは何か，言語を理解するとは何か，という言語哲学の領域に入っていきます。

　翻訳者は，どちらの訳出方法をとるか考える余地がありますが，通訳者は，その重い責務を瞬時に「今，ここで」行うことを余儀なくされます。いずれにしても通訳者・翻訳者は異文化コミュニケーションの最前線にいる専門家です。AIが発達しても，コミュニケーションが生起する場のコンテクストを読み取り，言外の意味や話者の意図を予測もしくは推測し，適切な訳語を選ぶ作業は人間の専門家でなければ不可能です。通訳翻訳コミュニケーションの研究は，今後もその重要性が失われることはなく，ますます高まると考えられます。

③「英語教育に携わる」というコミュニケーション

　ここまでの内容を踏まえると，「コミュニケーション学」なる一つの学問分野を確立することが果たして可能なのかどうか，わからなくなってきますが，むしろ，それは当然のことです。なぜなら，上記のとおり，コミュニケーションは様々な視点・アプローチ・分野の「相乗り」を許容できるほどに幅が広く，奥が深いからです。その意味で裏を返せば，理系・文系を問わず，多くの学問が何らかの意味で「コミュニケーション学」的な要素を（共）有している，と考えることもできます。

　今日，そしてこれからの英語教育が「コミュニケーションの教育」であるとするならば，コミュニケーションという事象の広範さや懐の深さ，また，わたしたち自身が特定の社会・文化の中で既に慣れ親しんでしまっている「コミュニケーションに関する固定観念」に縛られずにコミュニケーションについて考え抜くことの難しさ，これらにまず気づくことが，極めて重要です。

　そして，「英語教育に携わる」という実践そのものが「コミュニケーション」であることを忘れてはなりません。英語教育には多くの人々が様々な立場で関わっていますが，それぞれが英語教育に携わる際の姿勢，利害，思惑，権限，依拠する知識，規範，価値観，権力関係は大きく異なります。英語教育を単に「英語を教えること」としてではなく，「社会における大きなコミュニケーションの体制」として考えることで，英語教育の異なる側面に焦点を当てることができるようになります。このような視座はきっと，よりよい，また現実に即した問題の特定や取り組みにつながります。　　　　　　（榎本剛士・鳥飼玖美子）

▷3　哲学者シュライアマッハー（Schliermacher, F.）による2種類の翻訳方法を，ヴェヌティ（Venuti, L.）が，foreignization／domestication と命名しました。鳥飼玖美子編著（2013）『よくわかる翻訳通訳学』ミネルヴァ書房を参照。

▷4　イタリアの格言に，Traduttore, traditore（Translator, traitor. 翻訳者は裏切り者）があります。

▷5　本書の「哲学に関わる研究」（186-187頁）の「言語哲学」を参照。

▷6　翻訳通訳学と英語教育との関係については，本書の「言語教育における通訳翻訳の役割」（54-55頁）を参照。

おすすめ文献

板場良久・池田理知子編著（2011）『よくわかるコミュニケーション学』ミネルヴァ書房。
末田清子・福田浩子（2011）『コミュニケーション学――その展望と視点（増補版）』松柏社。
鳥飼玖美子編著（2013）『よくわかる翻訳通訳学』ミネルヴァ書房。

Ⅱ　理論研究から学ぶ

心理に関わる研究

 言語の獲得と知性の発達との関連について

　人が言語を獲得する過程について，言語情報処理レベルではこれまで多くの研究が進められてきました。一方，一定レベルで言語を獲得した後，その後の言語学習による言語の熟達化と，思考のようなより高次の認知的活動とがどのように相互作用しているかについてはまだ解明されていません。特に意識せずとも自然と学んだ母語に対し，意識的に認知的負荷を伴いながら学習して身につける外国語が，人の高次の認知的活動や知性の発達そのものにどのように役立つのかは英語教育において注目される研究分野となります。このように，言語獲得過程や言語学習と人の知性の発達の関連について追究している学問分野として，ここでは心理学，発達心理学，心理言語学（言語心理学），教育心理学を概観します。

1　心理学

　心理学とは心についての科学的研究を目指す学問です。心理学は，意識内容を内観報告させる手法で実験心理学の基礎を築いたヴント（Wundt, W. M.）に始まります。その後，ワトソン（Watson, J. B.）が内観主義に異を唱え，刺激と反応の結合による実験を行い，行動主義心理学を樹立しました。スキナー（Skinner, B. F.）のオペラント条件付けによる実験から生まれた学習理論は外国語学習のオーディオリンガル・メソッドの開発に影響を与えました[1]。しかし，単純な刺激と反応による極端な行動主義は意識の複雑さを無視しているとの批判を受け，意識の表出としての言語が注目されるようになります。そしてさらに，意識の中でも記憶や思考のような，より複雑な知というものを解明しようとする認知心理学へと展開しました。認知心理学が扱ってきた大きなテーマの一つに記憶があります。作動記憶（ワーキングメモリ）[2]，短期記憶や長期記憶のしくみに関する基礎研究は多様な学習場面に汎用性の高い知見を与えてくれるため，英語教育にも広く応用されています。

2　発達心理学

　心の解明といっても，人の場合は成長段階に応じて異なったありようを示すため，発達段階に応じた研究分野があり，発達心理学と呼ばれています。乳幼

▷1　本書の「オーディオリンガル・メソッド」（42-43頁）を参照

▷2　短期記憶が情報を一時的に保持するための貯蔵庫であるのに対し，作動記憶は情報の保持と，能動的な処理を同時に行うシステム。三宮真智子編著（2010）『教育心理学』学文社，24頁。

▷3　(1)感覚運動期（0～2歳），(2)前操作期（就学前幼児期），(3)具体的操作期（概ね7～11歳学童期），(4)形式的操作期（11歳以降）。

▷4　J. ピアジェ（1896-1980）。鹿取廣人・杉本敏夫・鳥居修晃・河内十郎編（2020）『心理学』東京大学出版会，169-173頁。

児の認知発達に関しては，スイスの発達心理学者であるピアジェ（Piaget, J.）による「発達の段階説」[3]がよく知られています。後の研究で，環境要因により結果が異なるなどの批判的見解も示されていますが，様々な実験を通して導き出したピアジェの理論は発達研究に大きな影響を与えました。[4]

　一方，ソ連の心理学者ヴィゴツキー（Vygotsky, L. S.）は，ピアジェの理論が個中心の発達理論であることを批判し，人は社会的・文化的文脈の中で学んでいくとの理論を展開しました。ヴィゴツキーが提唱した「発達の最近接領域」（Zone of Proximal Development＝ZPD）とは，自力では達成できないが周りの大人や熟達者による援助があれば達成可能な領域のことを指し，ヴィゴツキーはこの領域に働きかける教育的支援の必要性を強調しました。

　子供の認知的発達を言語獲得の過程として観察する研究，および第二言語学習についての研究は，英語教育に有意義な示唆を与えてくれます。[5]

③　心理言語学（言語心理学）

　英語の psycholinguistics は，心理言語学または言語心理学と呼ばれており，言語の生成過程，獲得過程，認知的処理など，言語と心理的過程との関連を明らかにしようとする学問です。この分野における言語学的基盤は言語学者チョムスキー（Chomsky, N.）が打ち立てた生成文法と呼ばれる言語理論です。彼の理論の中心概念は，人には生得的に言語を理解する文法体系が組み込まれているという「普遍文法」[6]です。チョムスキーは「言語能力，言語知識」[7]と「言語運用」を区別し，前者の文法（つまり統語）を研究対象としました。英語教育との関連では，ハイムズ（Hymes, D.）がチョムスキーを批判して「コミュニケーション能力」を提唱し，それが「コミュニカティブ・アプローチ」[8]の開発に繋がりました。

③　教育心理学

　教育心理学は教育に関する様々な問いを心理学的アプローチで追究する学問分野で，学習や発達の認知的，情意的，行動的側面を実証的に明らかにしようとしています。例えば，学習における動機付けは教育心理学で扱われる重要なテーマで，欲求を基盤としたマズロー（Maslow, A. H.）の「欲求階層説」[9]は基本的な動機付けのメカニズムとしてよく知られている理論です。

　近年，注目されているテーマに学習におけるメタ認知の活用[10]があります。メタ認知とは認知についての認知のことで，通常の認知より高次の認知を指します。メタ認知的知識とメタ認知的活動に分かれており，メタ認知的活動はさらにメタ認知的モニタリングとメタ認知的コントロールに分けられます。メタ認知的活動を利用して深い理解に繋げる研究が盛んに行われており，自律的学習を促す学習方法として自己調整学習が注目されています。[11]　　　（藤森千尋）

▷5　例えば，臨界期のテーマを扱った第二言語獲得に関して，内田伸子（2019）『発達心理学——ことばの獲得と教育』岩波書店を参照のこと。

▷6　本書の「認知に関わる研究」（174-175頁）を参照。

▷7　本書の「言語の生得性と学習」（16-17頁）を参照。

▷8　本書の「コミュニカティブ・アプローチ」（42-43頁）を参照。

▷9　「生理的欲求」を最も低次の欲求として，それが満たされて次の次元の欲求「安全の欲求」，そして「愛情と所属の欲求」，さらに「他者からの承認と自尊の欲求」が働くとし，最も高次の欲求が「自己実現の欲求」となります。

▷10　三宮真智子編著（2008）『メタ認知　学習力を支える高次認知機能』北大路書房。

▷11　学習者が自らの学習過程にメタ認知的，動機付け的，行動的に積極的に参加する包括的な学習方法。Zimmerman, B. J. & Shunk, D. H. （Eds.）（2011）. *Handbook of self-regulation of learning and performance.* Routledge（塚野州一・伊藤崇達監訳（2014）『自己調整学習ハンドブック』北大路書房）.

おすすめ文献

鹿取廣人・杉本敏夫・鳥居修晃・河内十郎編（2020）『心理学』東京大学出版会。
内田伸子（2019）『発達心理学——ことばの獲得と教育』岩波書店。
三宮真智子編著（2010）『教育心理学』学文社。

Ⅱ　理論研究から学ぶ

 教育に関わる研究

▷1　苅谷剛彦（2014）『教育の世紀——大衆教育社会の源流』筑摩書房；内田樹（2010）『街場の教育論』ミシマ社。

▷2　教育社会学は，教育学の一部と見なされたり社会学の一部とされたり，独立した分野だと考える場合もあります。英語では，sociology of education と educational sociology の二つがありますが，最近はもっぱら前者が使われます。

▷3　木村元・小玉重夫・船橋一男（2019）『教育学をつかむ（改訂版）』有斐閣，7頁。

▷4　佐藤学（2010）『教育の方法』（放送大学叢書）左右社。

▷5　ドナルド・ショーン／佐藤学・秋田喜代美訳（2001）『専門家の知恵——反省的実践家は行為しながら考える』ゆみる出版。

▷6　「発達心理学」にも欠かせない理論ですので，前項の「心理に関わる研究」を参照。

▷7　ユーリア・エンゲストローム／山住勝広他訳（1987＝1999）『拡張による学習——活動理論からのアプローチ』新曜社。

▷8　J. ブラウンや A. コリンズらによる，学習者が技術や知識を学ぶ参加型学習活動に見られるモデリング，コーチング，足場かけ，足場はずし，といった段階

1　教育とは何か

　子供には無限の可能性があります。その子が成長する過程で何かを学ぶことにより，それまでの自分を超えるようになって飛び立ち，何者かになっていく。そのようなプロセスに深く関わるのが「教育」であり[1]，「教育」を研究する分野に「教育学」があります。特に授業研究（lesson study）を含む「教育方法学」は英語教育研究にとって欠かせない関連をもっています。

　さらに教育が近代以来の社会制度であることを考えれば「社会学」という分野が関係しますし，教育学と社会学をつなぐ「教育社会学」[2]も存在します。

2　教育学と教育方法学

　教育学とは「どのような人をつくりあげるか」という教育上の問題意識のもと教育に関する諸問題を扱う学問分野です[3]。英語教育の探求と改善にとって大きな基盤となる分野と言えます。その中でも特に学校教育に関しては，涵養すべき能力概念の追究と，その能力達成のための手段としての教育方法の探究があり，いずれも重要なテーマです。ただし，実際の学校教育現場は多様で個々の事情を抱えており，複雑です。そこで，理論と実践を繋ぐ研究として，授業カリキュラム開発において，画一的な「研究・開発・普及」モデルから「実践・批評・開発」モデルへの転換，さらに教員の専門性の重視及び力量開発が提案され[4]，「反省的実践家」という教師像も提示されています[5]。

　教育学的知見の基盤にヴィゴツキー（Vygotsky, L. S.）の理論があります[6]。学習を含む文化的活動は「主体」が「人工物」を媒介として「対象」と関わる文化的・社会的営みであるとしたヴィゴツキーの理論は後に活動理論と総称され展開しました[7]。人が実践的共同体の中で学び成長していく過程において，特に徒弟制に着目した「認知的徒弟制」[8]や「正統的周辺参加」[9]は教育実践に大きな示唆を与えました。認知的徒弟制で用いられる「足場かけ」[10]はブルーナー（Bruner, J. S.）がヴィゴツキーによる「発達の最近接領域」[11]の考えをもとに提唱した具体的な教育実践の概念で，広く応用されています。

2　社会学

　社会学とは社会現象を研究する学問です。社会現象には個人の行為の総和か

らは説明できない性質が発生するとされ，社会現象が有している創発的特性は「社会的事実」と呼ばれています。[12]「社会的事実」とは個人の意識の外にあって個人の行為を拘束するもので，法や道徳，慣習，社会的潮流などがあります。

社会学の知見はわたしたちの情動や思考習慣が，意識しないレベルで社会的規制や習慣の影響を受けていることを示します。例えば「主体的な学び」など，一見当たり前のように思われる言説が，なぜ，どのような意味をもって出現しているかをあらためて教えてくれます。[13]英語教育に関しても，「日本人は英語が下手」「早期英語教育により英語が上達する」など様々な通説が存在します。そのような通説に根拠があるのかを検証し，データの背後にある社会的要因や恣意性を問い，批判的考察を行うのが社会学です。

社会学分野には，社会集団が形成されて生じるアイデンティティ（自己と他者を区別する概念），地位や役割（集団における位置付けの概念）など普遍的な切り口となる概念があります。これらは，言語アイデンティティ，言語による政治的・経済的・文化的支配と被支配の関係といった，英語教育と関連する問題意識に繋がります。[14]さらに社会移動研究の中で取り上げられる「教育格差」「英語による格差」（English Divide）などは，英語教育に直接的に関連します。

❸ 教育社会学

教育社会学とは，教育の営みを社会学的方法でアプローチする学問です。教育社会学における能力についての言説は，教育学における言説と異なっています。教育学においては，一般的に能力とは個人に属性がある資質として言及されるのに対し，教育社会学において，能力とはそもそも社会的に構成されるものであり，近代社会における能力主義という社会事象として言及されます。[15]

教育社会学で中心的に扱われているテーマに教育格差があります。教育格差とは個人の能力や努力の問題以前に，背後にある社会的要因，例えば，地域間，社会的階層，ジェンダーなどによる教育の機会の不平等を指します。また能力概念自体が格差を再生産しているとの指摘もあります。英語教育では，入学試験という平等であるべき機会での格差が社会問題になったことがあります。

学校教育場面において社会学的視点から得られた重要な知見に「隠れたカリキュラム」があります。これは教員と児童生徒・学生という社会的役割自体が教育場面に影響を与えているというもので，もともとは権威ある教師の態度や言動から子供たちが集団の一員として暗黙に規律を学ぶことを指した用語ですが，規律のみならず差別などの問題も含め教育全般にわたり，教師が意識せずともその態度や言動から児童生徒・学生が日々暗黙のうちに学んでいることを指します。

（藤森千尋・鳥飼玖美子）

的な徒弟制概念。

▷9　正統的周辺参加（legitimate peripheral participation＝LPP）J. レイヴとE. ウェンガーによる，職業的コミュニティにおいて新参者が次第に必要な知識や技能を熟達して十全的参加者になっていく学習過程を表した概念。

▷10　足場かけ（scaffolding）は学習者の「発達の最近接領域」において与えられる教授的援助のこと。

▷11　前項の「心理に関わる研究」を参照。

▷12　友枝敏雄・浜日出夫・山田真茂留編（2017）『社会学の力』有斐閣，4-5頁。

▷13　苅谷剛彦（2019）『追いついた近代，消えた近代──戦後日本の自己像と教育』岩波書店。

▷14　本書の「言語と権力，アイデンティティ」（76-77頁）を参照。

▷15　「能力の社会的構成説」と呼ばれる。中村高康（2018）『暴走する能力主義──教育と現代社会の病理』筑摩書房，49頁。

おすすめ文献

佐伯胖・藤田英典・佐藤学編（1995）『シリーズ学びと文化① 学びへの誘い』東京大学出版会。

苅谷剛彦（2019）『追いついた近代，消えた近代──戦後日本の自己像と教育』岩波書店。

中村高康（2018）『暴走する能力主義──教育と現代社会の病理』筑摩書房。

内田隆三（2005）『社会学を学ぶ』筑摩書房。

吉田武男監修／飯田浩之・岡本智周編著（2018）『教育社会学』ミネルヴァ書房。

Ⅱ　理論研究から学ぶ

哲学に関わる研究

① 身近に潜む哲学の問い

　哲学は，およそ紀元前6世紀の古代ギリシアで始まります。ギリシア語の「ピロソピアー」（philosophià）は，知（ソピアー）を愛するという意味です。哲学は，わたしたちの身近なところに潜む問いを発見し，真実を知ることを求める活動のことです。例えば，「時が流れる」と言いますが，ふと立ち止まって考えると，時が流れるとはどのようなことでしょうか。わたしたちが「今」として意識した瞬間，経験されるのは現在ですが，後で再び「今」と思っても，やはり現在が経験されます。これは，例えば川の水の流れについての経験と大きく異なります。川の水については，さきほど川に足を入れたときに感じた水は去り，今感じているのは別の水であるため，「流れている」と言えそうです。それに対して，時間については，のっぺりとした現在だけが永遠と続くように思われてきます。▷1

　ここで「あれ？　時間とは何だろう？」と思うとき，わたしたちは，ギリシア語で「タウマゼイン」（thaumazein）と呼ばれる驚愕を体験しています。哲学はこの驚愕から始まると言われます。▷2 哲学思想は，過去の哲学者たちが，日常に潜んでいる様々な哲学の謎，例えば，意識，知識，美，言葉の意味，道徳の謎を発見して驚き，それについて探求してきた軌跡なのです。

　哲学にはもう一つ重要な構成素があります。問いの吟味です。問いを吟味するとは，問いを一つひとつ取り出して答えていくことです。例えば，先ほどの時間については，「時間とは何か」のような素朴な問いのままでは，うまく思考を進めることができません。その理由は，哲学の問いには，たくさんの小さな問いが詰まっていることにあります。時間に関する問いには，「現在が続くだけなら，過去はどこにあるのだろうか」「人間の記憶がなくなっても過去はあるのだろうか」「未来はどこかで待機しているのだろうか」といった問いが隠れています。哲学は，調査や実験のような特定の方法論をもたない代わりに，問答をとおして素朴な問いを吟味し，謎を解きほぐしていくのです。

② 語や文の意味と言語哲学

　20世紀前半，わたしたちの言語に着目して，その分析をとおして哲学の謎の解決や解消を目指す言語哲学が現れます。▷3 伝統的な哲学では，「1」のような数や，物理法則などの知覚することのできない対象，あるいは，実在しない

「ペガサス」や「現在のフランス王」の対象は心の中にある観念と見なされていました。これに対して言語哲学者は，心の中の観念から言葉の意味の分析へと転換させ，「語や文の意味とは何か」という問いに取り組みます。

　フレーゲ[4]は，数や物理法則は人間の認識と独立に存在すると考え，それを表現するため，「概念記法」（Begriffsschrift）と呼ばれる厳密な記号言語を創出しました。同時期にラッセル[5]は，「ペガサス」や「現在のフランス王」のように，単一の対象を指示するようにみえる日常表現を記述理論によって説明し，これらを含む文が指示対象を欠く無意味なものではなく，真偽を問えることを示しました。前期のウィトゲンシュタイン[6]は，言語において何が有意味に語れるのかを考察し，人間の思考の限界を見定めようとします。そして，人生の意味や世界の存在は，言語で有意味に語ることができる事柄ではなく，言語において示されるのみだと主張しました。やがて，オースティン[7]やグライス[8]など，オックスフォードを中心とする日常言語学派（ordinary language school）が活躍し，発話による言語行為や会話の本質を探求することになります。

③　教育哲学，変容，他者性

　教育哲学は，教育や学びの本質や教育の目的について検討する分野です。教育目的について初めて本格的に論じたのは古代ギリシアの哲学者プラトン[9]です。プラトンは，「洞窟の比喩」と呼ばれる思考実験をとおして，教育目的が真実の世界への魂の向け変えにあると主張しました。

　プラトンは，問答による対話をもっとも重要な教育方法と指摘しましたが，教育における対話の重要性は，フレイレ[10]の思想でも見られます。フレイレは，1960，70年代のブラジルの農村部での成人の識字教育に関わり，単なる知識伝達としての識字教育は，権力関係を前提とする一方的なものであり，隠蔽された抑圧の一形態であると批判します。これに対してフレイレは，書くことによって現状と向き合う批判的意識化（critical conscientization）と，教師と学ぶ者が対等な関係にある対話型の教育を提唱し，子供を変革の主体へとエンパワメントすることを主張しました。

　現代社会での対話や問答による学びの意義は，子供が他者の声を聴くことで，一人では気づきにくいステレオタイプや偏見を自覚し，別様な仕方で考える可能性を開くことです。学びは，子供が他者性に触れて変容する場なのです。ビースタ[11]は，このような学びを促す教育が，既存の社会秩序を維持する社会化と異なり，多様で異なる声に応答する「主体化」（subjectification）であると論じます。ここで教師は，学びの躓きをケアする者としてだけでなく，子供が信頼を寄せながらも，自分たちとは異質な他者として現れるでしょう。現代は，学びのほかに，教えることや教育の意義があらためて問われています。

（佐藤邦政）

▷6　ウィトゲンシュタイン（Ludwig Wittgenstein, 1889-1951）。前期は，フレーゲやラッセルの思想と対峙して，思考の限界を明らかにする『論理哲学論考』を執筆。後期は，『哲学探究』で言語がいかに生活形式と結びついているのかを探求しました。

▷7　オースティン（John Largshaw Austin, 1911-60）。『言語と行為』で言語行為論を提唱しました。

▷8　グライス（Harbert Paul Grice, 1913-88）。『論理と会話』で会話の含みやコミュニケーションの成立条件を考察しました。

▷9　プラトン（Plato, 前427-347）。師事していたソクラテスが裁判で死刑になった後，哲学に専念し，対話形式の哲学作品で正義や善のイデア論を提唱しました。

▷10　フレイレ（Paulo Freire, 1921-97）。『被抑圧者の教育学』で，一方的な知識伝達の銀行型教育を批判し，双方向型の対話による教育を提唱しました。

▷11　ビースタ（Gert Biesta, 1957-）。主著は『民主主義を学習する』『教えることの再発見』など。

おすすめ文献

納富信留・檜垣立哉・柏端達也編（2019）『よくわかる哲学・思想』ミネルヴァ書房。
野本和幸・山田友幸編（2002）『言語哲学を学ぶ人のために』世界思想社。
佐藤邦政（2019）『善い学びとはなにか──〈問いほぐし〉と〈知の正義〉の教育哲学』新曜社。

Ⅱ　理論研究から学ぶ

 音声に関わる研究

1 「音声」の重要性

　人間が意思を伝達するには言語によるコミュニケーションと，身振りや表情などの非言語コミュニケーションがあります。このうち，ことばを使って意思伝達する言語コミュニケーションでは，音声と文字が手段です。どちらも重要ですが，ここでは音声に特化した研究を取り上げます。

　話者は頭の中に相手に伝えたいメッセージ（意味）をつくり，それを伝えるために適切な語を選択し，並べてセンテンスをつくり，適切な音声を与え記号化します。その音波を受け取った聞き手は，音声記号から単語と文章を抽出しメッセージの意味を解読します。

2 音声学と音韻論

　音声を研究する「音声学」（phonetics）には，話し手の「音声産出」に関わる「生理音声学」「調音音声学」，聞き手の「音声知覚」に関する心理学との境界領域にある研究，音波の物理的特性を研究する工学系の「音響音声学」などがあります。一方，言語における役割という切り口で音声を分析する「音韻論」（phonology）という分野もあります。音声学も音韻論も同一の音声現象を異なる視点から分析するもので，相互補完的な関係にあり，外国語教育に欠かせない分野です。▷1

　ローチ（Roach, P.）は，「音声学と音韻論の両方を学んで初めて，英語という言語で音声がどう使われるかを理解できるようになる」と述べています。▷2 英語に焦点を当てた「音声学・音韻論」は，日本語で「英語音声学」「英語音韻論」▷3 と呼びます。

3 母音と子音

　人間がことばを話すとき，大別すると2種類の音を使っています。母音（vowel）と子音（consonant）です。両者は，音の発し方に違いがあります。母音を発するときには，肺から出た息が，口の中で妨げられることなく口内の中央を通って外に出ます。子音を発するときには，何らかの妨げを受けます。日本語には，「アイウエオ」の五つの母音がありますが，英語には，約3倍の種類があり，舌の位置について日本語より多くの区別をしなければなりません。

▷1　窪薗晴夫（1998/2018）『音声学・音韻論』くろしお出版; Roach, Peter（1983）. *English phonetics and phonology: A practical guide*. Cambridge University Press.

▷2　"Only by studying both the phonetics and the phonology of English is it possible to acquire a full understanding of the use of sounds in English speech." Roach, 1983, p. 35.

▷3　Roach, Peter（1983）; 竹林滋・斎藤弘子（2007/2016）『新装版 英語音声学入門』大修館書店; 松坂ヒロシ（1986/2018）『英語音声学入門』研究社; 今井邦彦（2007/2014）『ファンダメンタル音声学』ひつじ書房。

英語は，子音がいくつもつながる「子音連結」（consonant cluster）が特徴なので，子音の後に母音がくる日本語の母語話者にとっては発音するのも聞き取るのも難しく感じられます。

4 強勢とリズムとイントネーション

英語の音声現象は二つのレベルで捉えることができます。一つは，個々の音（分節音：segment）のレベル，すなわち「分節音現象」（segmental phenomenon）としての音声，もう一つは，個々の音にかぶさって現れる，強勢，リズム，イントネーションといった超分節的特徴（suprasegmental features）のレベル，すなわち「超分節音現象」（または韻律現象：prosody）としての音声です。英語を話す上では，超分節的特徴にも十分気を配るべきです。例えば，日本語ではリズムの基本は「拍」（mora）ですが，英語には「強勢」（stress）のある場所の現れ方がリズムを生み出すという特徴があります。相手に通じやすい英語が話せるようになるためには英語の自然なリズムを学ぶ必要があります。

5 「共通語としての英語」と英語音声

「国際共通語としての英語」においては，英語母語話者を目指す必要はなく，それぞれの母語の影響を受けた「訛りのある英語」であっても許容されます。ただ，そうは言っても英語の音とかけ離れた発音ですと相互のコミュニケーションは成立しません。

そこで重要になるのが，英語として理解してもらえるような「明瞭性」（intelligibility）です。そのためには，英語の音の特性を知り，「指導可能性」（teachability），「学習可能性」（learnability）という観点から整理して発音指導にあたることが必要になります。

明瞭な発音を考えるにあたっては，英語が母語話者だけの言語ではなく，非母語話者同士のコミュニケーションに使われる共通言語になっていることを忘れてはなりません。ジェンキンズ（Jenkins, J.）は，「共通語としての英語」の音声上の「核」（core）を模索する研究を通して，コミュニケーションを成立させるのに大切な音声の項目を列挙しました。

英語の発音はネイティブ・スピーカーの真似をさせることになりがちですが，英語教師が音声学・音韻論の基礎を知った上で，必要最低限の音を選別して指導することができれば理想的です。発したことばをわかってもらえること（intelligibility の達成）を最優先させて，英語の基本的な音とリズムを指導したいものです。

（鳥飼玖美子）

▷4　本書の第1部「II 世界と英語」（8-13頁）を参照。

▷5　intelligibility は，「相手に通じるようなわかりやすさ」を指していますが，意味理解のレベルの comprehensibility（「理解性」）と区別するため，音声に関しては「明瞭性」という日本語訳を用います。

▷6　Jenkins, Jennifer (2000). *The phonology of English as an international language: New models, new norms, new goals.* Oxford University Press; Jenkins, Jennifer (2007). *English as a lingua franca: Attitude and identity.* Oxford University Press.

▷7　ジェンキンズの「コア」は，発音で何が欠けるとコミュニケーションに支障をきたすかという研究に立脚しており，2007年の著書では，共通語としての英語の使用者にとって，相手に合わせて発音を調節する能力をもつことが重要という点も指摘しています。

（おすすめ文献）

松坂ヒロシ（1986/2018）『英語音声学入門』研究社。
窪薗晴夫（1998/2018）『音声学・音韻論』くろしお出版。
Jenkins, Jennifer (2000). *The phonology of English as an international language: New models, new norms, new goals.* Oxford University Press.

Ⅱ　理論研究から学ぶ

 テストに関わる研究

1　TOEIC スコアの意味

　TOEIC の Listening & Reading Test（以下 L & R）は日本では年間220万人を超える受験者を集める大規模言語テストです。リスニングは約45分間100問，リーディングは75分間100問で行われ，その結果は10〜990点の「スコア」として提供されます。では，あなたが TOEIC L & R を受験してスコアが700点だったとした場合，あなたは問題の約7割に正答したと言えるのでしょうか。

　TOEIC や TOEFL のような社会的に利用されるテストでは実施回によって難易度に差が出ないようにしていますが，それでも難易度に差が出ることは避けられません。正答数による得点（素点）をスコアとしてしまうと，同じ英語力なのに実施回によって違うスコアになる可能性があります。同じ英語力の受験者であれば，どの回を受験しても同じスコアになるようにしなければならないのです。

　TOEIC のようなテストでは，「項目応答理論」（Item Response Theory）と呼ばれるテスト理論を用いて，受験者がどの項目（問題）に正答または誤答しているかという応答パターンをもとに，受験者個人の「能力値」を推定しています。TOEIC の700点というスコアは，受験した回に約7割の問題に正答したことを示しているのではなく，英語力という「能力値」が10〜990点というスケールの中で700点の位置にあることを示しているのです。

2　古典的テスト理論

　項目応答理論の登場によって，素点を使って正答率や平均値，標準偏差，項目困難度などの分析を行う従来からのテスト理論は「古典的テスト理論」（Classical Test Theory）と呼ばれるようになりました。

　古典的テスト理論では，テストの得点は受験者の本当の力を示す「真値」とそのテストによって生じる「誤差」から成り立っているとします。全く同じ能力の人が同じテストを受けると得点は同じになるはずですが，実際には受験時の体調やケアレスミスなどによって誤差が生じます。選択式問題では実際にはわかっていないのに正解になることもあります。身長を測るような場合なら繰り返し測定し平均値を出すことで誤差を示すことができますが，英語のテストではそうはいきません。それに，100点満点のテストで100点をとった人の能力

▷1　TOEIC は ETS（Educational Testing Service）によって開発され，日本では一般財団法人国際ビジネスコミュニケーション協会によって運営されています。ETS はアメリカの非営利テスト開発機関で，TOEIC, TOEFL, SAT などを手がけています。

▷2　TOEIC L&R の公開テストは年10回，TOEFL iBT は年間45回以上行われています。

▷3　「項目反応理論」とも呼ばれます。

▷4　項目応答理論の研究が盛んになったのは1960年代です。

▷5　誤差の分散が大きくなるとテストの信頼性は低くなります。

▷6　誤差の要因を複数に分けてどのような変動要因が得点に影響するのかを検討する理論（一般化可能性理論）もあります。

が100点以上の可能性もあるのです。

　古典的テスト理論に基づくテストの得点は難易度に影響を受けますし，集団の中での相対評価に使う偏差値は，その集団の学力レベルに影響を受けます。難しいテストの得点とやさしいテストの得点は同じように評価できませんし，レベルの高い集団での偏差値とレベルの低い集団での偏差値も同じように評価できません。

③ 項目応答理論

　難易度や受験者の集団に依存しない，受験者個人の能力値を推定するのが項目応答理論です。古典的テスト理論に基づく得点（素点）には，難易度と受験者の能力の両方が反映されていて，90点という得点からは問題がやさしかったのか，能力が高かったのかは判断できません。項目応答理論では難易度と受験者の能力を切り離し，それぞれの項目（問題）への応答パターン（正答しているか誤答しているか）から，受験者の能力値を推定します。そのために，項目ごとの難易度をプレテストによって分析しているのです。

　TOEICのような複数回行われるテストでは，実施回による難易度の差を調整するために，「等化」（equating）という手法が使われています。それぞれの回に共通問題を設定し，それらの正答率を調べることで，異なる実施回での受験者を比較することができるのです。テスト問題を受験後持ち帰ることができないのは，このような共通問題が設定されているためです。

　項目応答理論に基づくテストは，コンピュータ・アダプティブ・テスト（CAT）にすることで測定効率がよくなります。設定された問題を全て解く場合は，測定に意味をなさない問題まで解かなければなりません。CATでは，受験者が問題を解くたびに次の問題をその受験者の能力に応じたものにすることができるのです。

④ テスト理論と英語教育

　項目応答理論で受験者の能力が推定できるからといって，学校で行う定期試験や大学入試に使用すればよいというわけではありません。項目応答理論によるテストでは一つの項目で一つの能力を測定しますから，複合的な能力を問う問題は扱えません。また，TOEICやTOEFLのような大規模言語テストにはそれぞれ開発目的があり，難易度も異なります。しかも，高等学校で学習する内容を踏まえて作成されるものではありませんから，大学入学共通テストとして使うのには問題があります。

　英語教育においては，テスト理論の考えを理解し，テストで何を測るのかを明確にした上で，生徒のためになるテストを考える必要があるのです。

（鈴木希明）

▷7　受験者の得点分布が平均50の正規分布になるように換算したもので，受験者が平均からどのくらい離れているかを示す指標です。20〜80にほぼ全体が収まるようになります。

▷8　統計的な処理を行うことで能力値を推定します。TOEICなどの英語テストでは「ラッシュ・モデル」と呼ばれる数理モデルが使われています。

▷9　将来使う問題を本試験に混入させて「プレテスト」とすることもあります。

▷10　CATはランドルト環（アルファベットの「C」のようなマーク）を使った視力検査によくたとえられます。

▷11　問題が非公表であることも現在の入試状況に合いません。

おすすめ文献

日本テスト学会編（2007）『テスト・スタンダード——日本のテストの将来に向けて』金子書房。
靜哲人・竹内理・吉澤清美編著（2002）『外国語教育リサーチとテスティングの基礎概念』関西大学出版部。
野口裕之・大隅敦子（2014）『テスティングの基礎理論』研究社。

おわりに

　ミネルヴァ書房の「やわらかアカデミズム〈わかる〉シリーズ」からは，2013年に『よくわかる翻訳通訳学』を刊行していただきました。それから8年を経て2021年に，『よくわかる英語教育学』が完成したことは，嬉しい限りです。

　今回も執筆者は，立教大学大学院異文化コミュニケーション研究科の修了生が中心ですが，公益財団法人 中央教育研究所で鳥飼玖美子が主宰する「自律した学習者を育てる言語教育の探求——小中高大を接続することばの教育として」プロジェクトからもメンバーが参加しました。

　英語教育分野は多岐にわたり，学校教育現場に限っても小学校，中学校，高等学校，国公立及び私立の大学と多様ですので，現役教員として現場を熟知しており，書籍編集の経験もある3名の研究者に企画段階から関与してもらいました。

　鈴木希明は，もともと英語教材編集者でしたが，英語教育について学ぶために立教大学大学院異文化コミュニケーション研究科に入学，修士号を取得しました。特に認知言語学の知見を活かし高等学校の検定教科書や参考書を出版しています。加えて現在は，中京大学で英語教育を担当しています。

　綾部保志も，立教大学大学院異文化コミュニケーション研究科で修士号を取得。立教池袋中学校・高等学校の英語科教諭として現場に密着しつつ，社会記号論系言語人類学を踏まえて英語教育の研究を続けています。中央教育研究所言語教育プロジェクトのメンバーです。

　榎本剛士は，立教大学大学院異文化コミュニケーション研究科で博士号を取得。言語人類学，記号論，英語教育史などの専門から，大阪大学で英語教育に取り組んでいます。中央教育研究所言語教育プロジェクトのメンバーです。

　その他の執筆者として，次の6名が寄稿しています。

　藤森千尋は，東京大学教育学研究科で博士号取得。中央教育研究所言語教育プロジェクトのメンバーで，埼玉医科大学では英語教育を統括する立場です。

　細井健は，立教大学大学院異文化コミュニケーション研究科で修士号を取得。私立大学付属中学校・高等学校教諭の経験を経て，現在は，IPU・環太平洋大学で英語教職課程を担当。中央教育研究所言語教育プロジェクトのメンバーです。

　小河園子は，立教大学大学院異文化コミュニケーション研究科で修士号を取得。埼玉県立南陵高等学校，同県立浦和高等学校などで長年にわたり英語教育

を担当。中央教育研究所言語教育プロジェクト設立以来のメンバーです。

　小川隆夫も立教大学大学院異文化コミュニケーション研究科で修士号を取得。中央教育研究所言語教育プロジェクトではコーディネーターを務めています。中学校英語教員免許を保持している小学校教諭としての経験を踏まえ，現在は聖学院大学において，小学校英語担当の人材を育成しています。

　山田優は，立教大学大学院異文化コミュニケーション研究科で博士号を取得。日本で数少ない機械翻訳の専門家として『よくわかる翻訳通訳学』でも執筆。現在は関西大学外国語学部で英語教育にも関わっています。2021年4月，立教大学異文化コミュニケーション学部に着任予定です。

　佐藤邦政は，東京大学大学院教育学研究科修士課程修了後，日本大学大学院文学研究科で哲学を専攻し博士号取得。哲学の研究を活かして敬愛大学で英語教育を担当。中央教育研究所言語教育プロジェクトのメンバーです。

＊　　　＊　　　＊

　本書の企画にあたっては，鈴木・綾部・榎本の3名と議論を重ねました。折しも2019年は，日本の英語教育が混迷を極めた年でした。大学入試改革の一環である「大学入学共通テストへの英語民間試験導入」をめぐる混乱は，結局，延期という結末になりました。挫折の直接的な原因は，杜撰な制度設計による経済格差・地域格差を解消できなかったことにありますが，本質的には，理念なきまま専門知を無視した「入試における英語4技能測定」の破綻であり，根源的には「英語教育のあり方」に帰結します。

　そのような状況に鑑み，本書では，「英語教育学の専門知識をわかりやすく説明する」と同時に，「批判的思考で英語教育のあり方を考えることに資する」という二つの目的を軸にした，他に類のない教科書作成を目指しました。

　10名の執筆者は，英語教育の現場を熟知しているという点では共通していますが，それぞれの専門が異なり，その専門性を活かして執筆したことから，英語教育に関連する学問領域の紹介も入れるなど多角的に英語教育を捉えることが可能になりました。

　なお，隣接領域の解説にあたっては，各分野の第一人者にご教示いただきました。教育学全般にわたり寺崎昌男先生（東京大学・立教大学名誉教授），社会学・教育社会学に関しては苅谷剛彦先生（オックスフォード大学教授），心理学・発達心理学では内田伸子先生（お茶の水女子大学名誉教授），音声学・音韻論については松坂ヒロシ先生（早稲田大学名誉教授），大津由紀雄先生（慶應義塾大学名誉教授）には「第一言語獲得」「言語と思考」について，「言語に関わる研究」「認知に関わる研究」については野村昌司先生（中京大学教授）と加藤重広先生（北海道大学教授）から，それぞれ貴重なご助言を賜りました。心からお礼を申

し上げます。

　最初に企画を提案し，綿密かつ温かな励ましを執筆者に与え続けて下さった
ミネルヴァ書房の河野菜穂さんには，本当にお世話になりました。深く感謝し
ます。

　執筆者の思いがこもった『よくわかる英語教育学』が，これから教員になろ
うとしている学生，既に現場で指導している教員の皆さんのお役に立ち，我が
国の英語教育の改善に少しでも寄与できたら，望外の喜びです。

2020年12月

編者代表　鳥飼玖美子

索　引

• 頁の**太字**は項目見出しにあることを示す。

執筆者紹介（氏名／よみがな／現職／業績／執筆担当／英語教育学を学ぶ読者へのメッセージ）　　　　　＊は編著者

＊綾部保志（あやべ・やすゆき）

奥付編著者紹介参照

第1部の I-1 I-3 （共著），第2部の II-4〜6 ，第3部の III-1 ，第4部の IIIa-4 （共著） IIIb-1 IIIb-2〜3 （共著） IIIb-4 IIIb-5 （共著），第5部の I-1〜3 （共著） III-1 （共著） III-4 ，第6部の I-4 （共著） II-2 （共著）

英語教育を「スキルの習得」と狭く捉えるのではなく，どれだけ広く，深く見られるのか，その危うさと大切さを認識しながら現場でも学び続けてください。

＊榎本剛士（えのもと・たけし）

奥付編著者紹介参照

英語教育学を学ぶにあたっておさえておきたい用語 （共著），第1部の イントロダクション I-2 I-3 （共著），第3部の II-1〜4 III-4〜5 III-8 ，第4部の イントロダクション I-1〜3 II-1〜6 IIIa-1〜2 ，第5部の II-5 III-1 （共著），第6部の イントロダクション I-4 （共著） II-2 （共著） II-4〜5 II-6 （共著）

英語に対するスタンスは，自分自身で決める。そのために，日々，勉強と経験をコツコツと積み重ねていきましょう。

小河園子（おがわ・そのこ）

埼玉県立浦和高等学校英語科教諭

第5部の I-2〜3 （共著） III-3 （共著）

「英語を教えること」の奥行きと責任の重さを日々感じています。言葉として，人と人の心をつなぐ役割があることを忘れたくないものです。

小川隆夫（おがわ・たかお）

聖学院大学人文学部特任教授

『小学校英語はじめる教科書　外国語科・外国語活動指導者養成のために──コア・カリキュラムに沿って』（共著，mpi松香フォニックス，2017年）

『先生といっしょ！　はじめてのエゴ』（単著，フレーベル館，2019年）

『先生，英語やろうよ！』（単著，mpi松香フォニックス，2006年）

第4部の IIIb-2〜3 （共著） IIIb-6 IIIb-9〜10 ，第5部の I-1 （共著）

英語が得意でも教えることは難しいものです。教えるためには専門の知識や技能が必要です。本書で学ぶことは大きな収穫となるでしょう。

佐藤邦政（さとう・くにまさ）

敬愛大学国際学部准教授

『善い学びとはなにか──〈問いほぐし〉と〈知の正義〉の教育哲学』（単著，新曜社，2019年）

第6部の I-3 （共著） II-9

私たち一人ひとりが学習の消費者ではなく，学習を創造する主体として，どのようなボトムアップの教育を描けるでしょうか。

＊鈴木希明（すずき・のりあき）

奥付編著者紹介参照

英語教育学を学ぶにあたっておさえておきたい用語 （共著），第2部の イントロダクション I-1〜3 ，第3部の イントロダクション I-1〜4 III-2〜3 III-9 ，第4部の IIIb-5 （共著） IIIb-7〜8 ，第5部の イントロダクション I-3 （共著） II-1〜4 II-2 ，第6部の I-2 I-3〜4 （共著） II-1 II-3 II-11 索引

英語を習得することは新しい視点を身につけることでもあります。英語の知識だけでなく，日本語とは違う見方や考え方を伝えられるようにしましょう。

＊鳥飼玖美子（とりかい・くみこ）

奥付編著者紹介参照

はじめに，第1部の II-1〜3 ，第2部の II-1〜3 II-7 （共著），第3部の II-5 III-6〜7 ，第4部の IIIa-3 IIIa-4 （共著） IIIa-5 IIIb-13〜14 ，第5部の I-4 III-3 （共著），第6部の I-4 （共著） II-6 （共著） II-8 （共著） II-10 おわりに

英語という「ことば」を教えることは，異質性に向き合う「こころ」を育てること，異文化への窓を開けることにつながります。そのために本書を役立ててください。

藤森千尋（ふじもり・ちひろ）

埼玉医科大学医学部教養教育准教授

『英語授業における話しことばの学習過程──正確さ・流暢さ・複雑さに基づく検討』（単著，風間書房，2014年）

II-7 II-8 （共著）

外国語を学ぶことで人は他者の存在に出会い，世界を広げながら，未来社会を築く主体へと成長していきます。その過程を学問的に追究してみませんか。

細井　健（ほそい・たけし）

IPU・環太平洋大学次世代教育学部教育経営学科准教授

「英語授業における教材を捉える目──大村はまに学ぶ」『自律した学習者を育てる言語教育の探求⑨』第91号，2018年

「小学校外国語と中学校外国語の相違──直山視学官の問いかけに応えて」『自律した学習者を育てる言語教育の探求⑪』第96号，2020年

第2部の II-7 （共著），第4部の IIIb-11〜12

英語教育にまつわる言説は多種多様で，玉石混淆でもあります。ぜひ英語教育に関する知見や理論をきちんと学び，それを授業実践に生かしてください。

山田　優（やまだ・まさる）

関西大学外国語学部・外国語教育学研究科教授

"Language learners and non-professional translators as users," Minako O'Hagan (ed.) *The Routledge Handbook of Translation and Technology*, Routledge, (2019), pp. 183-199.

第6部の I-1

英語教育学は，教育や社会だけでなくテクノロジーの問題とも関係してきています。AI時代における英語教育の意味が問われているのです。

《編著者紹介》

鳥飼玖美子（とりかい・くみこ）
 立教大学名誉教授
 『10代と語る英語教育——民間試験導入延期までの道のり』（単著，筑摩書房，2020年）
 『英語コンプレックス粉砕宣言』（共著，中央公論新社，2020年）
 『迷える英語好きたちへ』（共著，集英社インターナショナル，2020年）
 『ことばの教育を問いなおす——国語と英語の現在と未来』（共著，筑摩書房，2019年）
 『子どもの英語にどう向き合うか』（単著，NHK 出版，2018年）
 『英語教育の危機』（単著，筑摩書房，2018年）
 『英語教育論争から考える』（単著，みすず書房，2014年）
 『よくわかる翻訳通訳学』（編著，ミネルヴァ書房，2013年）
 『異文化コミュニケーション学への招待』（共編著，みすず書房，2011年）

鈴木希明（すずき・のりあき）
 中京大学グローバル教育センター特任講師
 『学校では教えてくれない！　英文法の新常識』（単著，NHK 出版，2019年）
 『総合英語 be』（単著，いいずな書店，2009年）
 『高校総合英語 Harmony』（単著，いいずな書店，2018年）
 『総合英語 Evergreen』（共著，いいずな書店，2017年）
 文部科学省検定済教科書『be English Expression I』（編集委員，いいずな書店，2016年）
 文部科学省検定済教科書『be English Expression II』（編集委員，いいずな書店，2018年）

綾部保志（あやべ・やすゆき）
 立教池袋中学校・高等学校教諭
 『小学校英語への専門的アプローチ——ことばの世界を拓く』（共編著，春風社，2019年）
 『言語人類学から見た英語教育』（共編著，ひつじ書房，2009年）

榎本剛士（えのもと・たけし）
 大阪大学大学院言語文化研究科准教授
 『学校英語教育のコミュニケーション論——「教室で英語を学ぶ」ことの教育言語人類学試論』（単著，大阪大学出版会，2019年）
 『言語人類学から見た英語教育』（共著，ひつじ書房，2009年）